生命之側

Life Beside Itself

Imagining Care in the Canadian Arctic

關於因紐特人，以及一種照護方式的想像

Lisa Stevenson
麗莎・史蒂文森 著

謝佩妏 譯

目錄
Contents

我懷疑，他之所以既知道又不知道考雅克已經死去，其實跟考雅克連不在場都被奪走有關。他既沒有看到死者的遺體，甚至沒有她的死亡畫面可抓住。於是他跑去岸邊看遠從蒙特婁被送回來的病患，想聽聽看有沒有祖母的消息。一個十四歲的少年要怎麼做，才能使她的不在場——她的死亡——成為一個畫面？

2

配合……097

Cooperating

「我是死是活對這些人有什麼意義？」這也是庫維亞那圖克內心想問在北極圈照顧因紐特人的醫生和護士的問題。他們照顧我們部分是因為這是他們的工作，要是不聽命行事就會被革職。我們（因紐特人）對你們來說究竟算什麼？

3

匿名照護……133

Anonymous Care

海報要傳達的訊息直接到令人訝異。努納武特政府發送的一張海報上寫著：「活著，活下來，你就是因紐特之光。」這些海報如同皇家騎警和柯慈筆下的醫生，無差別地散播要人配合的訊息。重要的不是你是誰，而是你——看到海報的你——活下來。

4

名字的生命……167

Life-of-the-Name

因紐特人的命名習慣促使我們試著去想像另一種存活方式，這種存活方式在意的比較不是個體的生死、飢餓、貧困、孤立，而是存在於名字循環網絡中的人。假如我之所以存活是因為被另一個人喚進社群中，那麼我就必須跟另一個人同在才能存在。

5

為什麼放兩個鐘？……201

Why Two Clocks?

無論自殺還可能是什麼，它同時也跳入了另一種存在於時間的方式，這種存在方式質疑是不是永遠都有一個更光明的未來即將到來。我想說的是，自殺在一個時間性中回答了無法在另一個時間性中被提出的問題：要是未來無法解救現在該怎麼辦？

6

歌 Song …… 229

但我所謂的「歌」或許也有比較不明顯的形式，執筆時我想到的是安妮、傑比第和我哥在我茫然失措時的陪伴，還有安妮陪伴保魯西應訊、朋友到夢中跟你抽最後一支菸，以及兒子去聽他人談論母親是怎麼死的等等。這些也是歌表達的關心能為他人創造存在的空間，並在某種意義上喚醒他人的存在的例子。

後記　寫在保麗龍上 Epilogue: Writing on Styrofoam …… 257

插圖列表 List of Illustrations …… [79]

參考書目 References …… [49]

註釋 Notes …… [9]

譯名對照 …… [1]

推薦

事實開始動搖的時刻：沉入《生命之側》之中

林開世（國立台灣大學人類學博物館館長、人類學系兼任副教授）

這是一本安謐、優美又瀰漫著哀傷的民族誌，也是一段有關生與死、可知與不可知、意義與圖像的冥思。它的主題是一件讓政府醫藥衛生與社會安全部門難以理解又分外棘手的問題：加拿大北極區因紐特原住民社群存在的青少年自殺潮。作者長期擔任加拿大政府自殺防治計畫的志工人員，結識當地許多具有高度自殺傾向的年輕人，透過交往、聊天、對話、傾聽與陪伴的過程，試圖去理解生活在這些後殖民情境下的人們是如何經驗生命，談論死亡，面對消逝。

作者麗莎．史蒂文森二〇〇五年取得加州大學柏克萊分校的人類學博士，目前任教於加拿大的麥基爾大學。她的學術興趣圍繞著圖像形式的思維模式，除了書寫論文，她也透過拍攝紀錄片與研究對象共作及溝通。她的田野工作對象除了在加拿大北極區的因紐特社群，還有南美厄瓜多境內的哥倫比亞難民。《生命之側》於二〇一四年出版後廣受好評，不但獲得了二〇一五年的美國人文人類學學會的特納民族誌寫作獎，更在二〇二〇年取得美國高等研究學院每年一度頒發的

J. I. Staley Prize，表揚近幾年人類學界具有特殊貢獻的著作，可謂是備受推崇。

史蒂文森一開始就先標示，這是一本以「不確定」作為研究模式的民族誌，並且舉了一個生動的有關渡鴉與死去舅舅的對話來說明：

……想到人死後會怎樣，保羅說：「我姊以前常說，舅變成一隻渡鴉回來找我們，那隻渡鴉現在就住在我們的房子後面。」

「她現在還這麼想嗎？」我問。

「我不知道。」他頓了頓又說：「牠還在那裡。」

那隻渡鴉還在那裡。棲息在房子後面的那隻渡鴉真的是保羅死去的舅舅嗎？也許是，也許不是，但牠還在那裡。

透過這種不確定意義的談話，作者想要帶出本書知識立場上的幾個特色，也是其獨特的貢獻。首先，與實證主義的研究目標不同，史蒂文森主張民族誌的任務不一定是要決定真假，重建事實。相反地，就像繼續出沒在後院的渡鴉，無論是研究者或被研究者，面對複雜曖昧的世界，雙方其實都處在一個無法確定也無法否定，也沒有必要確定或否定的意義狀況。這當然不是一種貶抑，認為人們沒有能力做出判斷或抉擇，而是指出在生活世界中有太多，我們有限的智慧或知識不足以給出清楚答案的事物。從生死、信仰、友情、愛情、關係、因果到對錯，大多數的人其實只是接受它們的存在與重要，並沒有必要、也難以確定自己能夠定位與掌握它們在生命中的位置或者道德上的對錯。這樣的研究思維，挑戰了那種把人類學的田野調查當成是資料收集與分類、建立起類型與個案的態度。更質疑那些動不動就要確認多元文化的價值、標榜普遍性正義的知識怠惰者。在此，作者也回應了「寫文化」（Writing Culture）那群人對民族誌方法的批評，因為沒有了知識論或方法論上的確定性，研究者與被研究者之間的關係當然就是共同探索不確定性的合作夥伴，民族誌知識也不再具有科學的權威性。因此訪談與對話的目的就不再是尋求真實，不論是完全真實，或是詹姆士．克里弗德所說的部分真實（partial truth），而是去關注事實開始動搖的時刻。

＊　＊　＊

「渡鴉還在那裡繼續關照陪伴」的意象還標示出本書選擇的研究對象：「照護」，而這也是本書特殊切入問題的角度。「照護」這個詞原來的英文是care，除了照護，還有在意、掛念的意思。全書的章節結構分為兩大部分，分別談論加拿大政府的官僚體系提供的照護及其效果，以及描述在地的因紐特社群日常呈現的各種形式與非形式的照護。第一部分透過一九四〇到六〇年代出現的肺結核大流行以及一九八〇年後出現的自殺潮，對比政府部門在兩個時期所實施的照護政策。作者挖掘出在這些冠冕堂皇改善生活與拯救生命的政策背後，有一個傅柯所謂的「生命政治」的邏輯貫穿其中。這種治理技術關注的不是個別的人，而是人口的範疇，人力與資源投注於整個範疇的集體改善，透過各種人口素質指標的統計，認定改善與否。這樣的照護是以一種匿名與標準化的程序進行，其主要的任務就是延續因紐特人的壽命。個人被視為某個範疇（族群）的抽象成員，透過無歧視、無差別的方式，被納入一套以維繫生命為名的監控體制之中，冰冷地、嚴格地接受政府一視同仁的照護。

一九四〇年代，殖民政府以因紐特人最大利益為由，將族人從原生社群中抽離，配置在衛生與醫療的照護制度之中，以控制肺結核的疫情。其結果是生還者被匿名的擺布在一套自詡為進步慈善的文明過程，痛苦地喪失了社會的認同與家人的連結；失去生命的人則在沒有個別身分的情況下，成為消失在匿名程序中的數字，讓死者的家人朋友留下了無法彌補、無從確認甚至無以哀悼的黑洞。

當保障生命權與降低死亡率成為善意治理與因紐特人文明程度最重要的指標，範疇中的個人就會被當成是案例、帶原者，以及一堆需要被醫治或管制的身體。當改善生命的統計數據被用來作為加拿大公民的標準與符合人道要求的依據，這些人是如何死去？經歷過什麼樣的痛苦？其家人朋友是如何哀慟？就不再是政府關心的問題。當人只是生命政治下抽象冷漠的數字，可以被監督管制與挪動時，因紐特人感受到他們的精神生命就像是被抽乾後的滯怠，沒有動能，喪失聲音，不知道方向，好像隨時都可以被清理，然後消失。

一九八〇年以後的「後殖民」時代，雖然不再有粗暴的強迫遷移，可是政府官僚體系還是繼續以維持生命作為最重要的治理價值。大量的社工與志工投入一套匿名的自殺防治體系，來消滅一種他們以為是因紐特人獨特的「疾病狀態」。這種將生命的痛楚病理化的方式，將受苦的人變成「病患」，成為自殺風險管理工具的服務對象。於是，大批專業人員與標準處理模式降臨到一群被視為潛在自殺風險的社群當中，要辨識出誰具有高風險，並將他們列入監控照護的對象。然而這套體制要幫助的不是每個個別的人，是這個集體的族群範疇。每個生命都有珍貴、抽象與普遍的價值，必須要被搶救；但是程序卻必須透過匿名、短暫的方式進行，以求達到無差別又不必進入生命細節的操作。照護者與被照護者之間不需要產生私人的連結，僅需要動用各種言語論述的技術來解決眼前的自殺危機，防範自殺遂成為一種崇高又有道德成就感的工作。

在這種生命政治的邏輯中，因紐特的青少年感受到的是一種疏離的照護壓迫，既認定這些年輕人必然帶著無法擺脫的自殺傾向，又透過各種技術與論述，禁止、防範自殺，並將他們納入防治成功與否的統計之中。至於他們為何會有自殺的念頭與傾向，他們面臨的痛苦、徬徨的處境，卻少有照護者願意去面對。難怪當地的一位少女莫妮卡說：「不是我有自殺傾向，而是有時候我實在不想活了。」她意識到自己生命的苦痛無法被納入這種照護方式的定義中，但又無法不被這種照護所定義。

本書第二部分，也就是後半部的三章，試圖勾勒出因紐特人有別於當代普遍的生命政治式的匿名照護模式，另類的照護政治。這種照護不急於確認事實與數據，反而以一種不確定、意象式的方式，去陪伴、傾聽與理解他人。這裡關鍵的概念是「意象」，它不單是指狹窄的「圖像」，還包含各種心中的印象、意象與想像。作者呼應前面提出的不確定研究模式，特別標榜意象作為一種不確定的研究方法的重要性。這是一個過去不受到重視甚至抗拒的研究領域，因為它難以被掌握與定位，但是沒有人能否認它的重要性。意象比起所謂的「事實」更具有說服力與吸引力，因為它濃縮、表達了不能用言語闡述的（潛在）欲望與想像，更能陪伴與撫慰人心。過去民族誌透過重複性或具有規律的事件來建立民族誌事實，忽略生命當中有許多片段是無法被定義與確認，卻又能透過各種形式的意象，持續纏繞糾葛在我們的生命過程之中。作者主張我們必須發展一種不同的方式來理解世界，讓意象轉換人生的能力得以被認識。

在第四章〈名字的生命〉中，作者透過一位摩托車意外死去的青少年與一個新生嬰孩繼承他的名字這件因紐特人普遍的習俗，思索「名字」這種「死活相依」的意象，如何讓我們走出對延續生命的執著，讓個別生命透過具體的聯繫，承認斷裂修補情感，達到陪伴與照護的可能。

第五章〈為什麼放兩個鐘？〉首先是透過當地青少年如何製造無聊、無目的消耗時間，以及持續追求一種被稱為Kajjarnaqtug的情境，讓我們知道因紐特人如何在主導現代生活的那種同質性、計算性的鐘錶時間之間，以及之外，萌生出一些懸浮的、無法估量的時間；當地的生者與死者持續在夢中矛盾性的相會，更是超過心理補償或淨化，提供了一種認識世界的不同途徑。所以官方的宣傳照片中，因紐特人的帳篷裡出現兩個時鐘，暗示了現代時間觀雖然已經主導了當地人的時間，但並沒有全然地掌控當地人所能經驗到的時間。

最後一章則是透過作者與一位被人檢舉縱火的因紐特青少年的交往故事，提出「歌」作為另一種類似前面所提到的命名與做夢的照護機制，能夠在緊繃與暴躁的壓力下，繼續提供各種聲音意象來撫慰周圍的人，並召喚超出自身之外的他者現身。

＊＊＊

透過講述了一個接著一個的動人故事，作者勾畫出豐富鮮明的人物與意象，以及哀傷鬱悶的殖民情境。在無孔不入的現代國家治理的照護體制下，在充滿善意與效率的社會福利氛圍中，因紐特人以一種不確定的方式繼續並置、甚至抗拒外來者定義他們的生與死的意義與界限，聲音也許微弱與幽晦，但卻能動搖我們習以為常的信念，開啟一種思索另類關懷世界的方式，進而去接近存在於生命自身之外的生命。

這是一本充滿想像力與詩意的作品，細心的讀者毫無懸念地會被作者細膩的文筆所吸引。然而，在作者溫柔的筆調背後，我們仍然可以感受到一股深層的憤怒，一種對現代的生命政治技術與官僚體制的厭惡、無奈與控訴。英文原書的本文不到一百八十頁，民族誌材料也相對單薄，但是卻有非常複雜細緻的理論關懷，支持看似清晰流暢的論點，從傅柯的治理術、班雅明的意象研議、到佛洛伊德的精神分析。我們可以從原書超過四十九頁的註解、二十五頁的參考書目得知其用心。一本薄薄的小書，開闢了民族誌寫作的新領域，挑戰了我們習以為常的社會醫療思維方式，更質疑現代社會一味地執著於生命的延續，卻懦弱地迴避死亡的意義，可稱得上是一本一經現身就立即登上高位的人類學小經典。

導讀

活著的殘酷

吳易澄（人類學博士、新竹馬偕醫院精神科主任、馬偕醫學院助理教授）

《生命之側》成書於二〇一四年，是作者麗莎・史蒂文森博士論文所改寫的作品。史蒂文森從加州大學柏克萊分校取得人類學博士後，在哈佛大學進行博士後研究，並在那個階段開始思考如何將博士論文進行改寫。因受到後殖民概念的影響，史蒂文森將本書的基調定調於加拿大政府對原住民的健康治理政策的批判反省。除了完成此書，史蒂文森亦拍攝了一支紀錄片《進入未知的部分》（*Into Unknown Parts*），在二〇一七年的瑪格麗特・米德電影節播映，內容正是本書的一部分，陳述因紐特人被迫離開家鄉的社群，在南部結核病療養院生活的經歷。加拿大政府那個階段的結核病照護政策，也讓作者進一步思考其對因紐特社群所實施的自殺防治的問題。本書所挑戰的，是當今在一種科學理性下所定義的「生命」，並且對當代的「生命政治」（biopolitics）的「治理性」（governmentality）提出批判。雖然中文版距離原書出版已有十年，但對當今原住民健康照護仍是相當即時的提醒。

論及族群與健康，「健康不平等」已成為當代公共衛生與批判醫療人類學（critical medical

anthropology）的關鍵字。但所謂的「不平等」，在全球發展的歷史上並不是一件陌生的事。如果將視野縱深拉長，全球社會約莫在二戰後就開始討論不平等的發展，也透過國際組織與地方行動企圖弭平疾病，從二十世紀下半葉至今，國際醫療與全球健康的行動可謂前仆後繼，在世界各地有著許多值得省思的案例，也有許多介入方式的變化。舉例來說，世界衛生組織天花疫苗的施打，在一九五〇至七〇年代帶來斐然的防疫成效，同樣的模式卻無法有效地抵抗痲疹。這個過程，迫使人們必須反省那種企圖由上而下，並尋求單一科學技術應用於各地來畢其功於一役的可能性。相對地，一九七八年的《阿瑪阿塔宣言》（Declaration of Alma-Ata），則強調了需要有一種因地制宜的健康介入方式，成為當今我們看待全球健康的方針。

從這樣的歷史過程來看，我們就會發現，類似的狀況在全球社會仍持續發生。面對疾病，有時一些看似殘酷而不合人道的處理方式，或許是因為科學技術的缺乏使然。但即使技術逐漸成熟，影響健康治理的因素，仍有千絲萬縷政治經濟與文化因素牽扯其中。《生命之側》正是一本對健康介入提出反省的民族誌。它的書寫方式相當特殊，其一是它所論述的對象。作者明言，本書所凝視的對象是「照護」（care），但其所謂的照護，並非當代醫療中的照護行為，也不一定是那種存乎於傳統社會的特殊照護方法。史蒂文森的書寫策略是以一種打破直觀的，以語言、行為為主的記述方式，透過「意象」（image），透過因紐特人的命名哲學、對時間的特殊感受，透過歌謠等等，來回答所謂「生命是什麼」。

兩種流行病的治理

以助人與利他為基礎的健康治理，有可能反而帶來傷害嗎？《生命之側》透過兩段流行病的治理經驗來陳述本書的要旨：「生命政治下的照護形式雖然努力維持因紐特人的實體生命，卻也可能暴露了加拿大政府的冷漠無情。」它所記述的是在加拿大原住民社群中，發生在二十世紀兩個時期的流行病，分別是一九四〇和六〇年代間的結核病與一九八〇年後的自殺潮。

故事從一封安娜追尋父親的祖母考雅克的電子郵件開啟。原來一九五〇年起，有數以千計的因紐特結核病感染者被加拿大政府直接送往國境之南，粗暴地將他們帶離原本的生活社群，以船隻載往遠方。在這段書寫中，史蒂文森透過檔案，重現當時那些失去家人的因紐特人的反應。他們有人終其一生在岸邊碼頭引頸企盼，過著一種明知沒有結果的等待。在錄音檔案裡，感染者的家屬蒼白而躊躇的問候，反應了那種壓抑悲痛而又不得不接受的情緒。這種將感染者驅離的照護方式，明顯體現了殖民者將因紐特人當作是「不健康的他者」，不顧他人感受的粗暴介入，表面上將病原體區隔開來，「淨化」社群的居住環境，卻反而帶來集體的心理創傷。

同樣地，一九八〇年後日益嚴重的自殺潮，也使得加拿大政府不得不祭出自殺防治的政策，而當時殖民政府挪用了一九五〇年代在倫敦創設的自殺防治專線，透過志工關懷員在電話那頭以匿名的方式提供關心。然而，在因紐特人看來，這卻像是一種「不管你是誰，只要你活著就可以」那樣粗暴的照護體制。對因紐特人來說，死亡並非生命的終結，而是生命的一部分。史蒂文森將因紐特人這種把死亡看作生命的一部分，並且認真把死者放在心上的方式，稱作「死活相依」（living mournfully）的態度。

「匿名」邏輯本身與因紐特人的命名文化是違背的。書中，作者以她的重要報導人席拉為例，說明了她與她的家人們的名字是如何同時有著生命與靈魂的意義。對因紐特人來說，他們是沒有祕密的，他們必須知道是誰在照顧誰。在這個前提之下，因紐特人的生命會透過他們特殊的命名邏輯，在死亡之後仍得以延續下去。又例如「成為安妮」這一小節，記錄了因紐特人在受到傳教士命名而遭受同化的過程中，如何經驗了「另一種消失」。史蒂文森認為，生命線擱置了一個生命的具體細節，使得生命的獨特性不再重要。名字本身是有生命的這一點凸顯了匿名專線的荒謬性。

不健康的他者

看了上述兩個流行病所反映的政策困境，可能會有一種感覺，就是當今的防疫或健康照護形式，好像不斷地在重蹈覆轍。事實上確實如此。當前健康照護的規模尺度早已不是發生在單一小眾的群體之中，而往往是以「政府」作為照護的基本行動者。人們在國家的治理下，有了「公民」的身分，因而維持身體健康，並且確保生命之存在，也就同時成為兩端——「公民」與「國家」——的基本責任，這就是當代健康公民性（health citizenship）的特點。在國家的治理下，人民似乎有責任配合公共政策，以維持社會能夠穩定而順利的運作。本書要說的就是，被治理的人如何「配合」治理的政策。然而人不會只有「公民」一種身分。如果熟悉人類學的理論，便知人類社會有其特殊的階序與文化，人們對生命也各有其特殊的邏輯。生命治理本身也可能會與地方文化產生衝突，更進一步說，以善意包裝的治理本身也可能是一種暴力。

從現代醫療的觀點來看，所謂的生命，大概就是以生命徵象為主要的量測對象，從呼吸、心跳、血壓，到腦神經活動，大致成為現代醫療判斷生命是否還存在的基礎。所謂的健康，也往往帶著與病原對抗、排除的目標。在醫療照護或公共衛生的領域，對於疾病與失能者，往往需要官僚體制與醫療系統的介入，但那樣的體系與系統有時反而是去人性的，或與文化背道而馳，或是打擊錯誤。以台灣原住民健康議題為例，過去有許多流行病學的資料顯示原住民社群有高比例的飲酒現象，但那些以數字為基礎的介入方案，像是統計成功戒酒的人數或是酒精濃度的測量，往往導致更多部落中的汙名。

〈為什麼放兩個鐘？〉這章更是突顯了一種將特定的時間邏輯加諸於原住民的壓迫性。史蒂文森觀察到因紐特人家裡刻意擺了兩個時鐘，彷彿提醒自己必須配合管理者的各種規範。她認為我們需要另一種面對死亡與各種生命樣態的方式，甚至包括時間的節奏、態度，都需要我們破除特定的知識系統裡的主流定義與做法。她問說：「我們準備好思考另一種遵守時間的方式，卻又不會立刻把它們病理化嗎？」

其實，回顧台灣原住民的健康治理，許多場景我們並不陌生。一九五〇年代台灣省政府頒布的《山地人民生活改進運動辦法》，強調部落必須揚棄「落後」的生活方式，卻使得部落被捲入現代化資本主義邏輯下的經濟困境之中。類似的案例族繁不及備載。再以當代大規模災難如八八風災為例，遷村的政策也導致了部分部落族人更加孤立無援。這些案例，在在反映了在政策中，必須以保護並尊重文化為前提。近年來台灣政府與學者開始強調「文化照護」的概念，但那究竟是什麼？

「文化安全」與「文化照護」

醫療照護中的文化衝突，往往導致醫病關係的破裂，甚至使得病況加重。一九九七年由安・法第曼所著的《惡靈抓住你，你就倒下》便是一則經典的案例，描述了苗族的癲癇患者黎亞在美國治療過程中所遇到的各種困境。《生命之側》則將醫病關係的層級，從醫病之間互動拉高到整個治理策略的討論。「文化」作為關鍵字，正是健康治理所需要具備的洞見。然而「文化」這個詞彙本身也是難以化約的。醫病之間的互不信任絕非單獨來自對文化的誤解，它更反映了特定族群的結構脆弱性。換言之，當我們討論文化兩字，必須迴避本質主義的思考，並放在持續變遷的背景脈絡下來看待。

以台灣為例，當今原住民的健康治理也常常高舉文化兩字。二〇二三年頒布的《原住民族健康法》，特別將「文化安全」作為關鍵字入法，不但強調健康照護教育必須融入與原住民族健康相關之文化安全的概念，做法上也必須以「原住民族知識體系」為主。但什麼是原住民知識體系，什麼又是文化安全？事實上，這些看似深奧的專有名詞，往往帶給第一線的健康工作者某種困惑。

原民知識體系指的是原住民本身在其生活中運用、展演的日常智慧與實作，但這樣傳統的生活方式卻在當代或外來殖民的治理過程中逐漸丟失，進一步影響原住民社群賴以維繫的健康與安適狀態。而文化安全則是一九八〇年代末起源於紐西蘭對護理實作的反省，它強調了病人在參與自身照護過程中，能夠擁有足夠的決策空間，並且在靈性、社會、身體與情緒上皆能夠確保其安適的狀態。《生命之側》這本書雖然並沒有提及這些專有名詞，卻是回應這些概念的絕佳案例。然而，正如許多人閱讀這類帶有批判意圖的作品，可能會存在著一些困惑，特別是當讀者可能無法從書中得知更好的照護方案。但在《生命之側》中，作者的目的相當清楚，唯有突破主流社會對少數族群的分類與標籤，以及想像的方式，才能做到有意義的照護，而這一切都不是一蹴可及的。

意象、精神分析、文學與歌

《生命之側》在民族誌的研究方法與書寫策略上也相當特殊。首先是以意象作為方法。所謂的意象（image）並非只是平面圖像，甚至可能是一種想像。作者企圖打破文字語言的框架，以意象代替言說，她甚至直言意象就是代表一種照護形式。我認為作者企圖尋找一種超越現代醫療與殖民語言的論述方法，而她從深刻地與因紐特人相互陪伴的過程中，感受到語言之外的溝通互動方式。因紐特人並不單純以言語作為感知、訴說生命的方式。而這也讓作者認為，人們的想像、夢境、傳唱的歌謠，都存在這一種超越言語的意象表達。

誠然，從照相技術發明以來，影像早已是人類學家的研究方式，影像紀錄在研究工具的應用上也已有許多的轉折。但我認為作者的策略是創造一種超越文字的文字。她引用班雅明的意見：「班雅明的文章對我用更普遍的意義去思考意象很有幫助，因為他沒有一定要區別視覺、聲音甚或言語的意象。事實上對班雅明來說，文字本身也可以當作一種意象。」

同時，本書大量的援引精神分析的理論與文學作品的片段。在字裡行間，我們能讀到佛洛伊德，或是南非小說家柯慈與義大利作家卡爾維諾的作品。簡單地說，我認為作者本身在書寫形式上就有一種打破傳統的企圖，並傳達一種抵抗殖民的心態。人類學研究引用精神分析的案例已相當豐富，透過這樣的方式來理解文化的象徵，或是用以解釋人的心理層面有其個人與社會的二元性。至於文學，也與精神分析類似，或許能提供民族誌資料某些互補效用的理解。例如史蒂文森提及柯慈的小說《麥可．K的生命和時代》，直言「期待殖民地居民乖乖合作，共同投入延續生命此一目標的殖民欲望，是柯慈這本小說的重點」。

雖然在民族誌作品中，直接援引大量的小說文字看似有些突兀，但這也不是沒有其他的案例。例如法國人類學家迪迪耶．法尚曾與同儕合寫〈南非暴力故事〉（Fassin et al. 2008），完全以臨摹柯慈小說結構的方式來向小說家致敬。他曾言：「社會科學家最近表達了他們對小說家或導演等小說作者的欽佩……傑出的人類學家和社會學家承認，他們發現這些作者的作品中對所探究的社會世界的描繪，比研究這些世界的學者——有時包括他們自己——所提出的描述更具吸引力、更準確、更深刻。」

最後一章〈歌〉的書寫也充滿創意。史蒂文森用自己與縱火嫌疑犯保魯西的故事開場，那樣一位被看成是無時無刻憤怒的、危險的青少年，在一個營隊中唱了一首嘲笑她打獵技術的歌。音樂本身就是一種人類表達的文本，一種文化表達的形式，在民族學與人類學研究中亦不陌生。但作者認為，「歌」也是另一種形式的「意象」。史蒂文森引用了哲學家茱迪斯・巴特勒「受激的言說」的說法，以召喚（interpellation）的概念來表達「我們的生命來自於他人的呼喚，來自於出生時獲得的名字，是名字確保了我們的社會存在」。對作者而言，「歌」是一種能夠超越話語中的命名政治的表達方式。「歌」不但是情感的交流，是超越既有倫理規範與成見的呼喚，是一種主體再現的形式，也是一種陪伴。史蒂文森這個提問，一語點出本書的意圖：「我們能夠想像自己傾聽他人或跟他人說話時不事先固定對方的身分嗎？」

再談生命政治

如前所述，《生命之側》處理兩種「流行病」，其生命政治的手段，在台灣也可見類似的痕跡。讀者或許不陌生樂生療養院的歷史，早在日治時期，透過警察系統執行漢生病感染者的強制隔離，致使早期的樂生院民必須脫離原本的生活環境且終生不得返家。這些血淚斑斑的歷史不只發生在台灣。然而，讀者可能需要注意的是，疾病的治理往往是政治背景、人權理念與醫藥技術共構下的產物。生命政治所體現的，也是在特定的社會脈絡下所形塑疾病的主體性的持續變化。換言之，若不是藥物的發明，隔離措施或許至今也難以得到改善。而成為病人這件事，也不一定是一件難以接受的事；畢竟「疾病診斷」能為受苦定錨，成為改變的起點。再想，我們才剛經歷過的COVID-19疫情，不也再度重現了生命政治的各種價值觀的辯論嗎？也因此，我們確實難以後設的觀點來直指政策的誤謬，只是必須了解，在所有不得不的措施之中，必須覺察策略的有限性，並存乎還要做得更好的企圖。

另外，我在此處想用多一些篇幅討論「自殺防治」。早在十九世紀末，法國社會學家涂爾幹就以其著作《自殺論》指出自殺與社會的緊密關聯。然而精神醫學發展過程中逐漸主導了自殺的論述，並將自殺與個人的精神疾病加以連結。晚近的人類學研究則再度將自殺置於關切範疇，對社會文化抽絲剝繭，企圖把醫療化的論述再做一番平衡的詮釋。例如，日本的北中淳子寫的《日本的憂鬱》就從日本的過勞與自殺說起，討論將自殺醫療化的可能與困境，簡言之就是人們或許可以透過精神醫學緩解其受苦經驗，並挑戰新自由主義經濟秩序中日漸壓抑的勞動文化，但以藥物為主的治療卻無法根本改變受苦者的真實處境。我的博士班老師湯姆．威傑爾曾在斯里蘭卡進行研究，他提醒，過去研究自殺的學理往往優先考慮歐美的自殺防治模式，而且時常忽略了自殺是源於地方脈絡下的情境現象。而探索所謂的「自殺文化」，很重要的一點是必須避免對自殺產生刻板的詮釋，自殺所反映現實應該是人們試圖在以對他們來說有意義的方式生活中的掙扎。

他認為：「人類學對自殺的研究是一種旨在將生命還給自殺者的方式，並試圖揭露那些被社會權力操作所隱藏的東西。人類學提供了一種獨特的人文倫理方法，試圖在自殺者的死亡權利與其生存潛力之間找到平衡。」確實，我們也能從《生命之側》看見這樣的努力。

《生命之側》所提及的加拿大自殺防治政策，其實並不令人陌生。在台灣，所有的輕生死亡新聞畫面都會加註「自殺不能解決問題」，並附上免費安心專線；這與書中的「匿名專線」相當類似。約莫一九九〇年代流行病學家鄭泰安博士進行所謂的「心理解剖」（psychological autopsy）研究，透過對自殺者生前親友的訪談來重建自殺者的生命史，結論顯示自殺身亡者有高達百分之九十七符合精神疾病的診斷。但即使結論如此，也並不意味著自殺防治只能朝向個人化的精神病理的導向。在醫院中定期召開的自殺防治會議，每每皆須統計數字，閱讀報表。我們很難直言這些「把人留下來」的做法都是錯誤的政策。當今的自殺防治仍必須仰賴臨床醫療的轉介、治療、通報，政策上加警語、禁農藥、高樓防墜措施，也合乎公共衛生的科學精神。但真正困難的，是找到能因地制宜並超越個人心理健康論述的照護方式。

照護「未知」之艱難

最後，我認為本書最困難的一點，在於如何從批判的位置中找到行動的方案。作者史蒂文森的後殖民觀點企圖打破政策的誤謬、打破醫療的邏輯，打破讀者對生命的常識定義。她認為因紐特人的生命特質是一種「死活相依」的狀態。以西方或醫學的理性來看，死亡是器官停止運作，一種生命存有的中斷，但因紐特人無法將生死斷然切割，因此那些健康照護與自殺防治政策若漠視了這點，反而使生者依舊經歷了「活著的殘酷」。生命政治在傅柯式的批判下往往被視為個體的主權受到規訓權力的宰制，但最困難的反而是提出更有效的解方。《生命之側》以後殖民觀點對原住民健康提出反省，這樣的批判固然是重要的，但當今的健康治理，本質上仍難以跳脫國家體制，超越政府的框架。

國家對健康是不可能完全放手的，只是做法上確實必須有所調整。首先是KPI導向的績效政治。有太多疾病防治政策往往追求短時間內的數字成效，卻忽略了統計數字背後所反映的深層意涵。再者，疾病防治需要的不是只能提供短暫照面的「專業」與「官僚」人士，而是真正參與陪伴的基層工作者。這些人包括社工、照顧服務員，或甚至可能是難以放入專業框架中的地方協力者。以《生命之側》為例，作者史蒂文森本身並非專業照護人員，但背負恨名的縱火嫌疑青年保魯西卻願意為她歌唱。這無非凸顯了在建制化的體制中的照護關係其實反而可能無法建立信任，甚至受到抵抗；真正的陪伴或許是另一種充滿情緒勞動的工作，照護的果效並不是由專業與技術所堆砌，而是在挫折與衝突累累的陪伴中熬煉出來的。

史蒂文森如此詮釋因紐特人的自殺：「在一個拚命控制未來以擁有現在的時代裡，或許可以將因紐特人自殺視為對缺乏驚喜的未來而有的反應。」對照台灣原住民的現實處境，這種反應「活著的殘酷」的案例比比皆是。同樣用「歌」作為訴說生命故事的方式，台灣原住民的「林班歌」

其實也有異曲同工之感。例如〈模範青年〉這首歌，開頭就是「第一個不要喝酒，第二個不要抽香菸，第三個不要吃檳榔……」完全體現了原住民經年接受這種教條式的衛生教育的現狀。然而，歌詞第二段的情緒卻轉了一個方向，直接唱出：「要喝酒嗎喝一杯，三八五八也可以，但願你能記住我的話，我會永遠愛著你。」這不正體現了如史蒂文森所言，透過歌來表達的關心，為他人創造存在的空間，並召喚出主體的目的嗎？

只要活下來就好，對失去生之所依的人來說，反而是一種殘忍。如果死亡本身帶著希望的歸屬，那麼我們還需要做些什麼？這也是本書揭示的難題。但讀者無須誤解本書刻意美化死亡，或是強調健康照護本身必須減工或是放手。重要的是，生命本身的意義往往超越了有限的理性，生之所欲也常常超越了存活的象限之中。這讓我想起在山上進行博士論文田野工作的一個片段。在部落醫療站，一位yaki（泰雅語的祖母）走進來說她身體不舒服，護理師幫她量血壓的過程中聞到渾身酒味。熟諳泰雅語的護理師先與yaki對話，然後回過頭來跟我說，「你看，這就是我們山上的樣子。」我問，「你們剛剛說了什麼呢？」護理師說：「我剛剛跟她說，再這樣喝下去會死耶，yaki說：『這樣不就更好嗎？』」我常常想起這段對話。從那一刻起，我隱約知道生命之側似乎還有很多我不知道的事。

參考閱讀

Fassin, Didier, Frédéric Le Marcis, and Todd Lethata. (2008). Life & Times of Magda A: Telling a Story of Violence in South Africa. In *Current Anthropology* Volume 49, Number 2.

Fassin, Didier. (2014). True life, real lives: Revisiting the boundaries between ethnography and fiction. *American Ethnologist*, 41(1), 40-55.

Kitanaka, Junko. (2011). *Depression in Japan: Psychiatric cures for a society in distress*. Princeton University Press.

Widger, Tom. (2015). *Suicide in Sri Lanka: The anthropology of an epidemic*. Routledge.

序　兩個女人之間
Prologue: Between Two Women

聲音涵蓋了喉嚨、唾液、幼年時光、人生經歷留下的痕跡、心的意念，以及為聲波賦予個人輪廓的愉悅。吸引你的則是聲音得以存在的美好。

——卡爾維諾，〈聆聽的國王〉

某年的感恩節晚餐，大家放鬆地散坐在地板上。一個中年男子背靠著椅腳，正在敘述一段橫越美國南部的公路旅行。有個少女用手指繞著頭髮，呆呆盯著前方。幾個小朋友趴在地上全神貫注地編織著自己的善惡世界。一屋子的人吃吃喝喝，吵吵鬧鬧，跟大多數家庭一樣，不管開心或難過都照樣吃喝拌嘴。只見其中有兩個女人面對彼此，年輕的女人跪在年老的女人跟前。後者已經胖到無法行走，被人從車上抬進屋裡，安置在客廳沙發上。兩個女人把臉貼近彼此，近到幾乎碰到對方，手搭在彼此的肩膀上。兩人開始 kataq（喉音歌唱），身體跟著微微搖擺。年輕的女人從喉嚨深處發出的聲音低而粗，幾乎像在吼叫。

Ham ma ham ma, ham ma, ham ma——她一吸一吐，節奏平穩，

聲調熱切，聲帶互相碰撞。年老女人轟嗡嗡加入，呼吸急促，聲音高高低低，彷彿在拉扯甚至戲弄年輕女人的節奏。聲音和節奏在身體之間流動，相互應和嬉戲，時而低吼，時而嗡鳴，時而高叫。那聲音帶有機械和現代色彩，同時又給人古老而粗嘎之感。

Ham me, Ham ma, ma, ham ma, ham ma, ham ma, ham ma

Ha ha ha, ha he he, ha he he, ha he he ha ha ha

接著，年老的女人突然停住，放聲大笑，發出有如貓頭鷹的尖銳笑聲。年輕的女人也跟著笑，並擦去臉上的淚水。旁邊的人微笑，拍手，然後又回頭去做自己的事。

幾個月後，年老的女人在睡夢中過世。年輕女人回來時，我也在屋裡，但我已經聽說了消息。我聽到她關上門、放下皮包。平凡的聲音聽上去卻顯得艱難費力。「她走了。」年輕女人告訴我，以為我還不知道。「我的 anaana（母親）走了。」我記憶中的她彷彿在搖晃，但不是跟著節奏搖晃，而是好像隨時會倒下一般。

致謝
Acknowledgments

我在書中寫出的經驗不全然是我的，但對我來說也不全然是他人的經驗。其中多半是共同的經驗，一來因為我寫的是我們一同經歷的事，二來經驗從來不像我們以為的那樣專屬於某一個人。我不確定該如何感謝與我共享這些文字和經驗的人，我努力把這段經歷寫下來了（不一定每次都成功）。這本書獻給他們，無論他們會不會打開來讀。我很清楚自己文字潛在的暴力可能把原本流動的固定住，可能無法如實呈現過去、現在或未來的樣貌。我只希望我從這段共同生活的時光、你們說的話，以及我從中偷走的畫面擷取的片段中，你們能感受到我在那段時間、那些話語、那種生活中感受到的美。其中有痛苦，但也有不絕的笑聲。

因為有努納武特的家人供我吃住，在重要時刻給我支持，我的田野工作才可能完成，尤其是我哥Romeyn Stevenson和Madelein Allakariallak。此外，伊魁特的Elisapee Davidee、Qajaaq Ellsworth、Myna Ishulutak、Susie Ishulutak、Margaret Karpik、Jesse Mike、Meeka Mike，以及北極灣已逝的Anna Qaunaq和Sandy Atagutsaik都像我的家人。是他們的友誼和愛使這本書得以成形。

此外，我能成為研究因紐特社群的人類學家，一定要感謝一群傑出的北極學者、社運人士和領袖。包括：Jaypetee Arnakak、Terry Audla、Jean Briggs、Laakkuluk Williamson Bathory、Hugh Brody、Béatrice Collignon、Gérard Duhaime、Kirk Ejesiak、Errol Fletcher、Jack Hicks、Lori Idlout、Sandra Inutiq、Sheila Levy、Lawrence Kirmayer、Michael Kral、Nobuhiro Kishigami、Alexina Kublu、Peter Kulchyski、Molly Lee、Mick Mallon、Murielle Nagy、Aaju Peter、Marie Kathrine Poppel、Rasmus Ole Rasmussen、Susan Sammons、Ned Searles、Frank Tester、Nancy Wachowich、George Wenzel、Laurie-Anne White及Karla Jessen Williamson。尤其感謝Christopher Fletcher讀完我的原稿，問了一些當時我還無法回答的問題。Pamela Stern跟我有十五年的交情，這些年讀了很多我的文章。她的作品和她在學術界的行事作風一直鼓舞著我。特別感謝Nelson Graburn帶我踏進北極人類學的領域（並介紹我認識他的前輩Toshio Yatsushiro），他對新概念、人和地的開放包容無人能比。我認為他們對我的作品的影響清楚可見。

成為人類學家和作家的過程中我得到很多人的幫助。我在北卡羅萊納大學教堂山分校的畢業論文指導老師Della Pollock，很早就教我了解學術研究、知識社群和政治之間的關係。William Peck是個真正的女性主義者，他帶我認識班雅明和瓜地馬拉，總是能看出我們周圍世界的迷人之處。

我在柏克萊的時光對我尤其重要。首先我想感謝我的指導老師Lawrence Cohen，他是我所知心胸最寬大的思想家和作家。他擁有看出及喚醒一個人的天分（包括我）的非凡才能，我永遠望塵莫及。Nancy Scheper-Hughes的過人創造力、對寫作的嚴謹態度、看待人類學的精準眼光，是我當初踏進學術界的原因之一，也跟我至今還待在這裡有很大的關係。Stefania Pandolfo對其他「知道」方式的投入，開啟了用另一種方法從事和思考人類學的重要空間。Irina Paperno的支持和犀利評論讓我的思考更加敏銳。已故的Gay Becker特別擅長傾聽故事，他的學術風骨我永生難忘。謝謝你們。

在哈佛期間，Byron和Mary Jo Good以及Arthur Kleinman讓一起思索問題的興奮雀躍成為日常，甚至包括禮拜五的晨間會和研究會議。美國國家心理衛生研究院（NIMH）的獎學金計畫營造的社群意識無與倫比。

麥基爾大學人類學系和其他單位的同事讓我的研究工作變得更加豐富多采。尤其感謝Gretchen Bakke、Biella Coleman、Ellen Corin、Andre Costopoulos、Nicole Couture、Michael Cowan、Jayne Engle-Warnick、Jennifer Fishman、John Galaty、Sandra Hyde、Nick King、Christine LaMarre、Thomas LaMarre、Katherine Lemons、Stephanie Lloyd、Setrag Manoukian、Kelly McKinney、Toby Morantz、Kristin Norget、Ron Niezen、Tobias Rees、Colin Scott、Hélène Sicard-Cowan、Peter Skafish、Ismael Vaccaro、Alanna Thain、Yves Winter和Allan Young一直以來的友誼和支持。最後，我在蒙特婁期間受到Margaret Lock無微不至的提攜照顧，深深感激她的智慧和友誼。

若是沒有社會科學研究理事會國際論文田野研究獎學金（二〇〇二～三）、國家科學基金會論文提升獎學金（二〇〇二～三）、國際加拿大研究協會獎助金（二〇〇二）的資助，本書的研究絕不可能完成。我也非常感謝哈佛大學電影研究中心獎學金於二〇〇六～〇七年的資助。麥基爾大學慷慨提供了最初的研究資金（二〇〇八），之後的研究階段則由魁北克社會文化研究基金會（FQRSC）補助金、新進教授－研究員組織（二〇一一～一四）、加拿大社會科學與人文研究委員會（SSHRC）的洞見發展獎學金（二〇一三～一五）贊助。

另外要感謝漢密爾頓健康科學中心檔案館的館員Anne McKeage、麥克馬斯特大學健康科學院、Lois Hewitt，以及Bev Speight幫助我使用西北地區法院紀錄檔案。也要感謝Toshio Yatsushiro在二〇〇四年我跟Nelson Graburn前往夏威夷拜訪他時，大方分享他的研究筆記和照片，並讓我們借住他家。

書中的想法受到很多不同且重要方式的薰陶。部分論點我曾在康乃爾大學、哈佛大學、約翰·霍普金斯大學、卡爾頓大學和多倫多大學的人類學系發表。我非常感激有這些機會對自己收集的資料進行更深入、更集思廣益的思索。我也要感謝在美國研究學院舉辦的文學人類學研討會的成員：Daniella Gandolfo、Angela Garcia、Tobias Hecht、Michael D. Jackson、Adrie Kusserow、Todd Ramon Ochoa、Stefania Pandolfo，尤其是主辦人Anand Pandian和Stuart McLean。在聖塔菲的那段時光重新點燃了我對人類學可能性的感知，還有我想寫得再好一點的渴望。

我很需要有人幫我看稿，Felicity Aulino慷慨地伸出援手，她的意見和介入敦促我把自己一直不想思考的事想得更深、更清楚。我想這就是友誼的一種定義。Liz Roberts在我自己甚至還沒看出來時就看出了這本書的價值。但一向都是如此。我能在學術生涯中存活甚至成長茁壯，Christiana Giordano的友誼功不可沒。她對這本書的閱讀，就像她這些年幫我讀過無數稿子一樣，給了我發表這些文章的信心。Eugene Raikhel一直是我和這本書的好朋友，多年來讀過不知多少修訂版。Alberto Sanchez立刻抓到我想表達的東西，甚至能把每個論點再往前推進一步。一大早在門廊上跟Joshua Moses聊天，讓寫作過程變得不那麼孤單。與Clara Han的討論和她對我的作品提出的洞見，使這本書在很多方面變得更強而有力。Jaypeetee Arnakak和我哥幫我看了第六章，給了我繼續前進的勇氣。整本書都能感受到他們對我的影響。

學生的體貼、毅力和慷慨一直是激勵我的力量。Monica Cuellar、Darcie DeAngelo和Josh Eisen在我打算對稿子大刪特刪時讀了這本書，他們提出的寶貴建議幫助我重回軌道。Greg Brass、Gillian Chilibeck、Carolina Pineda和Nicole Rigillo已經投入各自的研究，他們從事的研究仍持續刷新我對人類學可能性的看法。

我身邊出現過一個又一個優秀的研究助理，包括Megan Atkinson、Ariel Appel、Megan Galeucia和Alonso Gamarra，他們的洞察力和堅持把這本書變成一本更好的書。Sheehan Moore最後選擇用書末註，順稿順到懷疑人生，但總能給我精闢的見解，是我也是這份稿子的真朋友。謝謝所有人的鼎力相助。

另外，我也要謝謝以下這些同事和朋友，他們的工作和人生啟發了我。一路走來，他們對這本書的想法和疑問對我來說意義重大。包括Anne Allison、John Borneman、Philippe Bourgois、Joyce Canfield、Veena Das、Bob Desjarlais、Duana Fullwiley、Parvis Ghassem-Fachandi、Laura Hubbard、Katherine Ibbett、Frederic Keck、Mariella Pandolfi、Sadeq Rahimi、Lucinda Ramberg、Jennifer Scheper-

Hughes、China Scherz、Audra Simpson、Caroline Tait、Lucien Taylor、Jason Throop、Radha Vatsal、Ken Vickery、Marina Welker和Alexei Yurchak。

我還要感謝我在加州大學出版社的編輯Reed Malcolm的支持、他的幽默感，也謝謝他耐心等待一份彷彿永遠不會完成的稿子。謝謝Stacy Eisenstark、我一絲不苟的文字編輯Sharron Wood，和我傑出的專案經理Dore Brown。

最後，我深深感激陪伴我度過寫作過程的大家庭。Joe、Anna Rosa、Alicia和Emma Kohn以及Christine Steveson總是對我和我的作品提出重要的問題，並相信這是一件重要的事，即使我自己都不太確定的時候。

我的父親和母親一直都是我最死忠的擁護者和對話者，一開始是我的父親教我愛北方，母親（最後她愛樹勝過冰冠）教給我最重要的人類學研究工具——如何傾聽沒被說出來的那些。家母付出很多時間幫助我完成這本書，所以這本書一部分也是屬於她的。我的兄弟Michael、Romeyn和Jamie一直是我最好的朋友，他們的慷慨寬厚造就了我和我的寫作方式。我的兩個兒子Benjamin和Milo腦中總有各種問題和想法，促使我比過去想得更多更深。當Milo問為什麼上帝讓不好的事發生時，Benjamin回答他：「母牛有角，但也讓我們有牛奶喝。」我希望這本書也是如此。最後要把我最大的感謝獻給Eduardo Kohn，他陪伴我走進漆黑的角落，也陪同我開創致力於創造新事物的豐富生命。我一個人絕不會、也不可能辦得到。

前言
Introduction

「不確定性」作為一種研究模式

坐在北極石南和漂流木堆起的篝火前，名叫保羅的男孩告訴我他最好的朋友死去的故事。[1] 好友騎雪上摩托車馳騁時撞上電纜，纜線鉤住他的脖子。後來保羅去醫院看他，好友試著跟他說話，卻發不出聲音。

我們的話題很快轉到其他跟死亡相關的故事。但過了一會兒，想到人死後會怎樣，保羅說：「我姊以前常說，舅變成一隻渡鴉回來找我們，那隻渡鴉現在就住在我們的房子後面。」

「她現在還這麼想嗎？」我問。

「我不知道。」他頓了頓又說：「牠還在那裡。」

那隻渡鴉還在那裡。棲息在房子後面的那隻渡鴉真的是保羅死去的舅舅嗎？也許是，也許不是，但牠還在那裡。[2]

這本書是對人類學田野工作和日常生活中這類「渡鴉」角色的思索。書裡探討了我們跟「渡鴉」這種對人有益、甚至充滿希望的不確定性之間的關係。這樣的不確定性固執地存留下來（「牠還在那裡」），同時也拒絕被一筆勾消。「死去」是什麼意思？死者「在那裡」，跟生者是什麼關係？「知道」又代表什麼？諸如此類的問題。

我想要設想一種容許遲疑的人類學傾聽方式，去傾聽那些一再打亂我們確定知道什麼的話語。這麼一來，那些不確定的、困惑的——那些人們不那麼清楚知道的事物——就名正言順成為民族誌的研究對象。在不確定性裡做田野與其說是在收集事實，不如說是在關注事實開始動搖的時刻。這種對懷疑、遲疑時刻的關注，化解了民族誌學者和研究對象之間的專業隔閡。那一瞬間，彼此被拋向同樣的存在框架：我不只是在記錄我那年輕朋友所相信的不尋常，我也被他的不確定性吸引了。我之所以被他的感覺吸引，一來是他可能永遠無法確定渡鴉是不是他死去的舅舅，二來是儘管如此，渡鴉**在那裡**對他依舊是重要的。這種「在那裡」似乎也必須是被體驗的，而不只是用理智加以歸類。不確定性似乎就像痛苦（Das 2007），需要的不是解決，是承認它的存在。身為人類學家的我因此被賦予一項任務：共同去描述出那個被不確定性包圍的世界。

人類學作為一種傾聽現在、過去和未來的行動，都模糊了任何認識論和本體論、方法學和倫理學之間的簡單區分，無論其是否合理。它成為一種自我的實踐，在其中，為了與他人達成共同目標，我們允許自己被動搖，偏離我們慣常的性格和信念，甚至偏離我們慣常的愛的形式。

我們可以說，這本書的研究模式就是對生死問題的不確定性、猶豫和無法判定的關注——**我不知道，但牠還在那裡**。[3] 我們真的像知道某人的死亡日期之類的客觀事實那樣知道生或死意味著什麼嗎？我們能夠輕易辨識逝者仍然擁有生命同時掌控著我們的方法嗎？我們要如何探討生命本質上存在於自身之外（life beside itself）？

人類學的田野工作常常被論述的必然性給掩蓋了，這種認知世界和做出行動的方式極力避免懷疑或不確定的出現。這種穩固性努力阻止變化發生，預設我們已經知道自己是誰、來這裡是為了發現什麼。但我來這裡所實踐的民族誌研究是要關注事實開始動搖的時刻，甚至對其敞開心房，留意事物（還有自我）變得失常的時刻，哪怕只是些微。生命逸出自身之外的時刻。

「照護」作為研究對象

就像回來陪伴家人的渡鴉／舅舅，「照護」（care）這件事在因紐特社群裡也常常並不總是以直接或明顯的方式把死者和生者綁在一起。若是認真看待保羅的那句話，「我不知道，牠還在那裡」，我們要解釋的不只是他對渡鴉是否是死去舅舅的遲疑，還有他在回答這個問題時的那種肯定：渡鴉還在那裡。在房子後面站崗的渡鴉／舅舅建立了一種照護的形式，一種即使死去仍能陪伴家人的方式。渡鴉在那裡，就是一種照護的形式。

假如「不確定性」是這本書的研究模式，那麼「照護」就是它的研究對象。我所說的照護，不只是在因紐特社群看到的日常形式的照護（例如渡鴉），也包括官僚體系提供的照護。後者在肺結核大流行（一九四〇年代到一九六〇年代早期）[4]和之後的自殺潮（一九八〇年代至今）[5]期間影響了加拿大對因紐特人的態度和政策。在這本書裡，我認為的「照護」是一個人變得重要的方式，以及關注重要他者的相應倫理。我們對照護的理解往往離不開善意、好的結果，或對受苦的情緒反應。但挪動這種理解使我們得以分辨照護論述的細微差異，進而看見自身欲望的矛盾，以及試圖照護他人時的混亂失措。[6]而既然人可以用各種方式變得重要，那麼討論因紐特社群肺結核大流行期間的殖民式照護也不算矛盾，即使我想揭露那種形式的照護所造成的痛苦。[7]

本書預設了一個前提：把加拿大政府對肺結核大流行的反應——通常用人道主義或拯救人命的詞彙包裝——跟當代對因紐特自殺潮的反應並置比較，從中會有一些收穫。這樣的並置讓特定的照護方式浮現，變得鮮明。事實上，比較肺結核大流行的檔案紀錄和自殺潮期間的當代民族誌可以明顯發現，用「生命政治」(biopolitical)一詞來形容官僚體系的照護形式再適合不過。這個詞貫穿整本書，我用它來描述一種以維持生命本身為核心、鎖定群體而非個人的照護和治理形式。然而，生命政治作為一種照護的邏輯，不只影響當局如何制訂跟群體有關的政策，也影響個體在遵守把個體當作群體成員的生命政治邏輯時，如何與其他個體打交道——這就是我在這本書裡的核心論點。[8]更進一步說，生命政治下的照護形式雖然努力維持因紐特人(作為加拿大公民)的實體生命，卻也可能暴露了加拿大政府的冷漠無情。也就是說，如同書中的故事歷歷所現，當局照護的對象是誰似乎往往差別不大。在因紐特人眼中，這種無差別的照護方式有時顯得冷漠，甚至殘酷，即使政府總是用仁慈和關懷這類詞彙來表達他們提供的照護。

深入調查因紐特人從這種官僚照護方式感受到的冷漠甚至殘酷，使我得以處理因紐特學術研究中一個棘手的問題：如何充分呈現殖民主義（這裡是生命政治的一種形式）對因紐特人心靈造成的持續衝擊。然而，加拿大北部的發展經歷過福利殖民（Paine 1977）的過程，一直以來，政府當局採用的照護形式都把因紐特人的最佳利益視為首要考量，在這樣的脈絡下我們要如何理解因紐特人對政府作為所表達的強烈不滿？[9]因紐特人為什麼不將這些介入干預視為照護，即使這似乎是其目的所在？再者，這種一路延續到（後）殖民的現在的生命政治形式，對一個族群的精神生命又造成何種影響？

為了呈現這種政治複雜性，我交替使用「殖民」和「後殖民」二詞來描述努納武特地區（Nunavut）的狀況。努納武特是加拿大最北邊的領土，本書的田野就是在這裡的因紐特社群進行。一九九九年正式成立，成為有史以來原住民爭取成功的最大片土地，因紐特人總共取得三十五萬五千八百四十二平方公里土地的所有權，努納武特也成為一個擁有約兩百萬平方公里土地的政治實體（Statistics Canada 2008: 22; Marecic 1999: 282）。目前努納武特共有二十七個社群散落在加拿大東北部北極區各地，人口從不到五百人到近七千人的首府伊魁特不等。[10]

因此，後殖民一詞的「後」字指出一個重要的事實：努納武特地區成立之後，因紐特人為自己爭取到了更多自主權。然而，誠如《後殖民失序》（二〇〇八）的編者群所言，殖民力量仍然以我們一知半解的方式在當代世界中縈繞不散。所以我也用「後殖民」一詞「來指稱一個時代，以及暴力和侵占的歷史遺產，這些遺產化成創傷記憶、體制架構，以及多半未經檢驗的假設，延續到現在」（Good et al. 2008: 6）。古德等人從歷史陰魂不散的角度切入，我們則可以思索特定形式的治理（governmentality）在努納武特如何橫跨所謂的殖民和後殖民時期。溫蒂・布朗將傅柯的「治理」概念解釋為「超越明確的政府行動同時協調人民對自身行為的要求的治理技術」（Brown 2005: 43）。

這使我們得以擴大對殖民權力的認知，將學校、監獄甚至治療場所等機構體現的社會控制形式，以及其他更分散的權力和知識體系全都納入其中。如此一來，我們才有可能探討某些殖民心態和殖民的治理形式其實並未結束，實際上甚至在努納武特自治區成立之後仍在強力運轉，嵌入承繼下來的行為和照護模式之中。認清殖民心態和權力架構存留至今，並無損於努納武特爭取自治的政治計畫代表的美好和希望。[11]不過，這或許會讓我們更深入思考將當代因應自殺問題的治理和照護形式去殖民化的意義為何。

本書的第一部分由前三章組成，指出某些形式的殖民照護並未隨著殖民結束而消失，追溯生命政治從殖民到後殖民時期一貫主張的匿名照護——即堅持照護應無差別進行，對象是誰都不重要。第二部分為後半的三章，是在我工作和生活的因紐特社群，以及我從其他人的對話和故事中知道的地方，對於替代性照護形式進行的民族誌研究。

在此先簡短說明我所謂「匿名照護」的重要性。這個概念貫穿本書的第一部分，以我在第一章〈事實和意象〉詳細道出的一個故事為起點。一九五六年，名為考雅克（Kaujak）的因紐特女性從北極灣（因紐特語：Ikpiarjuk）的家鄉搭船前往南部的醫院接受肺結核治療，病逝於途中。考雅克的死亡經過，包括中間發生了什麼事、她跟誰在一起、遺體送去哪裡，是一個從未解開的謎。每次那艘船一靠岸，她孫子就會跑去工人裝貨卸貨的岸邊**聽他們說話**。他女兒告訴我，他這麼做是因為心中抱著希望，盼著有天會聽人提起她、她的死亡或任何關於她的事。我們可以說，他希望聽到的是她的人生故事的結局，但那通常是加拿大政府處理在因紐特社群蔓延的肺結核大流行時努力抹除的資料。當時染病的因紐特人被埋進無名塚，家人通常要過好幾年才會收到他們的死訊。加拿大政府的匿名照護使考雅克的家屬兩度失去他們的親人——既看不到遺體，也對她死去的經過一無所知。

在第二章〈配合〉中，我進一步說明，這種匿名照護在某種意義上有可能被視為一種殘酷的照護方式，尤其是用來無差別地照護他人的實體生命時。一九五〇年代晚期，肺結核清空行動展開，加拿大北部被想像成一座大實驗室，在裡頭進行的大規模社會實驗藉由降低死亡率等方法，把因紐特人變成真正的加拿大公民。該「實驗」要求因紐特人配合政府提供的生命政治的照護形式和邏輯，包括把像考雅克這樣染上肺結核的因紐特人撤離到南部的療養院。一九五三到一九六四年間，將近一半因紐特人被機構收治（Nixon 1988: 67），這些住進機構的人有百分之七十五到八十被送往漢密爾頓、多倫多、駝鹿工場等南部城市的療養院（Wherrett 1977）。接下來我會指出，這種照護方式的成效取決於因紐特人的認知，因為有一連串被編上號碼的身體需要恢復健康。[12]然而，不是所有因紐特人都願意或樂於配合政府提供的照護形式。這章最後以傑姆西的故事結束。一九五六年爆發了當局射殺因紐特雪橇狗的醜聞，置身其中的他不由得懷疑，當局接下來會不會把槍口指向因紐特人。傑姆西就是看出生命政治下的照護有多冷漠——以韋伯的話來說是「缺乏兄弟般的感情」（unbrotherliness）——的一個例子。

加拿大當局對外宣稱的目的，當然從來不是要殘酷地置因紐特人於死地。當加拿大政府奮力控制肺結核疫情並視其為對因紐特人的照護時，有件事再肯定不過：延長因紐特人的壽命是一件好事。一九六〇年之前因紐特人的肺結核死亡率很難估計，但有人認為一九五〇年代早期的情況「可能比任何一個已開發和開發中國家近百年可取得的肺結核資料更糟」（Grzybowski, Styblo and Dorken 1976）。

把因紐特人撤離到南部的療養院，只是降低加拿大北極區因紐特人的死亡率和提升其生活水準的諸多措施之一。舉例來說，我在第二章說了一個女人的故事。她從小就被送到寄宿學校，一到學校就被改名叫米瑞安（Miriam），得到這個卡魯納（Qallunaaq）或非因紐特名字之後，過去的一整套生活方式都被阻擋在外。[13] 校方對一名因紐特女孩的身分認同漠視的程度明顯可見，我在第三章〈匿名照護〉中探討跟這樣一個要求生命變成某種無差別價值（即不管你是誰，只要你活著就可以）的照護體制合作意味著什麼。結果發現，漠視被照護者的身分認同，也是一九五〇年代晚期和一九六〇年代英美「自殺防治熱線」發展的核心，而努納武特也在一九九一年積極地採納了這種照護形式。然而，回頭來看生命政治下的精神生命，這樣的匿名照護在殖民／後殖民脈絡下終極的諷刺在於，照護者一方面鼓勵因紐特人活下來，同時卻又預期他們會死去。

容我進一步解釋。生命政治和殖民因素在加拿大北極區的同時存在，造成一連串的奇妙邏輯開始在其中發揮作用。換言之，或許有人會說，政府「無差別」看待病逝的因紐特人可能只是任何生命政治的公衛政策引發的情感效價（affective valence）。「無差別」純粹只是這種群體層次的介入行動所需的「感受的結構」（structure of feeling）（Willaims 1977）。政府關心你，只不過是無差別的關心。但嘗試把殖民主義和生命政治放在一起思考，我們就必須盡可能地解釋伴隨「無差別」而來的預期心理——身為官僚，以及官僚體系和生命政治體系下的公民，我們同時也在等待大家無差別極力避免的死亡。因為如此，染上肺結核或自殺的因紐特人死去，**也就不令人意外了**。

在現今的（後）殖民時代，因紐特年輕人自殺潮被形容成一種「傳染病」[14]、一種社會緊急事件（Abele 2009: 52），以及「日常生活的一部分」（Brown 2001）。[15] 根據傑克．希克斯的報告，「努納武特地區成立的最初九年（一九九九年四月一日到二〇〇八年三月三十一日），自殺人數共兩百四十七人，其中只有三個不是因紐特人」（Hicks 2009: 474）。最近估計的努納武特地區自殺率是每十萬人有五十二點二人，是加拿大全國平均自殺率的五倍有餘（Statistics Canadan 2013）。[16]

自殺潮期間，就像我們在努納武特目睹的那種自殺潮，照護者往往把焦點轉向維持生命。生命的價值成了所有照護論述和照護措施的基準點。「自殺防治組織」高舉的真理就是：生命是值得活的，生命本身就具有價值，這點不證自明也毫無疑問。確實，自殺防治在伊魁特扮演的功能就像一種結構性論述。它使很多持續至今的日常工作產生變化。一種社會性圍繞著自殺防治湧現，有些因紐特人視之為白人俱樂部。很多從加拿大南部調來的政府官員難為情地形容自己正在參加一項競賽，比賽誰「最照顧」想自殺的因紐特人。然而，即使受到很多關注也得到資源，努納武特地區的因紐特年輕人自殺率仍持續攀升，因紐特人很大程度也對專業人員提供幫助的能力失去了信心。

當一個好公民就表示要配合這樣的生命體制（regime of life）。[17] 身為後殖民時代的公民，因紐特人必須要了解，死亡不是一個可以考慮的選項，對死亡的想像只能是身體老化或生病而導致的不幸結果。在此同時，無數報導、廣播節目和電視紀錄片也都在預示他們無能符合這個好好活著的準則。在努納武特，最熱烈表達此種合作欲望的就是我所謂的「自殺防治組織」，即聯合起來對抗自殺潮，幫助因紐特人活下來的研究人員、醫生、護士、學校輔導老師、神職人員、老師和官員。組成這個組織的個別成員都是善良、體貼的人，致力改善努納武特區因紐特人的生活。我不想在接下來的內容貶損他們付出的心血和良善的立意。投入這個領域的人展現的幹勁、毅力和憐憫常讓我自嘆不如。

身為跟因紐特年輕人一起合作的人類學家，又是自殺防治組織的不速之客，我試著用不同的方式傾聽，提供史蒂芬妮亞．潘多爾弗所謂的「另一種傾聽」(une autre écoute)(Pandolfo 2006: 262-3)。她提出了一種傾聽方式，這種方式不會把對方固定在適當的位置，而是對質疑、改變、重訂辯論規則的可能性保持開放。用另一種方式聽，意味著不可避免會壓下某些聲音、放大其他聲音。這種姿態本身就具有暴力性，但同時我希望能藉此建立另一種回應「世界的呼喚」(Das 2007: 39)的方式。

事實上，死亡對因紐特青少年來說很熟悉，無論是意外、暴力或自殺造成的死亡。在努納武特首府伊魁特做田野時，我跟一群約二十人的因紐特青少年密切合作。我在那裡期間，他們之中有不少人試圖自殺。他們全部都曾在一生中目睹過自殺或自殺行為。其中一個時常尋死。有個跟我合作的十三歲女孩遭人強暴和殺害。自殺對他們不是一種深思過後的決定或過渡期的舉動，反而成了他們日常生活的一部分，而死亡則是必須一再關注的事。既然如此，「世界的呼喚」和「死亡的呼喚」是分不開的。

我認識一個名叫丹尼的因紐特少年，說起自己的自殺經驗時他開始滔滔不絕。我們可以從他的話中聽出自殺如何滲透他的生活世界，還有後來他對這一切代表的意義其實並不確定。

> 我看過人自殺。我什麼都不能做。我試著要阻止，但是來不及了。我表姊。她在我們的老家自殺。那次我去的時候……我聽到樓上好像有人在哭。所以我爬上樓，想說應該沒人在。我有點害怕。家裡都沒人。爬上樓之後我看見表姊拿槍對著自己的臉。一把獵槍。我試圖要阻止她。她扣下扳機。我跑出去。我好怕。我什麼都不能做了。
>
> ……我沒辦法說話，沒辦法動，什麼事都做不了。嚇壞了。三天沒出房門，直到喪禮我們才去。他們叫我出門，要我吃東西。我沒辦法動，什麼事都做不了。

過了一會兒，丹尼又繼續說他的故事：

> 我也曾經差點殺人。我媽的男朋友艾茲奇。他把我媽打得很慘。我好不容易到那裡的時候他們不肯開門讓我進去。我聽到我媽大哭大喊、在裡面被痛打的聲音。於是我直接把門踢開。然後我抓起一支魚叉開始打艾茲奇的頭和背。用魚叉往他身上猛打。
>
> （繼續敘述……）我去找爺爺奶奶。心裡一直在想這件事，想了很久。然後我就開始說，我應該殺了自己。我一定會坐牢。我應該乾脆殺了自己之類的……

後來我開始跟爺爺奶奶說話，告訴他們我差點殺了艾茲奇。我想要把他活活打死。他們嚇到了，開始跟我說些殺人不好之類的屁話。於是我跟他們說我要殺了自己，他們叫我不要那樣想。

我只是跟他們說我控制不了自己。親眼看過那個畫面之後，我就控制不了自己。他拿刀要捅我媽。

他說的事件過後幾年，丹尼和他的朋友巴比（後來跟我變熟）去參加自殺防治訓練課，那段時間我也在伊魁特。丹尼對於自己能夠堅持到底，每天硬逼自己起床前往布朗大廈去上九點的課非常驕傲。課上完之後，我問巴比上得如何。他告訴我，「老師說很多人自殺是以為死了就會比較好過。老師這麼說的時候，丹尼看著我，我們異口同聲說『可能吧』，然後就開始大笑。其他人都在看我們。我們笑到停不下來。」

巴比轉述的這個「笑到停不下來」的畫面，挑戰了我們對自殺論述的確信。它指出思索生死的一種較為晦暗、或許不那麼肯定的方式，那通常不是自殺防治訓練的老師會接受的方式。在丹尼經歷過那些事之後，我們不再那麼清楚確定此生必定會贏過可能存在的來生，一個人也有可能把希望寄託在生命之外。我們目睹了一種在自身之外、笑聲和悲傷皆有的生命。

於是我漸漸看清，擅自認定生命的價值，將它捧為至高至善，可能跟否定生命的價值一樣危險。假如傾聽自殺青少年的痛苦心聲只是阻止因紐特青少年尋死的手段，我們就聽不到太多東西。當生命遇到根本的問題時，傾聽意味著認真看待生死的不確定性。唯有當我能夠把「生命本身就是一種價值」暫擱一旁，一種較為模糊或是晦暗，而且絕對較不確定的思考和照護方式的輪廓，才能浮上表面。

意象作為研究方法

倘若這本書的研究模式是不確定性，研究對象是加拿大北極區的照護形式，那麼研究方法就是關注我們賴以思考和生活的意象。* 舉例來說，前面提到的渡鴉就是一個影響很多層面的意象。對我的朋友來說，這個意象代表一種照護形式，即他死去的舅舅化身為渡鴉守在屋後。對我來說，那也是一種曖昧不明但不需解決釐清的意象。那隻渡鴉真的是他死去的舅舅嗎？這個問題並不重要。重點是渡鴉還在那裡。

意象（我指的是廣義的意象）之所以有用，正是因為能捕捉不確定性和矛盾而不需加以解決釐清。（渡鴉仍在那裡，無論那是不是死去的舅舅。）我希望藉由把人類學拉回意象（而非論述）的認知模式，使我們得以忠於各式各樣在民族誌中往往被忽略的矛盾經驗。

* 譯註：作者在下文說明她指的「image」是廣義用法，因此意象、圖像、影像、畫面、印象都可包括在內，下文會視情況採用不同譯法。

然而，人類學對於思考意象有某程度的抗拒。麥克．陶席格指出，「人類學傳統中圖像和文字之間是斷層，或是無人地帶」（Taussig 2009: 268），呂西安．泰勒則說人類學有「圖示恐懼症」（Taylor 1996）。意象可能對我們來說有一種我們無法完全控制的力量；要把意象轉譯成社會科學要求的無可置疑的單一事實總是很難。把攝影和電影的影像化約為直接了當的表述之所以困難，是因為某方面來說，意象會把世界拉進去。

泰勒在那篇影響力深遠的文章提到的幾乎全都是攝影和電影的意象，但我在這本書裡想用更普遍的意義來思考意象。也就是說，我想試著去了解人類學家遇到的各種不同意象具有的共同點，包括照片、電影、記憶、聲音意象。我想要問：是什麼使意象成為意象？

事實證明，華特．班雅明的文章對我用更普遍的意義去思考意象很有幫助，因為他沒有一定要區別視覺、聲音甚或言語的意象。事實上對班雅明來說，文字本身也可以當作一種意象，把對應於文字的種種感受吸引過來。例如，唸錯一首兒歌歌名的兒時記憶（把 Muhme Rehlen 唸成 mummerehlen），使他重新被小時候日常生活的聲響淹沒。

> 我聽到黑煤從煤斗嘩啦啦掉進鑄鐵爐，火焰嗶剝剝在煤氣罩裡燃起，車子從街上駛過時燈罩叮咚咚碰撞著黃銅燈座。還有其他聲音，比方鑰匙簍的叮叮噹噹聲，或是前後樓梯兩個門鈴的叮鈴鈴聲。最後還有一首短短的兒歌。[18]（Benjamin 2006: 98）

這段經歷收在《柏林童年》一書中。班雅明在書中回憶一個又一個童年畫面，試圖為自己抵擋即將跟他出生的城市永別的痛苦。[19] 他形容那首兒歌回憶之類的畫面就如同「記憶的沉澱物」，既不能直接理解成自傳的一部分，甚至也不能視之為真實事件。這些畫面記錄的其實是「童年的整個扭曲世界」。就像化學沉澱物一樣，班雅明的童年畫面是原版的濃縮和濃縮形式——是從溶液掉落的東西。

班雅明藉由童年的畫面（經驗的沉澱物）克服告別柏林的痛苦，做夢的人則墜入黑夜，看著日常事件幻化成七拼八湊的畫面。因為佛洛伊德認為，夢境「主要以視覺畫面思考」（Freud 2010: 79）。夢「沒有言說概念的能力」，所以想說的話必須「借圖像」來表達（2010: 110）。雖然夢或許偶而也會利用言語和其他非視覺材料的殘餘，但根據佛洛伊德的看法，夢的特徵「只是其內容中那些表現得像圖像的元素，比起記憶的呈現，其實更像是感知，也就是說，它們就像是記憶的演示（mnemic presentation）」（2010: 79）。意思是，夢會產生幻覺。

但是為什麼呢？為什麼我們潛藏的欲望和仇恨要透過畫面來表達？在「意象」是什麼的討論中，這個問題似乎一直乏人問津，是傅柯幫我們問了這個問題。他問：「為什麼精神上的意義要透過畫面成形，而非繼續內隱或化為清楚明瞭的言語表達？」（Foucault 1993: 36）傅柯從佛洛伊德的基礎上進一步發展，提出兩個答案。第一，畫面是種「表達而不闡述的語言，一種意義不像文字本身透明的言說」。第二，欲望的滿足具有「原始的想像特徵」，也就是說，「欲望會先從自戀且超現實的幻想模式中找到滿足」（1993: 36）。

把意象視為「表達而不闡述」的語言，就有可能看出目前為止我探討的各種意象——視覺的、聲音的甚至語言的意象——之間的相似性。因為，傅柯接著說，我們也經由對方聲音的高低旋律發現一個人的憤怒，而不只是「捕捉對方使用的文字代表的意義和他運用的句子結構」。生氣的人不需要闡述他的憤怒就能表達憤怒，或者如同我在第五章指出的，一個憂鬱的青少年並不需要闡述她的憂鬱。[20]

羅蘭・巴特也透過他所謂的影像的「第三意」或「鈍義」要我們關注意象拒絕闡述的這件事（Barthes 1977）。鉅細靡遺地描述艾森斯坦某部電影中的兩幅靜物畫資訊上和象徵上的意義之後，他問，「這就是全部了嗎？」他的回答是「不對，因為我還為那影像著迷」（1977: 53）。對巴特而言，影像的第三意超越了它傳達的意義或它代表的資訊（影像的「明顯意義」）。影像能用這種超越闡述的方式把我們「迷住」，就是意象之所以成為意象的關鍵。[21]

此外，正如佛洛伊德教我們的，人天生就渴望豐富多樣的影像，無法只滿足於簡單樸素的事實。瓊・蒂蒂安在丈夫猝死之後寫下《奇想之年》（二〇〇五）這本書，書中即捕捉到了這股渴望。她提到丈夫死後她做了一個夢，夢中他們要跟一群人飛去檀香山。發現丈夫不在身旁，她為了等他而脫隊。眼看飛機一架接著一架起飛，跑道上只剩下她一個人。分析這個夢境時她問自己：

> 我孤伶伶站在跑道上有被遺棄的感覺嗎？我生氣約翰丟下我嗎？有可能我生氣的同時又覺得自己有錯嗎？

> 我知道精神科醫師會給這樣的問題什麼答案。一定就是憤怒引起內疚，反之亦然，這一類大家耳熟能詳的答案。我沒有不相信這個答案，但它還是沒有夢中那個未經檢視的畫面那樣令人浮想聯翩——謎一般孤伶伶被丟在聖塔莫妮卡機場的跑道上，看著飛機一架接著一架飛走。（Didion 2005: 161）

蒂蒂安**希望**保留令人浮想聯翩的畫面，而不是徹底將它破解。[22]

改以意象當作民族誌的研究方法，就表示要傾聽那些闡述事實不再令人滿足的時刻，即使是民用無線電對講機傳來的無可爭辯的事實，例如「你祖母在從邱吉爾開往漢密爾頓的火車上死於肺結核」。佛洛伊德對於意象和欲望之關係的洞察，就從這裡切入。我們並不總是希望真相以事實或資訊的形式出現，往往希望它以意象的形式出現。我們想要的或許是意象的不透明性，這樣才能與感受的濃度相符。我們希望有東西迷住我們。

因為如此，薩奇亞西雖然知道祖母在前往南部療養院的火車上過世，卻無法用言語說明自己想要知道更多的欲望。多年來，只要霍爾號靠岸，他就會跑去海邊聽聽有沒有關於她的消息。幾年過去了，但他還是沒聽到她的任何消息。上文我說他在傾聽她的人生故事的結局，某程度來說確實如此。但後來我和他女兒去訪問一個在考雅克臨終時跟她同車的人，對方跟我們分享的卻是她死亡時的聲音和視覺畫面。他首先提到她發出類似動物的聲音，還有希望她保持安靜的護士對她的嘲弄，接著他描述了她在那裡的畫面：被放在走道上，因此他得繞過她才能去上廁所。

那是考雅克的故事沒錯，卻是一個用畫面而非事實訴說的故事。她的死因為何？死的時候幾歲？心律多少？這些我們都不知道，只得到她被某些護士嘲笑之後就被丟在廁所旁邊的畫面。我們想要這樣的畫面，因為它們滿足了佛洛伊德認為的人類「原始」欲望，同時卻也使我們深受衝擊。這個畫面迷住了我們，表達（但不闡述）人終將死去的事實，而且有時連死到臨頭都會遭人誤解。那有可能只是一個簡單的事實嗎？

我對事實和意象的區分取自於班雅明對資訊和說故事的區分。班雅明把說故事跟報紙試圖傳達的資訊加以對比。他認為資訊不同於故事，它「要求立即可證實。（資訊的）第一要件就是它要顯得『本身是可以理解的』」（Benjamin 1968a: 89）。相反地，說故事「不像資訊或報導是以傳達事物的本質為目的」（1968a: 91），也不渴望本身顯得可為人理解。事實上，班雅明筆下有位說故事的人甚至說：「你從報紙上無從得知任何事。」「他們老是想跟你解釋所有事情」（Benjamin 2005: 660）。意象跟故事一樣抗拒解釋，因此也抗拒可複製性的問題中對客觀性的要求。

在人類學研究中，我們往往認為自己關注的是重複發生的事。因此，我們所謂的「實證」是建立在日常透過重複（什麼是一再重複甚至無所不在的狀況）而趨於穩定的認知上。對人類學家來說，重複變成了民族誌事實的先兆。但我認為還有其他人類學研究需要完成，這裡指的就是透過意象所做的人類學研究。有時候需要被傳達的是可能的、而非實際的真相，或是否定的、缺席的或懷疑的精神真相（psychic truth），渡鴉就是一個例子。但有時意象也指出，傳達日常實況最好的方法不是累積實例，而是透過意象中的濃縮經驗，雖然意象不能當作事實一樣檢驗。我們需要打造另一種理解世界的方法，另一種處理意象的方法，就像渡鴉堅定的存在一樣，有可能顛覆我們的日常生活。

在這裡我應該指出，雖然這是一本民族誌著作，關注的是日常生活中出現的話語、動作、所聽所見、所想所感，我並沒有偏重事實勝過於其他較不確定的認知方式。換句話說，我沒有把所謂的社會科學文獻，看得比所謂的小說或哲學更重要，因此，來自不同源頭的故事會找到自己的方式進入我的作品。[23] 雖然我在書中所說的故事大多來自伊魁特、潘納唐和北極灣的因紐特社群，但我也引用了世界其他地方的民族誌和文學作品。因此我更像一個收集者，把不同的物件、意象和故事拉在一起，自成一個群集，而不是一個考古學家，致力於維持考古遺址的完整、脈絡和關係。有時候，例如在第五章，收集來的民族誌物件會浮現夢境一般的錯綜關係，來自其他時空的記憶和物件闖入手邊的主題，就像史都華・麥克連在著作中提到酸沼木乃伊從愛爾蘭和斯堪地那維亞沼澤的黑泥中浮現，在生者中成為一種「令人不安（卻隱隱覺得熟悉？）的存在」（McLean 2007: 63）。也有時候，例如第四章，收集過程自有一種意志，藉由將不同時空的事件帶入對話中，來打斷班雅明所說的無所不在的「同質的、空洞的時間」（Benjamin 1968a: 261）。

在我企圖打造另一種人類學研究的同時，奇妙的事情發生了，即使動筆時我始料未及也還不完全理解。那就是這本書的研究模式（不確定性）、研究方法（意象）和研究對象（照護）逐漸合而為一。本書的第二部分，我描寫了另一種照護政治，不那麼在意事實和確定性，更在意以我所描述的不確定的、意象式的方式去了解他人。我理所當然地認為，匿名照護或許是當代世界中一種主流的相處模式，也一如往常形成一種政治結構，但它並沒有耗盡照護和關心他人的可能性。因此第四章〈名字的生命〉說了一個青少年騎雪上摩托車出車禍喪命的故事，但因為一個新生兒繼承了他的名字，他的名字的生命便有了歸屬，丹尼爾的生命也透過這個嬰兒得以延續。丹尼爾的故事讓我思考了死活相依（living mournfully）的政治可能性，也就是拒絕將生與死徹底分離。[24]我們能不能想像或找到另一種政治、另一種照護形式，不只從生命與死亡的親近關係，也從生命與他者或他人的意象性關係去理解生命？我用「死活相依」這個詞來表達另一種思考生命的方式，以及支持這種思考方式的照護形式。「死活相依」關心的主要不是延續實體生命，而是誰是誰，而照護就在認出令人不安的他者意象並對它付出關懷中發生。

下一章〈為什麼放兩個鐘？〉得名於政府出版品中某張照片的文字說明。照片中是一頂乾淨的因紐特帳篷，帳篷內可見兩個鬧鐘放在一起。我認為匿名／生命政治的照護形式不但不關心誰活下來，也不關心超越鐘面時間的其他時間性形式。被照護者的匿名性因此也跟照護時間的同質化和工具化脫離不了關係，並以單一時鐘的意象呈現。所以這一章處理的是一個至今仍困擾加拿大北極區當局的問題。一開始從席拉的故事說起。席拉是個因紐特少女，在床上爬不起來，說她有天晚上「開車亂晃」，沒有明確的去處，也沒有要做的事。幾年後我回想席拉對我敘述的一連串夢境，我反思了時間存在的方式（ways of being in time），這些方式打破了時間作為一種可以充分利用資源的概念。在席拉夢境中，過去和現在、生與死並存，使「為什麼放兩個鐘？」的問題顯得特別貼切。

最後一章〈歌〉由一名被控縱火的二十一歲因紐特少年的故事拉開序幕，轉而思考一種我們或許會稱為「歌」的意象式照護的可能。身為人類學家、行動主義者和當事人的朋友，我深受這個控訴引發的情緒震盪和事件衝擊。回顧一連串事件的同時，我試圖描寫充斥該事件的暴力以外的事物，找尋方法討論一種被看作某種聲音意象（或歌曲）的照護，這種照護感興趣的不是指派身分、本質甚至罪名，而是承認他者的**在場**。這種「在場」在序裡被描繪為老婦人和女兒之間藉由喉音唱法傳遞呼吸，並不總是需要另一個身體也在場。歌可以是一種召喚出「自身之外」的生命的方法。

這本書反映了兩個時期的田野工作。第一個時期我跟一群因紐特青少年合作一個拍攝計畫。我在既有的社群團體和因紐特組織中工作奔走，協助集結一群對拍攝一部跟自殺有關的影片感興趣的青少年。到頭來這個方法讓我成為典型意義下的「參與觀察者」，只不過是在一個共同計畫下，而這個計畫只有一半出自我的構想。

這群人流動不定，由社群中的青少年、社群中的青少年工作者和有興趣的家長組成，前後聚會長達一年多的時間。剛開始我們一週聚會兩次，一起腦力激盪，舉辦寫作坊，以及接受影片製作技巧的訓練。後來這個團體變得不那麼正式，只有大家覺得有必要時才聚會，有時會兩、三人自己約見面籌備特定活動。最後它長出自己的生命，先是變成一個劇團，最後成為一個因紐特語的福音合唱團。

漸漸跟參與的青少年混熟之後，我愈來愈愛他們，以及渴望他們的生活。田野工作變成一個共同計畫，思考日常生活中難以理解的殘留——那些像渡鴉一樣持續留在不確定性中的事物。這就表示去問：有沒有可能表達我對另一種生活的渴望，卻又不把那種渴望變成一種命令，強制他人為了承擔我的欲望與我合作？那也表示去問：是否存在另一種情感和政治上的連結，另一種不把生命的確定性當作終極價值或預設生死壁壘分明的照護方式？

在自殺潮期間與因紐特青少年合作，我開始意識到自殺論述涉及的時間超越了自殺潮本身的時間，而且呼應了另一個論述，那就是公共衛生的殖民論述。聽到一種說詞令人毛骨悚然地呼應另一種說詞（我們會在接下來的篇章看到「乾淨」和「存活」被描述成因紐特人應該努力達成的不可能任務），我就知道自己也要在殖民檔案中從事田野調查，這就是我第二段時期的田野工作。我挖出一九五〇和六〇年代從他們在北極的社群被送去南部治療肺結核的因紐特人的聲音和照片。收集了數百張照片之後，我開始著手與四十多年前底片和錄音帶捕捉到的當事人的家屬一同重整照片和錄音（多半來自麥克馬斯特大學的健康科學圖書館）。過程中我收集到許多肺結核大流行時期的故事，從而得知還有人仍在尋找死於肺結核的親友的消息。針對這段殖民歷史之圖像和聲音的研究也給了我材料，使我得以描述我所謂的生命政治下的精神生命——我們渴望使某個群體「活下來」(make live)，造成的效果有時反而是殘酷的。

面對這種沒有也永遠無法說出口的欲望（自殺防治跟消滅肺結核一樣，目的顧名思義唯有擁護生命），表達一種死活相依的照護形式顯得無比重要；在這樣的照護形式中，他者的死亡使新生命得以存在。承認其中的殘酷（人性的複雜也從中浮現），能不能讓我們勇敢面對當代照護形式造成的後果？渡鴉的意象一方面暫時表達了生命中的死亡，另一方面也表達了何謂生或死的不確定性，使我們得以放開乾淨／骯髒、生／死等建構人類照護方式的二分法，哪怕只是短短一瞬間。若是活著跟目睹生命中的死亡有關呢？要是死去，但仍被愛你的人放在心上，也是一種活著的方式呢？我們如何可能去關注那些存在於自身之外、永遠無法變得完整的生命？

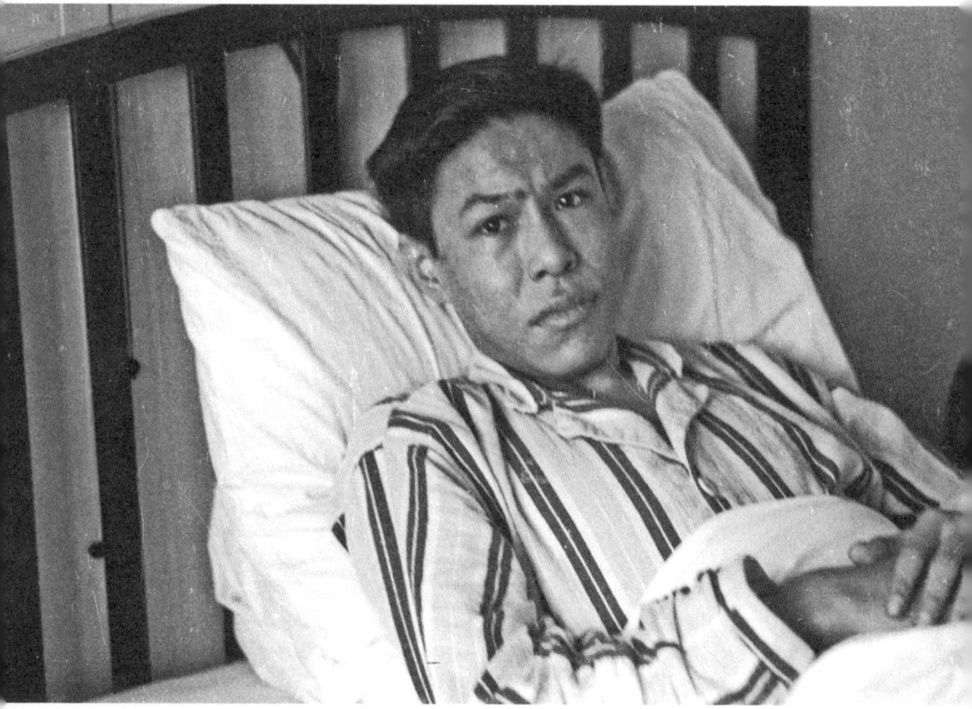

1

事實和意象
Facts and Images

一九五六年八月十日，名叫考雅克的因紐特女性搭乘霍爾號離開北極灣的因紐特社群，展開前往安大略省漢密爾頓山區療養院的旅程。[1]過去幾個月，考雅克的身體愈來愈虛弱，漸漸無法打獵和捕魚，巡邏艦上的醫療人員診斷她染上了肺結核。她的孫子薩奇亞西站在岸上看著船遠離烏魯克桑角，消失在視線之外。他再也沒有見過她。

二〇〇八年六月，我收到薩奇亞西的女兒安娜的電子郵件。多年來她一直試圖弄清楚考雅克究竟發生了什麼事。[2]「我名叫安娜，」她在信中說，「幾年前，我一直在尋找我爸的祖母，她在開往漢密爾頓的火車上病逝，火車還沒抵達漢密爾頓她的遺體就被搬下車。」安娜唯一能找到的線索是市府辦公室的索引卡，上面用打字機打出考雅克的名字和編號，另外還有「一九五六年歿」幾個手寫字。

一個月後我抵達北極灣巴芬島北端一個人口約八百的小村子。我來這裡是為了找薩奇亞西，還有加拿大因紐特社群一九五〇和六〇年代爆發的肺結核疫情下的其他倖存者。周圍高山和峭壁環繞，北極灣（因紐特語為 Ikpiarjuk，字面意義就是口袋）的房子簇擁在一片幾乎被陸地包圍的港灣上。小孩獨自在碎石路上玩耍，或到岸邊打水漂兒，在冰塊上跳來跳去。沙灘車和皮卡車在街上橫衝直撞，揚起砂石和灰塵，但薩奇亞西的家裡乾淨整齊又安靜。他的房子對著延伸至烏魯克桑角的海灣。我們談話時，安娜幫我們翻譯。

薩奇亞西才一歲大，生父就因打獵意外而溺斃，之後考雅克把他當作自己兒子一樣扶養長大。安娜告訴我，薩奇亞西非常喜歡考雅克，她「能做男人做的事。她很會捕魚，會自己去捕魚，把魚曬乾」。每年春天薩奇亞西去捕魚時，「（用的）很多技巧都是跟她學的。」安娜接著說：「她是個很能幹的女人……做得到男人做的事。自己會蓋 qarmat（草皮屋）。離開前一年她已經沒辦法蓋，肚子和背部都出現了感染……船來幫大家做肺結核篩檢，她也篩了，之後他們就把她送走了。」

考雅克坐上霍爾號被送走那年，薩奇亞西十四歲。我問他記不記得祖母離去那天的情景。「記得，我記得很清楚。」他告訴我。眼看病情日漸惡化，她開始去探望家人，連遠房親戚也不例外。她跟家人說自己可能活不了多久，再也見不到他們了。薩奇亞西很擔心。「直升機從船上飛來把她帶走那天，真的很難受。」他說。考雅克從城外的營地被帶去船上的醫療隊，在那裡確診罹患肺結核。

X光技師一旦發現患者肺部有陰影，通常不會再讓因紐特人回岸上，怕他們走了就不會再回船上。但因為某個原因他們特別通融考雅克。她坐上小艇，最後一次回到岸上。薩奇亞西沒機會跟她說上話，當時他正在幫船卸貨，只遠遠看到祖母笑咪咪擺姿勢照相。[3]

那年秋天（薩奇亞西只記得是十月，忘了確切日期），哈德遜灣公司的經理用無線電打電話通知他考雅克的死訊。除此之外就沒了。

之後每當霍爾號年度巡邏時回到北極灣，薩奇亞西都會跑去岸邊工人裝貨卸貨、從療養院回來的患者下船的地方聽他們說話，希望能聽到有人提起祖母的名字、她死去的經過或關於她的任何事。正如安娜描述的：

> 每年巡邏船來做篩檢，他都會衝去船邊的患者區，看能不能剛好聽到有人提到他祖母的事。他不敢開口問，所以都沒去問，只會到處走來走去，看會不會聽到有人提起她，剛好讓他碰到有人看過她或知道她的事。他還會去確認她在不在船上……他這樣做了好幾年。
>
> 我搞糊塗了，試著釐清狀況。「每年船回來……他還不知道她是死是活？」
>
> 她八月離開，十月他們就聽說她死了，除此之外就沒了。沒人提起她的遺體在哪裡、她是怎麼死的，什麼都沒有。只收到通知說她死了。這就是他們得到的全部消息。

辨識因紐特人

考雅克的故事在當時並不少見，雖然她在火車上而非南部療養院裡過世確實不尋常。一九五○和六○年代間，肺結核被視為「北部的大患」（Albrecht 1965: 153）及「席捲北極地區的疾病」（Ward 1952: 292）。[4] 一九五四到六四年間，約有八千六百名因紐特人到南部醫院接受治療，花在他們身上的收治費用是一千兩百五十萬元（Moore 1964: 1193）。一九五六年，即考雅克離開北極灣前往療養院的那一年，估計每十萬因紐特人就有兩百三十二人死於肺結核（Grygier 1994: 84），每七個因紐特人就有一個在南部醫院接受肺結核治療（Phillips 1967: 219-20）。控制疫情是加拿大北部政府，尤其是印第安健康服務局的首要之務，[5] 將染疫的因紐特人送到南部療養院隔離，則被視為控制疫情擴散最有效的方式（Ward 1952; Phillips 1957; Grzybowski, Styblo and Dorken 1976: S8）。[6]

在考雅克居住的北極東部，撤離工作多半透過霍爾號（加拿大皇家騎警用來在該地做年度巡邏的船）進行。這艘船配有「完整的醫務室、手術房、X光室、牙科室、實驗室，另有完整的醫療隊和牙醫師」（Moore 1956: 232）。事實上，霍爾號出現在我收集的很多照片和故事中，成了這段歷史的一個小角色。莉亞・伊魯特・達珍庫特是來自龐德因萊特的因紐特女性，她在《今日因紐特》雜誌公開當年被撤離的經過，用文字捕捉霍爾號每年抵達時的盛大場面：「我們第一眼看到霍爾號的那個時刻總是讓我驚嘆不已。繞過峭壁之後，它會突然進入視線。我很難相信這樣的龐然大物能移動得這麼快。白色船頭像一把刀劃開海水，掀起巨浪，刷刷翻騰的海浪一路綿延到我們引頸眺望的岸邊」（D'Argencourt 1977: 33）。船靠岸停妥之後，因紐特人就會被帶到船上做肺結核篩檢，疑似染病者會被留在船上，展開往南的旅程。

無論是來自小聚落或祖傳的打獵營地，原本在加拿大北部生活的因紐特人突然被移送到醫院，醫院裡的醫生或護士都不會講因紐特語，而且因紐特病患多半只能躺在床上，這種經驗是一種徹底的斷裂。[7] 達珍庫特提起這段南方的旅程時說它「徹底改變了我的生命，使我（日後）很難還是一個完整的、住在北部的因紐特人」（1977: 31）。一九五一年，她獨自坐船前往南部的療養院，那一年她只有十二歲。

> 一切發生得太快，我幾乎沒時間思考。回到船上之後，我很確定這一切都是真的，我真的要離開了，雖然我完全沒準備，甚至沒帶任何行李……離開時發生的事和聽到的話我幾乎都忘了，只記得我親愛的大姊蕾貝卡（Qitsualik）在哭。這一去我就不會再回來了嗎？我不覺得自己生病了。我會死在白人的醫院裡嗎？想到這些事我就害怕。（1977: 35）

一九五九年，曾在一九五五和一九五七登上北極東部巡邏船的醫生奧圖．沙弗寫道：「很多老一輩的印第安人和愛斯基摩人仍然害怕被撤離到白人的土地，勝於害怕死亡」（Schaefer 1959: 249）。

除了不確定要跟家人分開多久，醫生、護士和醫院行政人員無法跟因紐特人溝通也經常造成他們的身分被混淆，尤其是兒童。一九五〇年，住進南部醫院的因紐特病患根據政府名冊有一百一十九人，其中四十二人的詳細身分「不是被省略、不夠完整，就是根本錯了」（Grygier 1994: 27）。兒童的資料甚至完全找不到，其中有些最後被南部的白人家庭收養（1994: 126）。

唐納．馬許於一九五〇到一九七三年擔任聖公會北極教區主教，他在短篇故事集《哭泣的愛斯基摩人》中戲劇化地呈現了這種身分混淆問題。其中有個故事寫到，渥太華有個官員不知該拿十五名已經痊癒、準備出院返家的因紐特兒童怎麼辦。「『他們完全不會說英文，』官員無助地說，『我們根本不知道他們是誰或從哪裡來』」（Marsh 1991: 187）。

除了身分混淆之外，不幸在南部醫院病逝的因紐特患者通常被埋在南部公墓的無名塚。家人不一定會收到死訊或得知埋葬地點。[8] 就算收到通知，上面也只會簡單交代誰誰誰死了，沒有詳細的死因，沒有墓地的資訊，也沒有任何解釋或慰問。家人只會接到無線電或是電報，更後來則只是一通官員打來的電話（Grygier 1994: 128）。幾年後，一位前往因紐特人地區的聖公會傳教士回想當時的狀況：「他們不認為值得大費周章告知愛斯基摩人死者的所在地點，也不認為有必要通知他們的親屬，或是讓父母知道自己的小孩在哪裡。這些全都省了。當局覺得把他們的名字弄對這件事並不重要」（引自 Grygier 1994: 123）。

某方面來說，薩奇亞西能那麼快得知祖母的死訊算是很幸運的了。其他因紐特人通常好幾年都不知道自己的小孩或爸媽是死是活，有些人甚至一輩子都無法確定（Grygier 1994）。蘇拉．庫布魯有兩年都沒有丈夫的消息。

醫療船霍爾號一九五一年第一次抵達北極灣時，（我丈夫）庫布魯去照了X光，他們說他得去南部的醫院接受治療。

兩年後，也就是一九五三年五月，加拿大皇家騎警通知我，我丈夫今年夏天就會回家。他們跟我說他長胖很多，看起來已經恢復健康。但那年夏天坐船回來的卻只有他的行李。我去船上病患住的地方找他，但沒找到人。終於認清事實的那一刻，我震驚到全身麻木，旁邊的人還得抓住我。我好幾天不能哭，不能睡，沒辦法有任何反應。雖然還在呼吸，卻像行屍走肉一樣。（Kublu 1978: 63-64）

驚人的是，當局雖然不確定**誰**死了、**誰**被埋在哪裡，卻非常清楚他們收治了多少因紐特人。例如，我們知道一九五六年，也就是考雅克離開北極灣那年，「療養院中患有開放性肺結核的愛斯基摩病患有一五七八名。相當於七分之一的愛斯基摩人口，而且不包括罹患其他疾病或遭遇其他事故的愛斯基摩人。」事實上，正如官員喜歡指出的，「最大的愛斯基摩社群是加拿大南部城市醫院裡的肺結核病房」（Phillips 1967: 219-20）。統計數字很精準，一五七八名愛斯基摩人，不多也不少。

因紐特人作為統計數據

記錄因紐特人變成北部當局的重要任務。因紐特人沒有姓氏令他們頭痛也無法接受。當局認為有必要建立一個系統，「方便政府單位區別每一個愛斯基摩人，進行人口調查，記錄和登記重要數據」（Roberts 1975: 2）。潘納唐的衛生官員麥基農醫生一九三五年投書內政部，提議在因紐特新生兒一出生就「發放身分牌，跟軍隊的識別名牌一樣，也要規定他們隨時配戴。這種新奇的做法會受到原住民喜愛」（6）。一九三六年麥基農再度投書，重申他遇到的狀況並強調：「在我看來，愛斯基摩人並不覺得姓氏是什麼大問題。長久以來他們沒去煩惱這種瑣事也過得很好」（8）。

儘管有些反抗的聲音，例如擔心「讓愛斯基摩人戴上鍊子可能容易引起誤解」（Roberts 1975:8），西北地區議會仍在一九四一年通過一項動議，核准建立「愛斯基摩人的身分牌系統」，意思是每個因紐特人都會拿到一個印在纖維薄板上的編號（很像現今的社會保險號碼），而且必須把牌子掛在脖子上。到了那年的八月，北極東部巡邏隊的官員就開始發放牌子。根據北極當局的說法，當地反應熱烈。「原住民身分證的構想受到相關各方的歡迎。」北極地區的首長如此描述他們的反應（15）。

雖然每個身分牌上的號碼都獨一無二，代表一個特定的個體，但這些被識別出的個體在某個重要意義下也毫無差別。德瑞克・史密斯認為身分牌標記系統「為了國家管理的目的，把愛斯基摩人簡化成人人都一樣的組成分子」（Smith 1993: 67）。因此，如麥基農清楚指出的，因紐特人的姓氏其實並不重要，重要的是建立一個方便當局計算他們人數的系統。這種等值性（即不同項目互相置換也無妨）是治理加拿大北極區的殖民和官僚體制的核心動機。根據人類學家羅伯・威廉森的報告，加拿大皇家騎警極度依賴身分牌號碼，甚至在報告中只放號碼，而不列出他們的姓名（Williamson 1988: 255）。

一九三〇年代在歐洲寫作的班雅明也察覺到了這種「序列性和一致性的趨向」（Dutlinger 2008: 82）。班雅明要我們留意藝術作品的「靈光」（aura）如何在機械複製時代消退，因為每件原作都有複製品，他認為這會對我們的感知模式、我們觀看這世界的方式產生症狀性的轉變。「在藝術作品可機械複製的時代，」他寫道，「消逝的是藝術作品的靈光。」更重要的是，「過程會出現一些症狀，其重要性遠遠超出藝術領域」（Benjamin 2008: 22）。靈光消失是新感知模式的一大特點，「『世界萬物千篇一律』的感受大幅增加，甚至藉由複製技術從獨一無二的事物中也要榨取這樣的感受。這種現象顯現在感知層面上，理論層面則可從統計數據日漸重要這件事上看得出來」（2008: 23-24）。

借用班雅明的用語，因紐特人得到的身分牌號碼就像藝術作品逐漸消失的靈光，是一種新感知模式的特點。這種感知模式把同類事物都看作一樣，使得「誰死去」這個問題變得不再重要。麥基農把身分牌拿來跟狗牌類比，令人印象深刻。軍人的狗牌標出可以互換的身體（死的是哪個士兵真的重要嗎？有獨一無二的士兵這種東西嗎？），也是某程度上屬於國家財產的身體。加拿大政府要求因紐特人配戴的身分牌似乎也是如此。身分牌標出可以互換的生命（和死亡），而那些生命是屬於加拿大政府的財產。

無論如何，身分牌系統就跟它的參考模型軍人狗牌一樣，揭露了序列性、可替代性和動物性之間糾纏已久的關係。一九六九年，因紐特人艾比．歐克皮克奉政府之命推動用姓氏取代身分牌的計畫。他在一次訪談中談到引進身分牌的事：

> 最初是從……一九四五年成立聯合國的時候開始的。那年我十六歲，從廣播上聽到消息。萊斯特．皮爾遜發表了談話……他代表加拿大出席。他說他們應該對北部地區做些事，那裡的人正在像麝鼠一樣紛紛死去或類似那樣的話……西北地區總共才兩家由聖公會傳教團經營的醫院，或許還有三家羅馬天主教會經營的醫院。沒有行政機構。所以一九四五年當國會推出家庭補助金和養老金時，才會建立號碼制度。（Alia 1994: 30）

歐克皮克把身分牌制度跟「人道理由」（見Fassin 2012）、聯合國成立，以及把因紐特人納入社會福利國家的目標連在一起。[9] 但他也記得日後成為加拿大總理的皮爾遜說有必要做些事，因為北部的人正在「像麝鼠一樣紛紛死去」。我找不到皮爾遜說過這些話的文獻紀錄，但我相信他或其他人確實說過類似的話。但皮爾遜的話是什麼意思？是指他們的死亡或死亡率在某個程度上不太光彩？還是他們跟動物一樣無差別地集體死去？歐克皮克顯然很憤怒。像麝鼠一樣死去，甚至沒有名字確認你的身分，可能代表了什麼意義？一個十六歲少年聽到自己族人被這樣形容會是什麼感覺？這個問題跟我接下來要談的生命政治的精神生命有密切的關係。換句話說，皮爾遜想在加拿大北極區展開一個救命計畫，卻讓因紐特人覺得這股想救人的衝動反而抹去了他們的身分、歷史、文化和渴望。他們成了要被拯救免於死亡的動物。

把因紐特人跟動物性結合、動物性跟序列性結合，在戰後的文獻檔案中到處可見。艾力克斯·史蒂文森是加拿大北部事務部的高級官員，他對加拿大廣播公司的記者表示，因紐特家庭因為沒有姓氏以及「習慣遷徙」，政府才會「發給每個愛斯基摩新生兒一個特殊的身分牌。這對找人和辨認身分大有幫助」(Barry 1961)。[10] 在同一個加拿大廣播公司的節目裡，當年霍爾號的總醫師兼執行官哈曼醫師很讚賞加拿大皇家騎警為醫學調查投入的心力，認為有他們「精湛的統計資料」，當局才能快速找到愛斯基摩人。「我懷疑他們（皇家騎警）有朝一日能不能得到他們應得的功勞。要是沒有人口調查，沒有表格資料……沒有**真正找出**這些愛斯基摩人，巡邏根本不可能完成。」醫生的這番話呼應了生物學家、實驗室技術員以及警察的想法。當局需要找到因紐特人和確認他們的身分，而這麼做會遇到的問題不只限於官僚層面，也跟畜牧技術有關。

哈曼醫師談起他發現騎警的名單上有人沒來船上檢查的情景：

> 我搭直升機到岸邊，找到他的帳篷，檢查之後發現此人顯然是個肺部或胸部的病例。直升機把他帶去船上進一步檢查，確認他得了更嚴重的致命性肺結核。有意思的是，這個人是村裡的說書人，身為說書人他接觸的對象想必很多。我們認為這是一個特別有意思的病例，也

因此更加確認我們的看法——**把所有找得到的愛斯基摩人都涵蓋在檢查範圍之內絕對有其必要。**

醫師說的話從流行病學的角度來看很有道理。然而，他的用語提醒了我們，統計就是一種監控的技術，一種追蹤和「涵蓋」習慣「遷徙」的因紐特人的方式。這樣的方式重新把他們想像成致命疾病的「病例」和「帶原者」——那麼多麝鼠在北部紛紛死去。

將人體序列化是很多公共衛生措施的核心，卻永遠有欠缺人性的可能，因紐特人碰到的狀況確實就是如此（見 Tester 1993）。[11] 因紐特人到霍爾號上做檢查時，護士會用名字和身分牌號碼記錄每一個人是誰。接著，會在病患的資料表上寫下一個新的序號，這個序號也會用「原子筆寫在該名愛斯基摩人的左手背上」。從一方面來看，戴狗牌和在因紐特人的身體寫上號碼都是無害的做法，目的只是掌握可能染病的因紐特人。[12] 但從另一方面來看，這兩件事指出因紐特人的身體有多大程度**變成**加拿大政府及官員眼中的統計數據。[13]

至少可以說，從考雅克的故事清楚可見，北部當局有時候似乎忽略了一項事實：因紐特人不只是需要照護的身體而已。因為如此，一個因紐特人是**誰**，包括她的人生故事和家庭成員，變得不再重要。[14] 事實上，「一個所謂的愛斯基摩人跟國家打交道的唯一合法方式，就是成為一個獨一無二的身分牌號碼認定的單一個體」（Smith 1993: 43）。

一九六七年，加拿大北部事務部的高級官員菲利普斯撰文寫道：「在他們短暫的歷史記載中，愛斯基摩人曾在各種人眼中呈現各種不同的樣貌」(Phillips 1967: 219)。為了說明他的論點，他引用了不同人對愛斯基摩人的看法：某探險家認為他們「奇特又野蠻」；一名傳教士認為他們是「陰鬱、粗野又骯髒的異教徒」；某商人把他們看作哈德遜灣公司這個「快樂大家庭」的成員。他還（有點令人費解的）補充，「印第安人和愛斯基摩人同時也是統計資料。」並提出一連串第一民族和因紐特人的統計數據加以說明，包括前文說過的一九五六年因紐特人在南部療養院的人數。**變成**統計數據意味著什麼？

震驚及必然性

意識到北部因紐特人的統計價值後，加拿大人開始跟「一個驚人的群體動態體系面對面。而政府介入『矯正』該體系，從一開始就是一種道德的必然」(Paine 1977: 12)。因為如此，印第安健康服務局的代理局長摩爾在一九四六年宣布：「雖然並無法律或條約明訂此項責任，聯邦政府基於人道理由、自我保護，以及避免疫情蔓延到白人群體，決定扛下為原住民提供健康服務的責任，國會每年都會投票通過經費為印第安人和愛斯基摩人提供醫療服務」(Moore 1946: 140)。

之後二十年，這套人道主義和自我保護的說詞會轉變成保障公民權（Barry 1961; Phillips 1967）。[15] 因紐特人畢竟是加拿大公民，理應得到跟其他公民一樣的保護，至少說是這麼說，儘管在健康、教育和經濟方面，因紐特人往往還是弱勢族群。官員說得很清楚，要成為加拿大人就要變健康。

一九六六年，探討該如何提供北部更好的醫療服務時，摩爾說：「唯有如此（想辦法控制高死亡率）我們的北部地區和那裡的居民才真正是加拿大的一部分」（Moore 1966: 136）。在這個奇妙的表述中，成為加拿大人某方面就意味著以加拿大人的速度死去。[16]

確切來說，如何降低因紐特人的死亡率並將之納入加拿大政府的羽翼下，成了北部當局煩惱的問題。二次大戰後全國對未來充滿希望，北部開始被想像成一個或許能在其中建立新的社會世界（social worlds）的實驗室，只要改善因紐特人「骯髒」的生活條件就好了。菲利普斯一度提議，把「（加拿大的）九千名愛斯基摩人想成一項實驗室實驗，盡情想像可以用什麼方法提升他們的文化」（引自Marcus 1995: 33）。[17]「實驗」和「提升」這些字彙代表了一整個時代的北極官僚；對他們來說，因紐特人的死亡（至少表面上）有如一種挫敗，令他們不安。同化因紐特人意味著控制他們的死亡。雖然因紐特人多半很感激他們得到的醫療照護，但他們大概對變成統計數據意味著什麼毫無準備。

事實和存在

科拉．戴蒙德在〈現實的困難和哲學的困難〉這篇動人的文章中指出，哲學或許「不知道如何不把受傷的身體只看作一個事實」（Diamond 2008: 59）。對加拿大政府來說，因紐特人肺結核死亡率較高的「事實」是重要的，甚至具有道德上的重要性，但因為某種冷漠（不顧因紐特人的生活方式，包括死後的生命）導致的受苦則是不重要的。儘管戴蒙德主張哲學只知道把受傷的身體看作一個事實，但在這裡或許把「受傷的身體」換成「死去的身體」更適合。而且不只是哲學，官僚和慈善家獨有的思維形式似乎也是如此。

把受傷的身體看作一個事實，就是忽略它對你的影響力，以及事先知道受傷會帶來的風險。戴蒙德想知道若把受傷的身體看作「可能推翻我們的理性的存在」會是如何（Diamond 2008: 74）。對她來說，不這麼做某方面就是偏離她所謂的「現實的困難」。[18]人類學家當然也會交流事實。我們知道考雅克死去過程的片段。例如她一九五六年被直升機接走，她被直升機接到霍爾號上照X光，照了X光之後她不符常態地又回到岸上，還有人（誰？）幫她拍了張照片。後來霍爾號開往雷索盧特，有架飛機把考雅克和其他乘客從雷索盧特送到邱吉爾，之後他們坐上一輛火車。火車還沒抵達漢密爾頓，考雅克就在火車上病逝。有人打電話到北極灣證實她的死訊。這些就是我知道的事實。

一個受傷或生病甚至死去的身體如何變成一個事實？或者，更好的問法是，如何解釋我們對事實的渴望？畢竟事實能安頓我們對生病到死去中間的預期過程會有的感受。艾力斯・貝坦科塞拉諾把對事實的迷戀跟歷史課題的平靜穩定連在一起。「『事實』作為歷史主義者的欲望對象……使歷史成為一個平靜穩定的事業，」他接著寫道，「事實就平靜地躺在那裡，無可爭議，瑣碎無趣，等著被人發現」（Betancourt-Serrano 2006: 37）。瓊・蒂蒂安在《奇想之年》中描寫自己迫切想拼湊出丈夫死去的醫學事實，彷彿這樣就能做些什麼阻止它發生。若說事實能平靜人心，它們同時也是神奇的，就像一種認識論的抗焦慮劑一樣發揮作用。

關於考雅克從此消失的事實，我們掌握到的最佳圖像是她的曾孫女安娜在市府辦公室搬去北極灣的新大樓時找到的索引卡。打字機打的索引卡記錄了考雅克的姓名和身分牌號碼，還有她的丈夫和三個子女的姓名跟身分牌號碼。考雅克的名字旁邊用原子筆寫著「一九五六年（歿）」，清楚點出這個事件的其中一個事實。

為什麼關於因紐特人的「事實」經常都離不開生死？也就是說，為什麼我們對因紐特人的「所知」往往跟他們的死因有關？舉例來說，一九六四年，加拿大政府的愛斯基摩住宅計畫小組委員會提出一份北極圈因紐特住宅狀況報告，希望能平息如何整治哈德遜灣公司和皇家騎警駐紮地周圍的因紐特小屋，以及聚落生活和「傳統」打獵營地誰優誰劣的爭議。為因紐特人提供更好的住宅，會不會使他們開始依賴國家？撰稿人認為，「就社會住宅會破壞愛斯基摩的特色這點來看，這個假設大有問題。畢竟，無論如何，手上掌握的是一個有點不滿但還活著的愛斯基摩人，總比掌握一個死去的愛斯基摩人好」（Subcommittee on Eskimo Housing Programs 1964: 8）。

這些政府官員的想法化作一個思想實驗。在這個實驗中，（莫名其妙跟親友分開的）「愛斯基摩人」[19]能不能存活下來至關重要。[20]究竟該如何治理這個地區，北部政府必須做很多困難的決定。況且，這個思想實驗是一個兩難的處境，要在死亡和不滿之間做出取捨。政府官員主張，「肺結核感染率、嬰兒死亡率，以及環境因素疾病發生率能藉由改善住宅降低。比率降低就表示保住了人命，失敗就表示喪失了人命」（Subcommittee on Eskimo Housing Programs 1964: 5）。根據這個邏輯，因紐特人的小屋被視為肺結核等疾病的溫床；建立殖民聚落則是減少疾病、提供充足醫療資源的唯一方式。

這份住宅報告呼籲大家站在政治正確這一邊——在這種情況下我們當然會做正確的事，而且正確的事當然能讓所有人清楚看見。為了說服讀者相信他們提供公共住宅的建議是正確的，作者訴諸於生命本身的神聖性。你希望手上掌握的是一個活著還是死去的愛斯基摩人？他們強調因紐特人的嬰兒死亡率很高，而「界定一個孩子的『生命』多有『價值』很難，多數人都會同意『生命這份禮物』跟古老的傑作一樣，是無價之寶」(Subcommittee on Eskimo Housing Programs 1964: 6)。[21] 某方面來說，生命政治發展到這個時期，國家代理人喚起他們照護的生命具有的神聖性，單純只是出於禮貌和尊重。但我也對政府官員使用的「掌握」二字喚起的另一種意義感興趣，即「占有或使用的權利」。[22] 一個（活著或死去的）愛斯基摩人對殖民當局有什麼用？了解政府官員所說的，「掌握」一個死去的愛斯基摩人可能是什麼意思（「畢竟，無論如何，手上掌握的是一個有點不滿但還活著的愛斯基摩人，總比掌握一個死去的愛斯基摩人好。」），以及如何可能想像「掌握」一個死去的愛斯基摩人卻不知道那個人是誰，這對於理解考雅克的身體為何消失無蹤似乎非常關鍵。我開始認為，「掌握」一個死去的愛斯基摩人這種說法，等同於把死者當作一筆正式的統計數據，而不是可能推翻官僚政治理由的存在。

讓我進一步解釋。雖然死去的和不滿的因紐特人哪個好的難題是一個思想實驗，表面上的目的是把因紐特人遷離簡陋的小屋，當局卻想像了（只有一瞬間）他們手上有個死去的因紐特人的情境。問題是，保住因紐特人的性命或是讓因紐特人得以存活，已經成為戰後加拿大北部政策的首要目標，因此「掌握」的是死去的愛斯基摩人就等同於官僚體制的失敗。[23]

考雅克的身體被視為一個不幸但不可避免，最後並不意外且微不足道的損失——抗疫之戰下的附帶損失。「事實」是，又有一個愛斯基摩人活命或喪命，而仔細記錄在索引卡上的就是這個事實。遺體的下落轉為一個事實，變得無足輕重。然而，把考雅克視為加拿大政府「掌握」的另一個事實，就忽略了她身為母親、祖母和朋友的存在；即使她死去之後，這個存在仍然具有力量。因此這也等於忽略了她的生命的可悲慟性（grievability）（Allison 2013）。

訪談薩奇亞西時，我對考雅克的故事感到困惑，我不解哪些事可能會被稱為這個故事裡的事實。乍聽之下，我以為薩奇亞西有好幾年都不知道考雅克是死是活，所以才在船靠岸卸貨、讓乘客下船時到附近徘徊，希望能聽到像母親一樣把他養大、他十四歲那年就目送她坐船離去從此永別的女人的消息。但後來充當翻譯的安娜告訴我，薩奇亞西在一九五六年十月就收到考雅克的死訊，也就是她過世後三個月。那麼他去岸邊徘徊時希望能聽到什麼？他在尋找誰？我無法忽略這兩件事互相矛盾。我以為這中間一定有什麼錯誤，不然就是我誤解了什麼，所以我又問了一次。薩奇亞西何時得知祖母的死訊？

但我誤解的到底是什麼？是事實？還是知道一件事代表的意義？知道考雅克死了代表什麼？我只列出我以為自己知道的事實，還試著去檔案庫查證了其中一些。但令人挫敗的是，一旦我進入檔案庫，事實就開始動搖。看來那艘船並未如薩奇亞西所說的在一九五六年開往雷索盧特，而是一九五七年。所以考雅克會不會是在一九五七年離開的？尋找她生前留下的痕跡和死後遺體的去向時，我心裡的疑問愈來愈多。但其中我注意到一件事：無論事實是否無可置疑，它們仍然具有事實的地位。人類學家敘述中的每個細節都注定要成為事實。更好的說法或許是，每個細節都努力成為事實，藉由晉升為事實來獲得承認。但事實能徹底回答問題嗎？事實能窮究我們所知的一切嗎？

我又被那張索引卡吸引回去，上面用原子筆寫著「一九五六年歿」。我意識到上面的筆跡（寫者的獨特性顯露在眼前）惘惘地表示寫字的人已經不在。對方肯定是個能幹的官員，或許知道更多事，或許在某月某日收到考雅克的死訊，甚至以某種方式跟她的死產生關聯，就像原子筆跟寫者身體的關聯、墨水跟筆（墨水從筆中流出）的關聯一樣。那幾個手寫字似乎把為了使考雅克的死成為事實所做的努力徹底翻轉。「一九五六年（歿）」這個事實雖然充滿很多可能，最後卻好像都消失不見，至少可以說令人失望。唯有寫字者的實體痕跡遺留下來，此人或許知道其他事，或以其他方式知道這件事。

再來是薩奇亞西知道的事。訪談時為了釐清發生的事，我進一步確認他**何時**得知考雅克的死訊，消息什麼時候傳到他的耳中或眼裡。為了解釋考雅克的死訊何時傳來、薩奇亞西為何跑到船附近探聽消息，我的翻譯兼好友安娜重複了一次她剛剛告訴我的事：「她（考雅克）在八月離開，十月他們收到她的死訊，就這樣。只有說她死了，沒提到她的遺體在哪裡、是怎麼死的，什麼都沒有。這就是他們得到的全部消息。」

我漸漸相信，安娜的解釋指向事實的不足。對薩奇亞西來說，考雅克不是一個用來抵擋自身瘋狂的事實，而是戴蒙德定義的「存在」(presence)。即使早已得知考雅克的死訊，多年來他還是會在霍爾號靠岸時跑去探聽她的消息，看她是否在船上。光有事實還不夠。他想要——也希望——得到更多。

繞過情感而行

在E．M．佛斯特的小說《此情可問天》裡有一幕，剛喪妻的威爾科斯先生必須面對一封跟早上的郵件一起送來的短箋。上面是死去妻子的親筆字，由療養院的護理長代寄，信上交代家人由她的朋友（而非一般期望的兒子）繼承她的房子。一番深思熟慮過後，威爾科斯父子撕了短箋丟進火爐。佛斯特下了如此註解：「對他們來說，霍華莊園是一棟房子；他們不知道對她來說那是一種精神，她為它尋找的是一個精神上的繼承人」(Forster 2000: 84)。

這一幕吸引我的是這對傷心的父子處理短箋的方式。短箋把死者的聲音或精神帶到現場。佛斯特在這裡寫道，「要是把短箋視為整體，他們會很悲慘或陷入瘋狂。一項一項來看，情感成分就會減到最少，一切都能順利進行」(2000: 84)。

這就是專注於事實的神奇之處。書中的父子沒有把收到的短箋視為妻子或母親的遺願，反而把短箋一一拆解，切換成佛斯特所說的「會議室作風」。也就是說，他們認定「短箋沒簽名，因此不具法律效力，而且是病中寫的」，病人「被一段突如其來的友誼迷住」，才做出有違她過去意圖的決定。在這一幕的最後，佛斯特點出，「查爾斯和他父親有時會意見不合，但分開時兩人對彼此的尊敬總是有增無減，而且當有必要稍微繞過情感而行時，兩人都是彼此最堅強的盟友。因此尤里西斯的船員先用羊毛塞住彼此的耳朵，才從海妖面前航行而過」(2000: 86)。

「稍微繞過情感而行」和「用羊毛塞住彼此的耳朵」，就是把死去的身體（這裡是垂死的母親和妻子寫的短箋）變成一個或一連串事實。會議室的暴力之處在於，它無能在死者的親筆信中認出她的存在，或仍然透過文字活著。

允許威爾科斯夫人繼續「存在」，就是允許她的親筆信晉升為意象，而且是**即使**它資訊上和象徵上的意義已經被破解也仍吸引著我們的意象。我在前言提過，巴特把這稱為影像的「第三意」，是它使意象成為意象。在佛斯特的小說裡，那封親筆信是把威爾科斯父子連向亡母的意象；信上的筆跡（如同記錄考雅克之死的筆跡）是死去女人留下的實體痕跡，這個痕跡使人懷疑她真的完完全全死了嗎？

薩奇亞西跟佛斯特小說中的父子不同，他不願意或不能夠繞過情感，用羊毛塞住耳朵。多幅祖母離去的畫面在他腦中縈繞多年，甚至好幾十年，即使後來霍爾號不再接送北部乘客，漢密爾頓的療養院也已拆除。其中，有兩幅畫面是我們在北極灣薩奇亞西家的房間裡交談時浮現的。這間房間裡有扇面海的窗，望向一片石頭海灘和小鎮名稱由來的藍灰色海灣。

第一個畫面是他在岸邊卸貨時，他意識到祖母坐在小艇上拍照，是那艘之後會把她載回大船的小艇。他沒有跟她說話或以其他方式表示他知道她的存在。幾年後他到隔壁的龐德因萊特鎮的高中開會時，偶然在牆上看到那張照片。[24]他請校方影印一張給他，我拍了他拿著照片的影片。第二個畫面是薩奇亞西看著考雅克的船離岸開往療養院，他一直盯著船看，直到它消失在伊努克舒克海岬之外。後來有個老婦人告訴我，霍爾號離港之前會鳴笛三次。當船駛離視線之外時，你可以聽到「船上所有人哭泣的聲音」。

某方面來說，這兩幅畫面都是考雅克死亡的畫面。在第二幅畫面中，當薩奇亞西的目光描劃著消失在海平線那頭的船身輪廓時，我們感受到了麥克·陶席格（繼葛楚·柯赫之後）形容的「眼睛抓住了……手抓不住的」（Taussig 1999: 150）。追著船跑直到它消失的眼睛，違反了我們對視覺被動性的一般認知：薩奇亞西似乎無法放開把祖母帶走的船，無法放開船上的祖母。他的眼睛可以被理解成往外伸卻無法抓住欲望對象（祖母、船）的手，因為後者變得遙不可及，或遙不可見。我們可以如何理解使他的雙眼直盯著船的那股力量？或是把*我們的*內在之眼拉向他的內在之眼以及眼睛緊緊抓住的那艘船的畫面具有的力量？

那或許是一種交感巫術（sympathetic magic）：用眼睛（現在是我們的眼睛）觸碰那艘帶走祖母的船時，他抓回了、也抓住了她；藉由把那幅畫面印在記憶中，多年來他一直抓著她。弗雷澤在《金枝》中提到一種「接觸或感染法則」，即「曾經接觸過的事物，就算實體接觸中斷，隔著距離也仍會對彼此發生作用」（Frazer 2009: 11）。若是如某些理論家所說，視覺一樣可觸及事物，我們看到的畫面和腦中的記憶難道不可能透過某種交感巫術運作嗎？弗雷澤所說的「接觸」，有沒有可能不一定都是日常的身體接觸，有時候也是視覺的接觸？若是如此，除了描述薩奇亞西腦中的畫面和對畫面的重複訴說之外，這種需要藉由神奇方式（用視線抓住坐船離去的祖母）保持連結的需求還有什麼更多的可說？

因此，當薩奇亞西到岸邊聽人說話時，或許他不是去尋找事實。某方面來說他可能已經「知道」祖母死了，儘管如此他還是希望她還在，想要感覺她的存在，想要「接觸」到她。

意象的抓力

一九六七年，為了讓因紐特人跟家人保持更好的聯繫，當局在加拿大北極區為因紐特人錄音，並將錄音內容發送給他們在南部肺結核療養院的家人。其中一份錄音保存在麥克馬斯特大學的檔案室。很多因紐特人對著錄音機都不知道該說什麼，但其中一個來自北極灣、名叫伊圖的男子，在錄音帶裡說了比其他人更多的話。開頭先由一名護士用慎重的語氣提供說話者的基本資料：「留言第三號。北極灣的伊圖，號碼E5-213，要對人在漢密爾頓山區療養院的妻子阿奇奇亞由，號碼E5-213說話。」

接著我們聽到伊圖說話的聲音。「我是伊圖，E5-213。」他對著麥克風說，然後清清喉嚨，語氣卑微，聲音蒼老，說話速度愈來愈快。「我要對我太太說：我常想到你。有時候我不像你剛離開的時候那樣常想到你。去年你離開之後我差點發瘋，但現在比較好了。你不在我很孤單。」接著他用堅定甚至有點挑釁的語氣說：「我很想念你。」停頓片刻又說：「我很愛你。」從這裡開始沉默很久，只有微弱的哭泣聲打斷沉默。重新開口時他不知該說什麼，聲音拉高，好像隨時會破音。「可是我也很擔心。我一時不知道還要說什麼，所以就先說再見了。」

聽這段錄音時，我決定去找他的家人，聽聽更多他的聲音傳達的故事。過程並不困難。我在伊魁特的大嫂打電話給龐德因萊特的某個人，這個人再打電話給北極灣的另一個人，不到二十四小時我就拿到了伊圖女兒的電話。對方名叫珊迪，今年三十五歲。十個月後，我來到伊圖兒女的帳篷，位在離市區十五分鐘車程的夏季營地。這個季節放眼望去都是岩石、陽光和雪地。我們在帆布帳篷的昏黃光線下喝茶配餅乾，還到岸邊岩石上吃烤海豹肉。青少年在山坡上簡單挖了洞的人工草皮上打高爾夫球，小孩在冰塊尚未融化的海灣上打水漂兒。我得知伊圖和阿奇奇亞由的一個兒子在坐牢。後來我央求獄方准許我去訪問普塔貢・伊圖。

當年阿奇奇亞由被帶去南部治療肺結核時，普塔貢才七歲。從此他再也沒見過她，她出院之後也沒再聽說她的消息。我到位於伊魁特的巴芬島監獄跟他見面，他在那裡服刑。我從沒問他為什麼會坐牢，他也沒告訴我。監獄座落在伊魁特的外郊工業區，靠近機場、汽車保養廠和古老的軍事建築，是棟長得像豆莢的灰色鐵皮屋。我交出證件，經過在陰暗辦公室裡閃爍的電視螢幕，穿過哐啷啷響的門，然後被帶去一間無窗的會客室。裡頭放了兩張長方形桌子和一張白板。有個因紐特社工加入我們。她身材圓滾滾，臉上笑咪咪，令人覺得安心，頭髮還燙過。普塔貢臉色憂慮，他在桌前坐下來，結實的身體往前傾。

我用電腦播放錄音內容並給他一副耳機聽。聽到父親的聲音，他的時間感出現了奇妙的變化。「我又回到小時候。」他告訴我。我問他記得哪些事，他跟我說了母親離開前一年，他跟爸媽從偏遠營地划十五英里遠的船到北極灣找霍爾號巡邏船的事。總共花了兩、三天。「嗯，那段時間很美好。」他說。「天空很藍，沒有風，還有冰塊、小鳥……那天很特別。我還記得。早上我爸生火泡茶，用煤炭爐，一大清早，只有火光。對……我還記得。很美。」

他告訴我們母親上船之前給了他三包口香糖。他努力要想起口香糖的牌子，但只記得是黃色包裝。最後他終於想起來：「是黃箭口香糖！」

普塔貢記得當時他想永遠留著口香糖。「對。因為我媽對我來說很特別，非常特別。」他是家裡最小的孩子，記憶中母親離開時他還在吃母奶。所以晚上睡覺時他會把口香糖放在枕頭底下，這樣就沒人能搶走。

為了理解薩奇亞西（和普塔貢）的記憶畫面，以及渴望意象勝過渴望事實代表什麼意義，我想要把戴蒙德所說的「現實的困難」跟班雅明對意象的詮釋放在一起思考。在我前面提的那篇文章中，戴蒙德用一首詩展開他的反思。這首詩是英國詩人泰德．休斯寫的〈六個年輕人〉，詩中描寫了六個到英國鄉間「週日踏青」的年輕人在一堵牆前面拍攝的照片。六個年輕健壯、生氣勃勃的年輕人六個月後就會喪命，死在第一次世界大戰的戰火下。但他們的年輕生命力「烙印」在照片上。彷彿只要用手指滑過這樣的一張照片，我們就能觸碰到甚至參與照片中人的生命力。確實，溫暖他們皮膚的陽光也打在相機的鏡頭上，把他們的影像烙印在負片上，之後才轉成我們手中的正片。他們的生命力的指向性（indexicality），即照片以某種方式直接連向（物理上或因果上）他們的身體和怦怦跳動的心臟，破壞了我們對其死亡的簡單明確認知。它是一種推翻理性的存在，而不是一個可以歸檔的事實。（這對戴蒙德來說就是現實的困難，在這種時刻，現實產生動搖，我們知道的不再足夠。）從某種意義來說（人口調查員和統計學家的邏輯永遠不會理解的意義），這六個人既死了也還活著。

我們知道照片中的六個人已經死了，一瞬間我們直覺認為自己從某種意義來說也已經死了，並因此感到不安。這首詩的意象提醒我們，肉體是為了死亡而存在，即使這類照片中的樹木和溪流歷久不衰，我們也難免一死，並因此把「我們的身體從自身的時間和溫度中推擠出來」（Diamond 2008: 44）。這六個已經死去四十年並在「土裡腐爛」的人，對戴蒙德來說就呈現了「現實的困難」——這樣的現實把我們從日常的、自身的「時間和溫度中」推擠出來。

奇怪的是，我們從未在戴蒙德的文章中真正看過這六個人的照片，在休斯的詩裡也沒有。這張照片的物質性在這兩個地方都不對我們開放，只以指向性為我們指引，但我們仍然能「看到」畫面，可以想像它，感覺到它的力量。這促使我更深入思索照片跟我們腦中抓住的畫面（例如薩奇亞西和普塔貢提到的畫面）之間的關係，以及兩者對我們都具有的抓力。兩者都擁有一種「死後的生命」（afterlife），就像晚上閉上眼睛時印在眼皮上的電燈泡殘影。

佛斯特小說中那封死者的親筆信、薩奇亞西腦海中那艘遠去的船、六歲小男孩枕頭下的黃箭口香糖，以及泰德・休斯詩中的六個年輕人，彼此之間都有種相似性。它們都深刻記錄了一種不在場的存在，使得不在場的母親——或死去的人——到底在何種意義上在或不在、生或死變得不再清楚。四種意象（親筆信、消失的船、口香糖、在牆壁前照相的年輕人）可以被視為恐將推翻我們理性的一種存在，而非支持理性的事實。

這類意象的**力量**——消失的船和黃箭口香糖之類的意象對我們的影響——就是我想描述的東西。[25]班雅明曾經試圖解釋童年印象對我們的奇妙力量。如我在前言所說，意識到成年的自己可能必須跟他出生的城市柏林永別時，班雅明喚醒一個又一個在柏林度過的童年印象，彷彿經歷它們個別帶來的痛苦就能使自己對鄉愁和對出生城市的渴望免疫。

班雅明寫下《柏林童年》時採取的策略，跟佛洛伊德在〈哀悼與憂鬱〉中描寫一個哀悼者對愛戀對象停止投入的方法不可思議地相似：

> 那麼哀悼所做的工作是什麼？我不認為用以下方式表達會言過其實：現實檢驗顯示愛戀對象不再存在，並要求力比多（libido）整體上與該對象切斷聯繫……力比多與該對象相關的每個個別記憶和期望都受到調整和高度投注，最後與力比多分離。（Freud 2005: 204-5）

班雅明努力使自己對告別柏林的痛苦免疫，結果就是寫下《柏林童年》這本書。他警告我們這既不是自傳（因為不是重要事件的線性記錄），也不是對在柏林度過的童年時光的可靠紀錄。根據班雅明的說法，這些零碎雜亂的印象，諸如〈遲到〉、〈抓蝴蝶〉、〈發高燒〉、〈冬日的早晨〉

這類篇名，包含的是「童年的整個扭曲世界」（Benjamin 2006: 98）。他解釋：

> 這表示傳記透過經驗的連續性比透過深度更容易凸顯的某些特徵，在這裡會完全隱退。我的家人和同伴的容貌特徵也是。相反地，我努力抓住一些大城市生活經驗在一名中產階級小孩心中沉澱之後留下的印象。（2006: 37-38）

對班雅明來說，印象是經驗的沉澱，而非對事件和容貌的據實描述。喚醒這些印象原本是為了抵擋跟心愛的城市永別的痛苦，卻反而呈現了這些印象在他的生命中恆久不滅的影響力。對班雅明而言，他永遠無法跟柏林分開，片刻都不可能。佛洛伊德剛好相反，他認為自我（ego）有一天會再度「自由自在，不受拘束」（Freud 2005: 205）。

所以閱讀班雅明在柏林的童年記敘就會著迷於那段童年，裡頭那個回憶童年的「我」永遠有變成其他東西或掉進另一個時空的危險。對班雅明來說，童年就是那樣奇妙的存在狀態，知道某件事就是成為那件事，例如小孩玩玩具飛機就會成為那架飛機，伸出手在房間裡飛來飛去，嘴巴發出嗚嗚嗚的引擎聲，或是追蝴蝶時「心和靈魂」都變得像蝴蝶（Benjamin 2006: 50）。[26] 忘我地沉浸在巧克力包裝紙的顏色裡、彩繪玻璃透出的光裡、水彩畫出的雲朵裡，或是風景明信片的蜿蜒街道裡，這些對班雅明來說都是童年的特徵。

這些雜亂無章的童年印象，即班雅明所說的經驗的「沉澱」，是會在一生中激起我們的共鳴、賦予我們生命的畫面，卻不一定非得具有敘述或傳記價值。就像普塔貢對枕頭下綠的、白的、黃的口香糖的記憶，或是薩奇亞西看見船帶著祖母消失在海角以外的畫面，它們能為事件提供的事實很少。我們無法從中得知他們的母親離開的日期或最後的去處，甚至她們離去之後過得如何。但這些畫面裡頭都蘊含了一段消失的童年，還有一個消失的母親。

班雅明承認這些童年印象不可否認持續吸引著他。例如，他告訴我們他出生的陰暗涼廊下（夏天有遮陽簾）的空氣味道，當他在遙遠的卡布里島擁著情人時那味道也在，如今「撐起**主宰我的思維**的那些畫面和隱喻」（2006: 39，強調為筆者所加）。所以，班雅明在《柏林童年》提供的印象，不只是逐漸消失的過往的閃亮紀念品，而是真正形塑和造就了一種思維，或許甚至是一種生命的形式。

班雅明聲稱這些童年印象（包括氣味和聲音的印象）仍然主宰了他的思維，這使我更加了解這類印象具有的抓力。因為正如普塔貢告訴我口香糖的故事之後說的：「那就是為什麼我有時候會做壞事，因為它太痛……對我來說太難熬。」普塔貢選擇說英語卻又找不到適合的字表達，他除了用第一人稱（「那就是為什麼**我**有時候會做壞事」）也用第三人稱（「它太痛」）。普塔貢似乎把母親在眼前消失的恐怖經驗濃縮在他不忍心拿來吃的一包包口香糖中這樣的童年經驗，跟老是為非作歹的成年連在一起。**有什麼**讓他痛苦不堪。

我們的訪談在午餐鐘響時結束，沒有時間讓我繼續探索犯罪和帶來痛苦的「它」之間的關聯。我也不確定自己知不知道要問什麼。儘管如此，普塔貢的話指出童年經驗的沉澱——我們抓住和抓住我們的印象——具有多麼強大的力量。

班雅明在一篇特別令人驚心的短文中描述他有天晚到校的經驗。走近教室時，他在走廊上聽到門後傳來老師和同學竊竊私語的聲音，不知怎的，對話取代了他的不在場。當他走進門時，「似乎沒人認識我甚至看到我。就像魔鬼拿走了彼得·施勒米爾的影子，老師在課堂一開始就沒收了我的名字」(2006: 57-58)。那個變成蝴蝶或彩色光線的「我」，可以用回憶童年印象時不可避免又成為小孩的那個「我」代替。因此，其中的危險不是變成另一個人，而是連自身的不在場都被奪走。

這使我想起薩奇亞西的故事。我懷疑，他之所以既知道又不知道考雅克已經死去，其實跟考雅克連不在場都被奪走有關。他既沒有看到死者的遺體，甚至沒有她的死亡畫面可抓住。於是他跑去岸邊看遠從蒙特婁被送回來的病患，想聽聽看有沒有祖母的消息。一個十四歲的少年要怎麼做，才能使她的不在場——她的死亡——成為一個畫面？

訪談過薩奇亞西過後幾天，我跟他女兒安娜一起去訪問名叫萊沙的男子。考雅克前往療養院途中曾跟萊沙坐上同一輛火車。萊沙也要前往漢密爾頓山區療養院，但當時他只是個孩子。薩奇亞西沒跟我們一起來，也從未直接找過萊沙問他祖母發生的事。安娜跟我說，那個年代沒人會問東問西，那時候「他們（因紐特人）不知道憤怒為何物」。萊沙的醫院行是一段「悲慘的經驗」。他被孤伶伶關在一間病房裡。他一句英文都不會，也不知道廁所在哪裡，甚至不知該怎麼問。睡著之後他弄髒了褲子，早上護士發現他身上都是排泄物，沒給他好臉色看。

萊沙告訴安娜，考雅克在前往醫院途中過世，但這是安娜早就知道的事。他還說，臨終時她開始發出動物的聲音，護士氣得叫她住嘴。「但她快死了！」火車上的一名因紐特婦女試圖跟護士解釋。「她不是故意對你們無禮！」

考雅克斷氣後，他們立刻把她的遺體搬上擔架放去角落。萊沙記得自己去上廁所時還得繞過她。後來他從窗戶看到她的遺體被搬下火車。

那種生命政治採用了什麼樣的精神形式？[27] 問這個問題時，我感興趣的是生命政治的政策、戒律和排拒如何擁有各自的精神生命。畢竟，為了要符合日常的理解框架，語言、想法甚或政治形式有可能「長出自己的生命」。這麼看來，生命政治的精神生命也是一種「自身以外的生命」，也就是無法化約成生命政治就機械論／意向論所「定義」或「建構」出來的生命。從精神上來說，生命政治從來不只是它自己；如同我在本書中主張的：生命從來不只是它自己。因此在殖民者和被殖民者的精神生命中，要人不計代價活下來的生命政治戒律被不同力量糾纏著：殖民者這邊是想要剷除被殖民者的欲望，被殖民者這邊則是不斷覺得公衛政策看似立意良善，卻好像要對他們趕盡殺絕。

那麼，為什麼是意象？為什麼選擇用意象來捕捉生命政治的精神生命？佛洛伊德認為夢用畫面來思考自身。無論如何，我在這本書中採納了佛洛伊德的看法，相信即使在清醒的世界裡，真正「用圖像思考」是可能的。[28] 對佛洛伊德來說，「用圖像思考」實際上「比用文字思考站得離無意識過程更近」。雖然他說用圖像思考是「變得有意識的不完整形式」，他仍然認為對「很多人」來說，回到這種感知的視覺殘留「似乎是較受喜愛」的思考方式（Freud 1961 [1923]: 21）。[29] 在佛洛伊德的認知裡，變得更「完全地」有意識免不了要透過分析揭露意象蘊含的潛在意義。

但還是要再次問：為什麼是意象？夢為什麼一定要意象化？如前言所述，傅柯認為對佛洛伊德來說，壓抑的欲望躲藏在畫面裡，而非言說之中，「因為畫面是種表達而不闡述的語言，一種意義不像文字本身透明的言說」(Foucault 1993: 36)。因此在佛洛伊德看來，畫面和壓抑的欲望之間的關係是偶然的——夢的潛在內容只是找到了方便的藏匿處。但它也可能透過口誤或短暫的失憶顯現。

然而，若是我們主張欲望／感受／經驗透過意象表達自己不是為了隱藏自己，而是因為這些欲望／感受／經驗在某些重要意義上是意象性的，那我們就離精神病學家路德維希・賓斯萬格更近一步。傅柯在〈夢、想像和存在〉中介紹了他的文章。

賓斯萬格寫於一九三〇年的文章指出，認為夢在隱藏什麼的看法正是佛洛伊德所犯的錯誤。對賓斯萬格來說，夢本身實際上描述了一種存在方式，或是一種「適應世界的方式」。因此重點在於避免破解夢境，讓它就這樣保留在畫面中，從中發現個體獨特的存在形態，而不是夢的隱藏意義：「藉由把自己浸泡在夢的清楚內容中（佛洛伊德曾經提出重建夢境潛在意義的劃時代主張，但這在現代已經隱入背景），我們學會正確評估感受和意象、適應世界和理解圖像之間原始而明確的互相依賴關係」(Foucault 1993: 88)。

若我們從字面上去理解賓斯萬格說的「感受和意象、適應世界和理解圖像之間原始而明確的互相依賴關係」，那麼可以說感受是意象性的（imagistic），而適應世界是圖像性的（pictorial）。因此我認為，精神生命只能在書頁上用意象來捕捉，藉由文字或視覺意象來捕捉。當意象被翻譯成更

「完整」的意識形式時（例如拆解成一連串事實，或破解成一系列意義），它們就失去了情感的抓力；就賓斯萬格和巴特的理解，情感抓力正是意象、夢或某種思考方式得以存在不可或缺的條件——不是選擇性或補充性的條件，更不是用來混淆其真正的意義。冒著自我重複的危險，我甚至要大膽地說，這就是所謂的精神，這就是用意象來思考。因此我們有必要取消做夢和被某個意象迷住的差異。[30]

如果說因紐特人的身分牌號碼（加拿大政府「即使從獨一無二的事物也能得出千篇一律的感受」的一個例子），把因紐特人困在路易斯・高登所謂的「反常匿名性」(perverse anonymity)（Gordon 2006: 16）裡，導致因紐特人的公民身分和他們的「存在方式」或「適應世界」的方式之間的必要區隔被摧毀，那麼他們兒女在前文描述的畫面，則固執地呈現了那種存在的獨一無二和不可化約。儘管如此，這一章提到的意象並不是帶有某種救贖力量的意象，畢竟普塔貢「會做壞事」；考雅克死了，遺體被消失；薩奇亞西感到痛苦。我在檔案中找不到考雅克的蛛絲馬跡，但我會繼續找。允許我們的想法嵌入激起想法的意象，而非任由自己偏向一連串幫助我們「稍微繞過情感」的事實（或統計數據），就表示跟薩奇亞西一樣抓著考雅克的死亡不放，透過她孫子提供的畫面去感覺我們也跟她相連。所以抓住我的是考雅克的意象，從中我意識到我們都難免一死，有時連在死亡的時刻都可能被誤認為是動物而遭人嫌棄，甚至更糟——被當作事實不屑一顧。[31]

2

配合

Cooperating

因紐特人會說一類自我解嘲的故事，逗得大家笑到流淚。這類故事我聽過很多，比方有個不懂英文的老先生去超市買ＯＫ繃貼傷口卻買回來一個聽診器，比方整個社區一起打排球卻沒給排球充氣。「他們覺得很正常。」說故事的人這麼說。那天晚上我們在一頂帳篷裡快要睡著。畸形的排球飛過網子，兩邊打球的人都不疑有他的畫面引起一陣哄堂大笑。我從一個青少年那裡聽到另一個故事。當時他蹲在大石頭上閒閒無事，看著大家準備出外打獵。

「我認識一個人，他還以為卡魯納從不大便。」他說，眼睛眨都不眨地看著我。

「什麼？不可能！」

「是真的！沒騙你，我本來也這麼想。我是奶奶帶大的，小時候我以為卡魯納不用大便。直到我好像十三歲那年，我跑去偷看。有個卡魯納女人來跟我們一起紮營，我跟蹤她。」

我這才想到，一九四七年推出一本薄薄的手冊在加拿大因紐特社群之間發放的人，說不定就是這些不用大便的卡魯納。他們稱這本手冊為《給愛斯基摩人的智慧之書》。從不大便的卡魯納用簡筆畫和短句傳授因紐特人各種智慧，健康、打獵和福利金都包括在內。[1] 但讓他們傷透腦筋的是因紐特人的髒亂。

在卡魯納心中，「愛斯基摩人」是一個髒得嚇人的民族，想試著教他們一些基本的衛生觀念，但無論怎麼說或怎麼做似乎都沒什麼效果。感覺上愛斯基摩人如果變乾淨好像就不像愛斯基摩人了。「有衛生觀念的原住民少得可憐，」一名公共衛生官員寫道，「他們沒有洗澡的習慣，導致膿皰和皮癬這類皮膚病在社群間快速蔓延。他們把食物殘渣、魚骨和血等等直接丟在小屋或帳篷地板上，把排泄物和其他汙物堆在房子附近」（Canada, Department of National Health and Welfare 1960: 74）。[2]

對因紐特人來說，變「乾淨」無論代表什麼，同時也意味著變成白人。即使半個世紀之後的今天，這段變乾淨的歷史仍被描述成變成白人的歷史。有一天另一個青少年突然問我：「你知道我奶奶是圖尼特（Tuniit）嗎？」[3]

「不知道。什麼是圖尼特？」

「她說她以前是，直到她把洗髮精抹在頭髮上才不是。那年她十二歲。」

「所以圖尼特是什麼？」

「真正的因紐特人。他們的生活方式就像因紐特人，不跟白人接觸。」

《智慧之書》前九章說明汙穢和疾病之間的關係，以及如何保持身體、空氣、水和冰屋的乾淨。「疾病和汙穢是好朋友，」書上寫道，「引發疾病的小細菌會在溫暖、骯髒、陰暗的地方滋長……我們的唾液中有多到難以想像的細菌……這些細菌不喜歡身體乾淨、衣服乾淨、住在乾淨冰屋裡的人……務必保持乾淨」（Bureau of Northwest Territories and Yukon Services 1947: 5）。[4]

《智慧之書》變成很多因紐特人眼中的珍奇物品，有時甚至被當成壁紙，用來裝飾家裡。因紐特人很清楚這本「智慧」之書裡的建議很不切實際。因紐特家庭哪來的資源在冬天的冰屋裡變出熱水？（McNicoll, Tester, and Kulchyski 1999）他們也漸漸發現，政府官員不希望骯髒的愛斯基摩人把疾病傳染給南部的白人鄰居。身為加拿大公民，跟政府合作是他們的義務。

庫維亞那圖克的來信

一九五八年十月十四日，麥基爾大學的人類學家 Toshio Yatsushiro 收到一封來信。寄信人是他只有過數面之緣的因紐特人，名叫庫維亞那圖克。[5] 航空信紙的最上方用鉛筆寫著他的名字和身分牌號碼，行文按照因紐特聖經譯本的格式用短句組成，很少標點符號。有一度他似乎邊寫邊查閱《智慧之書》，要 Yatsushiro 放心，因為「白人正在教愛斯基摩人保持乾淨。搬進現在住的屋子之前，他們都住在帳篷和自己蓋的簡陋小屋裡。整天都在獵海豹的人不可能太乾淨，因為他們沒有適合的爐子能用來燒水洗衣服和清理家裡。但現在他們住的地方很乾淨，房子也比以前溫暖」。

Yatsushiro 去年夏天才認識庫維亞那圖克，那時他去訪問庫維亞那圖克對因紐特社群引進薪資雇用制度的看法。在伊魁特做研究期間，Yatsushiro 拍了兩張庫維亞那圖克的照片，照片中的他面無笑容。其中一張照片他跟家人坐在帳篷裡，他太太用 amauti（用來揹小孩的一種毛皮大衣）揹著小孩坐在他旁邊。她緊閉雙脣，焦慮地看著鏡頭。前景坐著三個年齡介於八到十二歲、穿著牛仔吊帶褲的男孩。背景是一本哈德遜灣公司出的日曆，釘在支撐二乘四帆布帳篷的木條上。

另一張照片庫維亞那圖克跟一群人站在教堂前擺姿勢照相。人群中似乎有個小丑，大多數人都在笑。但庫維亞那圖克跟另一張照片一樣眉頭深鎖，一雙深色眼睛顯得憂慮甚至不安。

除了在信中要Yatsushiro放心愛斯基摩人都很配合政府要他們保持乾淨的計畫，庫維亞那圖克還有其他事想說。他對於當局把染上肺結核的因紐特人送去南部療養院的做法感到不滿。

一九五八年庫維亞那圖克寫〈關於愛斯基摩人住院一事〉這封信給Yatsushiro時，隔離肺病患者的做法已經行之有年。二十世紀初，肺結核在澳洲、英國、美國和加拿大成為一個公衛議題。在那之前，肺結核仍被視為一種個別疾病，因此不在政府的管轄範圍內。嚴重肺病才是應該避免大眾接觸的公衛威脅。[6]療養院成了「隔離危險病例的地方，也是教育病患的地方；病患受到嚴格管制，但目的是為了訓練他們自我管理」（Bashford 2003: 133）。因為肺結核具有傳染性，病患對自己和對社會都會造成危險，所以需要教病患如何控制風險。

防止「疾病擴散到白人社群」是加拿大政府介入原住民健康問題的關鍵理由（Moore 1946: 140）。[7]一九四八年，加拿大廣播公司的一名記者問當時擔任國家衛生福利部部長的老保羅・馬丁，如果印第安人（當時對因紐特人的泛稱）「正在走向滅絕」，為什麼加拿大政府還要繼續撥款推動肺結核撲滅計畫（和更全面的公共衛生計畫）。馬丁的回答很就事論事。首先，印第安人每年自然增加一千五百人；第二，「我們無法承受任由印第安人的疾病溫床威脅到其他人的健康帶來的後果」(Canadian Broadcasting Corporation 1948)。

消滅原住民社群的傳染病也包含了對患者的欲望進行再教育的過程：患者不只應該想要好起來，也應該想要成為恢復健康的國民或個體。因為如此，患者必須努力成為衛生、整潔和盡責的國民。如同澳洲的一份公共衛生傳單所言：「療養院不只是一般意義下的醫院……也是教導病患應該如何生活的訓練所」(引自Bashford 2003: 139)。[8]

一九四〇年代因紐特肺結核病患被送到加拿大南部的療養院後，主要治療方法是臥床休息、進行肺塌陷手術和固定關節。[9]呼吸新鮮空氣不再是一般偏愛的療法；因紐特人習慣長時間待在戶外，更覺得關在室內痛苦難耐。一九五〇和六〇年代出現藥物治療之後，表示長時間住院從生物醫學層面看來也不再必要——但因紐特人例外。[10]把因紐特人關在醫院裡部分是基於資源分配的考量，畢竟要把因紐特人送回北部的家既麻煩又花錢。[11]但更重要的是，因紐特人仍被視為「危險」和不衛生的國民，可能把病傳染給南部的同胞。政府官員不相信因紐特人能夠遵守居家照護的規定，或在之後過著乾淨衛生的生活。他們在療養院的時間大都花在二十世紀初一般常見的教育課程，學習把痰吐進為他們準備的容器，而且往往長時間臥床不得自由行動。小男生要參加童子軍，女性要學家政，男性要製作傳統雕刻。醫院當局的目標很明確：把因紐特病患改造成有生產力又注重衛生的國民。

離開北極的家，前往不知要待多久的南部醫院，往往是一段極度可怕的旅程。[12]人類學家羅伯・威廉森曾在一九五三到五四年登上霍爾號，即載著染上肺結核的因紐特病患南下治療的船。

根據他的回憶，「那艘船一片愁雲慘霧。很悲慘，因為那是把因紐特人從家鄉帶到南部療養院的船。他們被成群趕進前水手艙，睡三層臥鋪，吃住睡都在一起。海上狂風暴雨時他們暈船，恐懼，心灰意冷，害怕正發生在自己身上的事，也害怕可能發生在他們身上的事」（引自 Grygier 1994: 86）。抵達療養院之後的生活也一樣可怕。很多因紐特人不諳或完全不懂英語，難以表達他們的基本需求；食物很陌生；長達好幾個月他們只能待在病房甚至自己床上。

不意外的是，因紐特人不是每次都會配合撤離行動。有些因紐特家庭一聽到霍爾號要來了就會迅速逃離聚落。也有人肺結核確診後獲准回營地收拾行李，卻拒絕回船上搭船南下。負責撤離任務的官員提到要說服因紐特人到船上做肺結核檢驗有多難不由慨嘆。在一篇嚴肅地取名為〈加拿大北部的疾病與死亡〉的文章中，掌管北極圈東部巡邏船的前軍醫約翰·威里斯寫道，「一旦人到現場，要護士幫愛斯基摩人打一針盤尼西林或一劑白喉疫苗，或要X光師幫他們照肺部X光都不難。難的是在正確的時間把他們找來配有他們所需設備的地點，那才是最大的問題」（Willis 1963: 764）。或是像另一名醫師奧圖·沙弗說的，「在北部原住民中發現末期肺結核病患，多半表示他們要跟自己的土地和族人從此告別，在陌生的環境和難以下嚥的食物中凋零。難怪我們的X光儀器登陸時有些人會逃到山上躲起來」（Schaefer 1959: 249）。但人類學家戴蒙德·詹尼斯說得最露骨：「那個時期很少得了肺結核的愛斯基摩人是心甘情願離家的……當時的情況充滿了悲劇色彩。」甚至，「有時候加拿大皇家騎警不得不動用職權，有些家庭會在醫療船預定靠岸的時間故意跑去躲起來」（Jenness 1964: 88）。

政府對這種不合作行為的反應是展開加強勸說。難道愛斯基摩人看不出來加拿大政府（包括北部的官員、醫生、護士和社工）關心他們嗎？[13]為了說服因紐特人配合政府的照護計畫，資源及發展部派李歐・曼寧去探望在南部醫院休養的因紐特人。曼寧長期住在北方，因為會說流利的因紐特語而深受因紐特人敬重（Grygier 1994: 76; Tester, McNicholl, and Irniq 2001: 128-29）。[14]走訪魁北克一家收治多名因紐特患者的醫院之後，他寫信向上級報告：「（跟院內的因紐特人）交談過程中，我們一直向原住民灌輸**要接受現實**，這樣才能更快康復」（Manning 1952，強調為筆者所加）。

儘管曼寧努力奔走，因紐特人不配合仍然是一個問題。在北極東部巡邏船一九五五年的初步報告中，約翰・威里斯描述了他的醫療成員在巴芬島社群遇到的難題。有位帶著三個月大嬰兒前來的因紐特婦女，被診斷出「左肺多處破洞」，但醫療人員無論做什麼或說什麼都無法說服她上船。威里斯寫道：「這是或許需要動用法律力量強制他們順從的例子，但強制移除這些病例對其他愛斯基摩人的心理造成的影響，可能反而會延誤我們的整體計畫，因此我毫無疑問會建議先嘗試健康教育和說服」（Willis 1955）。儘管當局想盡辦法「說服」因紐特人配合專為他們安排的治療，因紐特人還是很難接受要跟家人分開。無論是身體上或心理上的距離對他們來說都太遙遠。信要好幾個月甚至一年才會寄達（Tester, McNicholl, and Irniq 2001: 132）；病患在療養院至少要待一年，有時要好幾年。

住院的因紐特人要傳達訊息給家人也不容易。因紐特人在南部醫院常常一待就好幾年，在醫院病逝的人會葬在附近公墓的無名塚。醫院人員雖然會設法通知死者家屬，但因紐特患者的身分常會被搞混，尤其是兒童。醫院行政人員不會說因紐特語，對北極地理也不熟悉，這也是一開始引入身分牌號碼的原因。但還是有兒童離開醫院之後沒被送回父母身邊，反而在父母不知情或未經父母同意的情況下被送去寄養家庭的故事。檔案中有一封康寧漢先生寫的信，他請求北部事務及自然資源部的法律顧問就這樣的做法提供意見。[15]他在信中寫道：

> 這幾個月來有幾個案例引起我的注意。在這些案例中，未先告知或取得父母或該部會的同意，愛斯基摩兒童就被送去寄養家庭或寄宿學校……以下列舉兩例。
>
> 去年一名九歲的愛斯基摩男孩從駝鹿工廠醫院出院之後就被送去喬治堡寄宿學校。住在哈里森港的家長對這個安排毫不知情，以為孩子仍繼續在醫院治療。家長開始詢問之後，孩子才被找到。
>
> 去年夏天，有個來自史密斯堡的男子把一名五歲的愛斯基摩女孩從查爾斯．卡姆塞爾醫院帶走。該男子後來表示他事先跟孩子的母親談過，取得了她的同意。由於本部從頭到尾並未參與其中，我們無從得知孩子母親的真正意願。
>
> 盼望您協助判斷，上述帶走兒童的案例根據現行的西北地區法令是否合法。（Eskimo Economy and Welfare General Policy File 1956c）

這類故事層出不窮。我在北極灣訪問的一個男人返家後發現自己沒了名字，因為爸媽以為他死了，就把他靈魂的名字給了另一個小孩。另一個男孩回到家發現自己無法再跟爸媽說話，因為他已經忘了怎麼說因紐特語。

璀璨北極光

穆塔・阿庫馬力克六十出頭，是個頗有名望的獵人，住在一間擺設簡單的房子裡，窗戶面向海灣。他說起一九五〇年代末前往遠程預警雷達網基地，跟要帶他父親南下治療肺結核的船隻會合的往事。當時他們全家人都很不安，開始聽到人一旦去了南部療養院就回不來的傳聞。因此當他們的狗拉雪橇隊接近基地時，他父親就開始教穆塔和他弟弟一些事。他想盡可能教多一點（冰雪狀況、打獵技巧等等），把能幫助家人存活的知識傳授給兒子。

抵達基地之後，穆塔和弟弟努力說服官員讓他們其中一個人陪父親去醫院，因為父親完全不會說英語。他們把所有資料都給了護士，包括他的身分牌號碼和他們想得到的所有事，但最後還是沒能如願。

那年冬天，北極灣進入永夜的幾個月間，穆塔拉著狗雪橇遠行，看見無以倫比的北極光，滿天都是藍的、紅的、白的美麗光線，過去他從沒看過。光線亮到甚至能為他照亮雪橇狗留下的足跡前進。

看到那些光，穆塔就知道大事不好了。隔天他們告訴他，他父親在安大略省的醫院過世，遺體留在南部。後來他們才知道父親葬在療養院附近公墓的無名塚。

像樣的留言

為了減輕離別的痛苦，社工和護士開始把因紐特病患及其家屬的聲音錄在盤帶上。社工真心希望「人聲能進一步縮短病患和家屬之間的距離」（Tester, McNicholl, and Irniq 2001: 132）。聽錄音帶成了一件大事。當時還沒有個人錄放音機，因紐特人只能在社工和護士的陪同下用霍爾號的播放機聽帶子。[16]

檔案中有很多來回討論如何錄製和處理因紐特病患給北部家人（或家人給病患）的錄音的相關信件。前往船到不了也沒有電的因紐特社群播放這些錄音的可行性有多高？[17] 盤式錄放音機很笨重，要價超過三百元，家屬是否已經聽過錄音也難以確定。一名療養院病人在錄音中對母親說：「或許你會聽到這段話，或許不會。總之不要擔心我。我對這樣的結局並不難受。」

雖然因紐特人毫無疑問想跟家人聯絡，也有無數人寄信到北部事務部詢問家人的消息，請求當局停止把因紐特人送去醫院，但醫院人員要讓因紐特人配合他們想出的聯絡方式並沒有想像中簡單。當時的北方事務及國家資源部的主管菲利普斯，收到一封漢密爾頓療養院行政人員的來信，信上談到一位名叫A太太的因紐特病患：

遵照您的來信，我們請醫院攝影師為這名愛斯基摩患者拍了四種姿勢的照片。隨信附上照片。我們花了一番功夫才讓A太太克服害羞開始錄音。然而，附上的錄音帶能幫助你看見全貌。一開始我們在她的房間錄音，房間還有另外三個病患。後來移到另一個房間，只剩她自己一個，她才完成**像樣的留言**。（Eskimo Economy and Welfare General Policy File 1956b，強調為筆者所加）

檔案中的聲音

二〇〇八年我來到位於安大略省漢密爾頓市的麥克馬斯特大學健康科學檔案館。我從書中得知有一份因紐特人錄給住院家人的留言保存在這裡。目前為止這是我唯一找到的這類錄音帶。（我就是從這個錄音帶第一次聽到普塔貢對住進漢密爾頓療養院的母親說話。）檔案員給了我錄音留言的譯本，但我還是想聽聽原聲，看看住院的因紐特人拍下的幾百張照片。一抵達檔案室，我就跟檔案員商量要把錄音帶（長得像電影膠捲的大轉盤）寄到渥太華的國家檔案館進行數位化。

這捲帶子的標題是「北極東部巡邏船一九六一：給山區療養院病患的留言」，包含散布在巴芬島的五個家庭給在遠兩千多英里外的漢密爾頓療養院的家人的留言。每則留言都以因紐特語錄製，前面有個護士先用英語做引言。她那銀鈴般的聲音從煙霧中傳來，賦予事物順序，保存資料。借用巴特的話來說，她的聲音有種「溫柔的武斷」（assertion of gentleness）。每則留言都編了號，她也唸出每個留言者的因紐特名字和政府發的身分牌號碼，還有留言傳達對象的姓名和身分牌號碼。

她的因紐特語講得還不錯，沒有把名字唸得四不像。聽得出來她刻意露出親切的一面。錄音到尾聲時她說：「這捲帶子只有五則留言。帶子本身很脆弱易壞。第二捲帶子從六號留言開始。第一卷結束。」

來錄音的因紐特人很多都不知道要對錄音機說什麼。一個母親對兒子說：「S，我是你媽。現在我要跟你說『掰』。」然後她的聲音停住。「要說什麼呢？」她輕語，彷彿在尋找混亂的思緒。之後她又好像沒事一樣開始劈哩啪啦說話。「我不知道要說什麼。你要聽話，別人怎麼說你就怎麼做。就這樣。」聲音戛然而止，跟結束無線電對講機的通話一樣。通話完畢！

北部事務部福利局的貝蒂．瑪伍德跟加拿大廣播電台記者談到因紐特人聽到錄音的反應：

> 各式各樣的反應都有。有些人聽了很興奮，有些很傷心。聽到一年沒見的親人的聲音，心情會非常激動。但即使聽到淚流滿面，他們通常還是會覺得至少那個人還活著，還能跟他們說話，而且他們也想給對方留言。看他們慫恿小孩透過錄音機跟住院的母親說話很有趣。我們請父親幫忙小朋友克服對麥克風的恐懼，對著錄音機說話，用這個方法錄到了很有趣的留言。（Barry 1961）

錄音帶上的因紐特人不斷強調不知該說什麼的窘境。他們似乎常不知說什麼才好。「我不太知道要說什麼，所以就先說掰。」「我沒什麼要說的。」住在療養院不確定自己未來是死是活的母親，能對在遙遠家鄉的孩子說什麼，才能壓縮成三分鐘的錄音。有段錄音是一個父親對女兒說的話：「我是你父親E5-276。[18]不過我沒什麼要說的。」他沒有停在這裡，後來還說了更多——比其他很多人都多。「雖然我不在你身邊，不能看到你的人，我想跟你說雖然我不知道你好不好，但我儘量不要太擔心你。因為我也不希望我們活在世上時你要擔心我。」有個女兒對母親說：「媽，我不知道要說什麼，所以就跟你說聲哈囉，媽拜拜。」有個小小孩用害怕的聲音說：「再見。」旁人略微指點之後，他又說：「哥哥再見。」

當局也鼓勵因紐特人寫信給他們在醫院的家人。有些人寫信給政府官員請求獲得家人的消息，或要求政府改變撤離病患的政策。[19]米妮．歐德拉．弗里曼是醫院聘來為因紐特病患翻譯的因紐特人，她談到要表達因紐特人的絕望有多困難。留言中的急切和情感往往在翻譯過程中流失。「（信上的內容）整體來說對收信人沒有太重要，因為很多重要的字我們譯者都不知如何用英語表達，只知道因紐特語的說法。」她舉了一個例子，寄信人想打聽一個在南部醫院的小孩，有句話翻成「我沒聽說他在哪裡的消息，我想知道。」但這句話想表達的意思比較接近：「我很擔心他，若能知道他的消息我會很高興。我一直心神不寧，無法停止擔心」（Freeman 1978: 54）。或者就像伊圖所說的「我差點發瘋」。

庫維亞那圖克的請願書

庫維亞那圖克給Yatsushiro的信想要表達的，就是濃縮在「我一直心神不寧，無法停止擔心」這句話裡的痛苦。這封信是一封請願書，希望能改變政府把因紐特人送到南部治療的做法。他清楚表明對政府提供的醫療很感激，「醫生和護士真的很認真工作，而且好像永遠不會累。不管病多嚴重他們都不放棄，照顧病人也從不會感到厭煩。這是他們的工作，而他們把工作做得很好。很多人要不是因為得到治療或開刀早就死了。」

庫維亞那圖克似乎很清楚因紐特人正快速變成戰後健康措施鎖定的對象，而這些措施的目標就是要延長因紐特人的生命。「沒有人能使我們長生不死，」他寫道，「但醫生可以治療疾病，延長我們的壽命。」不過，他對卡魯納醫師和護士的讚美，以及他們把因紐特肺結核病患送去南部療養院的決定，因為一句耐人尋味的話而打上問號。「我們內心並不完全了解他們為什麼做這些事，只知道這是他們的工作。」[20]

因此，即使庫維亞那圖克對非因紐特人的醫生和護士表達了由衷的敬佩，也很感謝他們的照顧，他還是無法完全接受他們做事的方法，尤其是他們顯然不在意長時間拆散因紐特家庭。他發現來北部照顧因紐特人的卡魯納醫生和護士往往要跟自己的家人分開多年。他承認至少在這一點上「我們（因紐特人和卡魯納）並不了解對方」。[21]

在請願信的最後，庫維亞那圖克帶著無奈並訴諸悲情地說：「我知道你們都有頂頭上司，不得不遵守某些規定，這麼做是為了整個群體好，也把（規定的）意義解釋給我們聽。我們會儘量配合，有些人還會寫下來免得忘記。」庫維亞那圖克承認責任不全在下達撤離命令的醫生；醫生跟因紐特人一樣，都被查爾斯・泰勒所謂的「官僚程序」綁住。「在官僚統治下，」泰勒指出，「個體被奪走某些決定權並被要求遵守規定。遵守規定的要求排除了去除規則、找到其他決策方式或走捷徑達成決策的可能性」（Taylor 1994: 175）。[22]

庫維亞那圖克很清楚（如民族誌研究一般清楚）醫生及護士的工作和提供的照顧，從泰勒承自韋伯的經典定義來看，是一種官僚的產物。醫生和護士安排因紐特肺結核患者南下治療時，不完全是自願的行動，而是為了對「頂頭上司」和自有其內在邏輯的規定交代。在官僚體系下，應該根據規定而非關係來做決定，而決策過程往往依循的是協定，而非個人認知的對錯。

庫維亞那圖克知道醫生和護士關心因紐特病患，希望能延長他們的壽命。他也知道加拿大政府把這些病患撤離到南部醫院是為了照顧他們。但他同時也很清楚，促進健康和延長壽命的官僚計畫是雙向的，需要因紐特人跟政府配合。那麼，跟一種生命體制合作意味著什麼？這種合作要付出什麼精神上的代價？

厄奇尤特

正當《智慧之書》印行並發送到庫維亞那圖克在北極東部的家之際，北極西部正在創造歷史。

一九四九年九月二日，名為厄奇尤特的因紐特人在加拿大法院受審。他被控「協助愛斯基摩女性努卡舒克自殺，涉嫌違反加拿大刑法二六九條」(Stipendiary Magistrate 1949a)。這是加拿大法院有史以來審理的第一件協助自殺案，也是為了使因紐特人配合政府的生命體制所做的各種努力的重要里程碑。

隔天，厄奇尤特的朋友伊沙卡克因為協助他犯案也被送審。判決時，法官吉布森指示陪審團：「國會表示……協助他人(自殺)，即使在最悲慘的情況下都是違法行為，誰都不能有異議」(Stipendiary Magistrate 1949a)。可見必須配合的人不是只有因紐特人。

審判在劍橋灣進行，此地是哈德遜灣公司的前哨據點，離厄奇尤特和伊沙卡克的狩獵場有三百五十英里遠，兩人之前都沒到過劍橋灣。但從存留下來的開庭紀錄來看，透過法院口譯進行並由陪審團裁決的審判進行得似乎很順利。[23] 兩人都不認罪(雖然罪行足以被判死刑)，但犯罪事實從頭到尾都毫無疑義。在場的人「都迫不及待要道出自己看到的事實和採取的行動」。根據支薪治安法官所說，「沒有人有所保留或隱瞞事實，大家都據實以告，欣然配合」(Stipendiary Magistrate 1949a)。

厄奇尤特本人完整描述了前一年發生的事。從保存至今的文字紀錄和法官筆記中可以拼湊出他說的話：

母親去年過世。雪已經融化，只剩下流冰。在亞勞那林。她生病了。她的肺(出現症狀)。

她要我殺了她。我叫伊沙卡克幫我。我把繩子穿過帳篷的屋頂，兩端綁緊，繩子離地面大概兩英尺高。繩子弄好的時候，伊沙卡克也在。然後我母親要我幫她穿上衣服。（Stipendiary Magistrate 1949b）

看文字紀錄可以更加了解整件事在法庭上是怎麼被問出來的。

問：她穿上衣服之後發生了什麼事？
厄奇尤特：她要我們扶她到繩子那裡。
問：你們怎麼做？
厄奇尤特：我們一起扶她。
問：之前你說在場的有你、伊沙卡克和努卡舒克。那時候還有其他人在場嗎？
厄奇尤特：其他人沒有。
問：你們扶她到繩子那裡之後發生了什麼事？
厄奇尤特：她把繩子套在身上。
問：她把繩子套在身體的哪個部位？
厄奇尤特：（證人指出）脖子上。
問：她把繩子套在脖子上之後呈什麼姿勢？躺著、站著、坐著，還是別的姿勢？

厄奇尤特：她坐著。
問：那麼她把繩子套在脖子上之後發生了什麼事？
厄奇尤特：她死掉很快（原文照登）所以我叫他們快推開她的頭。
問：你做了什麼？
厄奇尤特：我把她的頭放下來。
問：伊沙卡克做了什麼？
厄奇尤特：他抓著她的肩膀。
問：努卡舒克怎麼了？
厄奇尤特：他把她的頭放下來之後她掙扎了一下然後就……
問：就怎麼樣？
厄奇尤特：她就沒有呼吸了。（Stipendiary Magistrate 1949b）

再回來看法官的筆記：

她沒有呼吸之後我出去找烏基尤克、科奇亞和努伊斯。他們進來帳篷，烏基尤克幫忙用被子包住屍體，他們再把她搬出帳篷。伊沙卡克跟他們在一起。墓地離她的帳篷不遠，跟H.B.（哈德遜灣）據點離我們這裡的距離差不多。（Stipendiary Magistrate 1949b）

至於兩人的生平和經歷，法庭的文字紀錄透露不多。在交互詰問下，伊沙卡克證實他會寫自己的名字、用音節拼音和用手指數數。他在法庭上說他不常跟白人接觸，除了傳教士，他們的「愛斯基摩語」（即因紐特語）「有時候不太好」，他也不常看到他們。幫忙伊沙卡克和厄奇尤特埋葬死者的科奇亞說的也差不多：「我不知道自己幾歲，沒上過學，沒有認識很多白人。在這之前沒來過劍橋灣。我們附近沒住白人。在羅斯堡看過一些。之前有去過，不知道多少次。（我認識）兩個傳教士。在羅斯堡看到他們」（Stipendiary Magistrate 1949a）。[24]

看來伊沙卡克的父母在他年輕時就過世，所以「跟厄奇尤特住在一起，厄奇尤特叫他做什麼他都會做」。無論兩人是何種關係，可以確定雙方關係親密，因為伊沙卡克答應幫朋友結束母親的生命。

此外，努卡舒克無疑病得很重。伊沙卡克說他跟厄奇尤特抵達她的帳篷時，她「吐了血」（Stipendiary Magistrate 1949a）。吉布森法官在給陪審團的指示中寫道：「婦人努卡舒克毫無疑問一心求死。醫生已經告訴各位她來日不多，依他看可能不到三個月，幾乎可以肯定不到一年。在某些情況下她可能很快就會昏過去；如果嚴重出血她可能活不了」（Stipendiary Magistrate 1949b）。後來負責驗屍的驗屍官證實，除了營養不良或久病，努卡舒克也出現「末期肺結核的跡象，可能是結核性肋膜炎」（Stipendiary Magistrate 1949a）。

加拿大法律雖然不允許安樂死，但這就是法官和陪審團心裡想的事。法官給陪審團的指示中提到這點：

協助自殺是犯法行為，即使在文明國家也是，很久以前我們或許就應該針對一些觀點達成共識。即使一個人百分之百確定要面對漫長而痛苦的臨終這一類的極端案例，法律也不允許技術高超或能力過人的醫生為病人結束生命。（Stipendiary Magistrate 1949b）

辯護律師極力強調因紐特人對這些法律或道德規範的認知不足。年紀較長的科奇亞幫助厄奇尤特埋葬屍體。作證時他說自己知道白人的上帝，但「老人和生病的人若開口求助，幫助他們結束生命是愛斯基摩人的習俗。我來這裡（劍橋灣）才知道這是不對的。我不知道桌邊放的那本書（聖經）」（Stipendiary Magistrate 1949a）。厄奇尤特也說他來到劍橋灣受審之前從沒想過幫人結束生命是不對的。伊沙卡克則反問：「當年老或生病的愛斯基摩人不想活了請人幫忙，對他們伸出援手難道不是愛斯基摩人的習俗嗎（？）很久以前習俗就是這樣。努卡舒克求人幫她結束生命已經很多次」（Stipendiary Magistrate 1949a）。交互詰問時他又說，「他們受夠生病就會求人快讓他們死。我聽過老人提過幫人結束生命的事」（Stipendiary Magistrate 1949a）。

吉布森在給評審團的意見中花了很多時間討論習俗的問題，對此他態度搖擺不定：

如今我認為，雖然證據顯示被告的所作所為可能是由來已久的習俗，但其實證據相當不足；

也就是說，仔細確實地考量過後，種種證據都不足以確立習俗之實。然而，這無疑指出某些類似習俗或普遍習慣的做法或許存在。事實上，我想諸位會傾向於認為，除非這樣的做法普遍為人所知，至少在當地居民中受到討論，否則對此事原本就沒有責任、只扮演次要角色的伊沙卡克不會前來（幫助厄奇尤特）。（Stipendiary Magistrate 1949a）

本案的陪審團顯然被這次討論感動。經過二十一分鐘的思考後，他們透過法警向法庭提出了兩個問題。第二個問題是：「我們的行為規範應該只以加拿大法律為依歸，還是也應該將愛斯基摩人的習俗納入考量？」（Stipendiary Magistrate 1949b）

法官願意把愛斯基摩習俗納入考量，這種可能性顯示法庭內出現了同情因紐特的氣氛。這不是一個蠻橫地把信仰、道德標準和法律強加在另一個群體上的殖民強權。法庭中出現了遲疑的聲音，還有不公義感和某種挫敗感。

吉布森告訴陪審團，伊沙卡克被控犯下「重罪。是那種罪不可赦的重罪，某些情況下會被處於最重刑罰，也就是可能被剝奪生命」（Stipendiary Magistrate 1949b）。[25]

無論如何，努卡舒克大概不知道她藉由安排自己的死亡抵抗了加拿大政府。然而，戰後當加拿大有自覺地確立對北極區及其居民的統治權時（Grant 1988），自殺（連同其他死亡問題，例如飢餓）卻變成了一大問題。死亡成了政府希望控制的問題，這樣因紐特人才有資格成為加拿大公民。關於「活下來的責任」（或不自我了斷的責任），吉布森說：「原始民族居住的地區或許有不同的遵守標準。我發現要表達清楚很難，或許應該這麼說：我們無法接受一個本來應該全國一致的國民責任，在某個地方標準降低或有不同標準」（Stipendiary Magistrate 1949a）。[26]吉布森主張，為了奉行對加拿大戰後形象至為重要的人道原則，政府需要為因紐特人提供更好的生活方式，這樣「原住民」就可以說「我不需要按照部落習俗幫我母親或親戚安樂死，政府已經提供這樣的人能得到照顧的地方」。

「更好的生活方式」和「奉行人道原則」換言之就是加拿大政府更加干預因紐特人的生活。政府當局若是能照顧努卡舒克這樣的人，提供他們吃住，厄奇尤特就不會被迫採取如此極端的解決方式。死去的（尤其是自殺的）愛斯基摩人直指加拿大政府的無能。

最後，厄奇尤特被判前往皇家騎警劍橋灣分隊服刑一年，但陪審團極力為他爭取緩刑。吉布森告訴他，只要他在獄中表現良好，他會建議當局讓厄奇尤特隨一月底或二月初離開劍橋灣的皇家騎警冬季巡邏隊返鄉。吉布森前往渥太華時跟法務部副部長討論這件事，副部長同意厄奇尤特獲得假釋。

同年十二月，有篇文章出現在《北極》期刊（翻印自《北極公告》）的「北部新聞」單元，文中提到努卡舒克的死和厄奇尤特的審判。作者詳述努卡舒克的死亡過程之後說，「盼望審判能收到預期的成效，藉此讓愛斯基摩人清楚理解協助自殺是非法行為」（*Arctic* 1949）。[27]

預期失敗

由於幫助母親自殺，厄奇尤特就無法配合政府要他們活下去的責任。庫維亞那圖克堅持只要卡魯納把規則訂得更清楚，因紐特人就會努力配合。配合和失敗的問題很複雜難解。[28]北極官員希望眾人配合推動政策，心裡卻又預期會失敗。一九六四年的〈愛斯基摩住宅計畫小組委員會報告〉（見第一章）清楚指出，想要減少北部地區的肺結核感染率，光是提供因紐特人「框架建築物」並不夠。還要教導因紐特人使用方法，因為「很多愛斯基摩家庭缺乏用有益健康的方式管理家務的技術、金錢、經驗，以及最重要的**動機**」（Subcommittee on Eskimo Housing Program 1964: 9，強調為筆者所加）。政府要提供技術，但因紐特人自己也要培養模仿卡魯納生活方式的渴望和動機。他們必須學會配合。

一九六二年，伊魁特的社工菲利絲·哈里森發表了一則因紐特家庭從「石器時代到原子時代」之轉變的虛構故事。故事在加拿大廣播電台的廣播上播出，故事中的爸爸阿那瓦卡路是個受人敬重的獵人，媽媽可露加很會做衣服和帶小孩。但某年冬天，可露加染上肺結核後被送去南部治療。康復返鄉後，加拿大政府送給她一棟現代住宅。根據哈里森的描述：

> （可露加）很想取悅幫助她恢復健康和供給她的小孩生活所需的人。她很喜歡這棟有三個房間的新房子，裡頭全都漆成鮮豔的色彩。她仔細地把毛皮大衣掛在吊鉤上，而不是隨便丟在

床上；把垃圾丟進院子的空油桶，而不是直接丟到門外。儘管如此，白人女性的方式她永遠學不來。（Harrison 1962: 16）

儘管社工、護士、醫生、傳教士等人都不厭其煩地教導他們，為他們示範乾淨、整潔和服從的殖民規範，因紐特人（從殖民代理人的角度來看）還是無法完全符合白人同胞訂定的標準。因紐特人藉由喜歡白人女性喜歡的事物（顏色鮮豔的房間和把外套掛在吊鉤上）展現自己的配合，這點很重要。當局並不期待他們能遵守規範：可露加「永遠學不來」。既然聚焦於如何延長壽命的「愛斯基摩治理工作」可以說是一種生命政治體制，一邊治理卻一邊預期治理會失敗也就帶出了本書的核心問題：生命政治的精神生命。

彼得・伊提努亞曾在加拿大廣播電台的廣播訪談中提到一九六二年他被送去南部接受教育，成為政府測試因紐特小孩的適應狀況的「天竺鼠」。跟故事中的可露加一樣，伊提努亞被期望學會卡魯納渴望的東西。接待他的家庭提供他各式各樣的機會。根據他的回憶，「我記得他們告訴我，愛斯基摩人或印第安人會做的事，白人能做得更好。但另一方面我也記得他們給我很多愛和理解，很多鼓勵，或是學習鋼琴、柔道之類，你同時間在北部通常不會接觸到的活動。」

當生命政治的技術官僚理性碰到殖民主義的精神現實會發生什麼事？當國家提供機會卻又期望失敗會發生什麼事？[29] 正如伊提努亞所說，卡魯納雖然提供他很多機會，但他還是要知道：他能做到的事，白人能做得比他更好。

存活

從厄奇尤特的故事中清楚可見，加拿大政府期望因紐特人配合，不只是要他們渴望文明帶來的一切，也要他們渴望生命。我訪問努納武特政府的一名政策分析師時，這點也清楚呈現在我面前。米瑞安．瑙德拉克是一位打扮優雅、氣質高貴的女士，我和她在她的辦公室討論青少年自殺問題，但她卻說起了因紐特人漸漸成為加拿大政府監護對象那段時期，她的親身經驗。她告訴我她被帶進寄宿學校的經過。一九五五年，切斯特菲爾水灣蓋了一間學生宿舍，由格雷修女會的修女擔任舍監。每年秋天，飛機就會降落在伊格魯利克村附近的營地，將學齡兒童帶離家人身邊接受教育。學校都用英語上課，課本也是為南部加拿大人編寫的（Steensel 1966: 130）。[30] 米瑞安提起往事時口氣平靜，輕描淡寫。她記得父親駕船帶她去坐水上飛機，當她大哭大喊時他轉過頭。後來她想爸爸轉過頭或許是因為這樣她就看不到他的眼淚。她說：

> 我能參考的只有我過去的生活。從小到大我過的是傳統的游牧生活，因為是家裡唯一的女生，是唯一的姊妹，唯一的女兒，所以受到特別的待遇。那時候小女生都綁辮子，很寶貝頭髮，以一頭長髮和身為女生為傲。去學校之後，住進寄宿學校，我接收到的訊息卻都不同以往，他們不用開口，他們沒收了我們的傳統服飾，發給我們衣服，不是毛皮做的……剪掉我們的頭髮……不准我們在學校講我們的語言，只能講英語，諸如此類的。對我來說，那就像

說因紐特人不好一樣。那時候我才知道我的名字是米瑞安。

知道自己名叫米瑞安是她成為另一個人的開始。上學之前她只有因紐特名字，現在她離開了爸媽，離開了九個人睡一張大通鋪的草皮屋，離開了她能叫出每間冰屋裡的每個居民的冬季營地。當她開始學說英語、學讀書寫字和算數時，她也發現自己的因紐特名字無法在外界使用。第一天到校翻譯員就告訴她從此不能再說因紐特語，但她會的英文字只有「hello」。

「所以那年我在學校很少說話。」我們的對話呈現夢境一般的質地。她接著說：

我對寄宿學校沒留下什麼記憶。我記得去上學時我是左撇子，好像睡了個覺醒來就變成了右撇子，但過程我都不記得了。我記得我們排隊剪頭髮那天，我的頭髮長到大腿，我不想剪頭髮所以就躲在桌子底下。我不知道他們後來有沒有找到我。我不記得了……一定有吧，因為我的頭髮變得跟大家一樣……我記得……是什麼時候呢……我不記得確切的時間但我想是春天。總之，我們去散步，大家想去摘壓在雪下面的結冰漿果，那年夏天——所以一定是春天沒錯——長出的漿果。回程途中我摔了一跤，我不想爬起來。我好想凍死，因為我好累……你知道……只想回家卻又回不了家。我好想念爸爸媽媽。我只記得這些，之後的事都想不起來了。

米瑞安以及第一章的考雅克，還有這一章的庫維亞那圖克、厄奇尤特和可露加都被要求用不同的方式配合一種生命體制。我所謂的「生命體制」是一種政治體系（在這裡是一個日漸擴展版圖把偏遠地區也納入國土的福利國家），延續人民生命是其首要目標。

小說家柯慈擅長觀察後殖民的矛盾現象並提出自己的理論，但他也了解服從一種生命體制意味著什麼。[31]《麥可・K的生命和時代》這本小說中有一幕，在專收「顛覆分子」的南非勞改營任職的某醫師遇到一個拒絕進食的病人。這名病人「像從墳墓後面看著你」，瘦到只剩下皮包骨，在體能訓練時倒下。醫生不無挫敗地說，「如果我們放了你，如果我們任由你這種情況下流落街頭，你不到二十四小時就會沒命。你無法照顧自己，沒有那種能力。幸福（護士）跟我是世界上唯一在乎你想要幫助你的人。不是因為你很特別，而是因為這是我們的工作。為什麼你就不能配合呢？」（Coetzee 1998: 145）

要注意的是，醫生一邊要求病患配合，一邊對他沒能配合而失望。過了一會兒，這名用詞簡潔的病人麥可・K拐了彎問醫生：「我問自己：我對這個人來說代表什麼？我問自己：我是死是活對這個人有什麼意義？」醫生反駁他：「你倒不如問我們為什麼不把犯人槍斃。這是同一個問題」（1998: 148）。

期待殖民地居民乖乖合作，共同投入延續生命此一目標的殖民欲望，是柯慈這本小說的重點。[32]殖民地居民可能生病，可能死於不明病症，甚至可能死於周圍爆發的內戰，但他們都應該配合政府的目標，努力活下去。這種期待他人配合的渴望，變成柯慈小說中的醫師的執念，也是我描寫的那個時代的北極官員的執念。然而，當柯慈筆下的醫生（一個和善卻也充滿矛盾的人）說他關心麥可．K時，他堅稱那不是因為麥可．K特別，而是因為他是醫生。因此醫生不斷叫錯病人的名字（叫他「麥可斯」而不是「麥可」）也就不能等閒視之。因為到最後病人是誰其實並不重要，更重要的身為醫生的他，能不能說服病患相信合作的重要性。

但麥可．K沒有因此開始進食或解釋自己為何不吃東西，而是質疑起醫生跟病人之間的連結。「我是死是活對這個人有什麼意義？」他問。

「我是死是活對這些人有什麼意義？」這也是庫維亞那圖克內心想問在北極圈照顧因紐特人的醫生和護士的問題。他們照顧我們部分是因為這是他們的工作，要是不聽命行事就會被革職。我們（因紐特人）對你們來說究竟算什麼？借用柯慈筆下醫生的話來說，有什麼能保證你們不會斃了囚犯？[33]

幾年後，米瑞安回顧寄宿學校生活時問了同樣的問題。這本書反覆提出的問題之一就是：配合政府活下去意味著什麼？把生命本身看作一種價值？那就表示要像考雅克一樣坐上一艘南下安大略省的船治療末期肺結核嗎？還是從雪地上爬起來，走回正在積極進行「改造」計畫的寄宿學校？或好好吃飯，聽從醫生對麥可．K的勸告，這樣他在勞改營才能繼續做開合跳和向國旗敬禮？

拒絕配合又意味著什麼？其中的諷刺當然是，一九八〇年代當政府對因紐特人的健康加強監控，死於分娩、飢餓和肺結核的人數降低的同時，因紐特青少年卻爆發了自殺潮。[34]某方面來說，因紐特青少年不願意跟當局配合。[35]事實上，本書提出的一個論點就是：因紐特人從來沒有完全被加拿大政府的生命政治收編。他們常常未能配合當局推動的生命體制，生或死都超出當局的可理解框架（見Dreyfus, Rabinow, and Foucault 1983: 120-21）。

而我們可以問的問題或許是：因紐特人至今某程度也還在問，囚犯為什麼沒被槍斃？皇家騎警會不會「槍斃囚犯」的問題在一九五〇年代晚期變得真實。當時皇家騎警開始射殺在北魁北克和北極東部的因紐特社群亂跑的雪橇犬。一九五九年，麥基爾大學的人類學家Toshio Yatsushiro（庫維亞那圖克寫信請願的對象）在訪談表上多加了一個有關射殺雪橇犬的問題。大多數受訪者都對射殺事件表達了困惑和震驚，很多人至今也是。[36]皇家騎警仍然堅稱他們是在處理一個真正的公共衛生危機，[37]而因紐特人則質疑雪橇犬構成的危險和皇家騎警的動機。[38] Yatsushiro在伊魁特的雪橇犬事件過後幾年發表了一篇文章，他認為皇家騎警「之所以屠殺愛斯基摩人的雪橇犬，原因是這些動物對人類社群構成威脅，尤其是白人社群」（Yatsushiro 1962: 21）。

Yatsushiro在一九五九年訪問了傑姆西，他看這件事的角度更悲觀。傑姆西看出了這件事的不祥意涵，還有官僚政治會有多麼的不友善。他對未來的想像尤其灰暗。他（對Yatsushiro的因紐特語譯者）說：「但我有時候也會想，他們（警察）殺光全部的狗之後，下一個會不會拿我們因紐特人開刀？」

譯者再次求證：「他們殺光全部的狗……？」

「對。殺光全部的狗之後，那些警察說不定會把怒火轉向我們因紐特人。這是我最擔心的事。」

「擔心他們會把矛頭轉向因紐特人，開始殺因紐特人？」

「對，或許不會殺（因紐特人），而是把怒火轉向我們。」

接著，有趣的事發生了。即使傑姆西修飾了用字（或許他們不會真的殺了因紐特人），譯者還是選擇「殺」這個動詞來表達他的意思。譯者用他的基礎英文對Yatsushiro說，未來皇家騎警「或許有時也會殺更多愛斯基摩人」。

你幾乎可以聽出Yatsushiro瞬間臉色發白。他進一步釐清。譯者多次試著表達自己的意思，最後說：「警察殺愛斯基摩人，下次。」

「愛斯基摩人……」Yatsushiro說，語氣不太確定。「警察殺愛斯基摩人？還是愛斯基摩人的狗？」

「愛斯基摩人一樣，狗一樣，警察殺。」譯者解釋。

Yatsushiro納悶是否自己聽錯了對方使用的動詞。「給（give），」他興奮地說，「哦！給？」

譯者堅定地回答：「殺（kill）。」

「哦，殺？」

「嗯。射殺，」譯者說。

「射殺，」Yatsushiro重複一遍，彷彿在心中思索這個字。

「狗，一樣，愛斯基摩人。」譯者強調，但Yatsushiro還是懷疑是不是自己聽錯了。

「哦，愛斯基摩人會射殺自己的狗。」

「愛斯基摩，狗，都一樣。一件事。」譯者加強語氣。

「一樣。」Yatsushiro重複了一次，對於譯者想表達的事突然豁然開朗。

「警察殺。」譯者又說了一次。

「警察殺……狗。」Yatsushiro跟著覆述。

「狗先，接著愛斯基摩人，或許。」

「下一次愛斯基摩人，警察會射殺愛斯基摩人？」Yatsushiro問。

「嗯。」

「傑姆西這麼說？」

「嗯嗯。」

「嗯。」

這個想法很難消化：殖民代理人或許偷偷（也可能沒那麼偷偷）渴望殺了因紐特人，就像殺了他們的雪橇犬一樣。[39]事實上，從Yatsushiro跟他的因紐特語譯者之間的對話中，清楚可見Yatsushiro有多難消化對方表達的情感現實（affective reality）。[40]一個標準的公共衛生措施（對造成健康危機的狗施行安樂死）可能帶有更邪惡的含意，一開始Yatsushiro很反感，不願相信有人想像得出這種可能。「我們為什麼不把囚犯槍斃」對柯慈筆下的醫生當然也是個不可說的問題，正如同考慮要不要把因紐特人集中到聚落的官僚把死去的愛斯基摩人視為洪水猛獸一樣。[41]然而我卻認為，這正是活在一九五〇和六〇年代殖民政權下的因紐特人內心真正的疑問。「狗。愛斯基摩人。

一樣。」Yatsushiro的譯者說。

當這個想法終於抓住Yatsushiro，他終於聽懂射殺因紐特雪橇犬這種行為潛藏的殘忍粗暴時（畢竟雪橇犬是因紐特人唯一的交通工具，也是他們維生的工具），他沉默地在腦中思索這樣的可能性。傑姆西繼續描述在因紐特營地射殺狗的場面有多混亂。他提醒Yatsushiro和譯者，子彈不長眼睛，帳篷之間的空間又不大，子彈飛來飛去很容易打到人，而不是狗。子彈的冷漠反映了皇家騎警對營地因紐特人安全的漠視。

很多內容當然會在翻譯過程中消失。剛開始譯者問傑姆西他的意思是不是皇家騎警接下來會殺因紐特人，傑姆西給了肯定的答案。後來他稍微修飾了用語，說他們或許不會殺了因紐特人，但說不定會「把怒火轉向我們」。到最後，我們很難忽略傑姆西的客氣含蓄，還有他談的是因紐特人應該視為「朋友」的皇家騎警。但譯者在談話過程中提出警察可能射殺愛斯基摩人「就像殺那些狗」一樣，最後Yatsushiro也同意了這個邪惡的想法。這個想法（一開始從何而來？）之所以引起共鳴，因為它構成了生命政治造就的一部分精神生命，其中非個人且看似理性的行動（例如射殺被視為公共衛生風險的雪橇犬）對有些人來說卻是充滿敵意甚至殘忍的行動。因為如此，最後連Yatsushiro這種徹頭徹尾的局外人甚至都能了解其中寓意。一九六二年他發表在《海狸》這本加拿大雜誌的一篇文章中，強調了因紐特人對射殺事件的不滿，並引用譯者的話：「或許警察有天會殺了愛斯基摩人，就像殺了那些狗一樣」（Yatsushiro 1962: 22）。

生命政治的精神生命

射殺愛斯基摩雪橇犬不僅僅是一個事實。也就是說，這個事件內含的精神生命，超越了一個生命政治國家把雪橇犬視為公衛危機的明顯事實。射殺事件本身有它自己的精神生命，是這樣的精神生命把「對雪橇犬死活的冷漠」連向「對人類的冷漠」。傑姆西腦中子彈飛來飛去的畫面，呈現了殖民當局對因紐特人生活的漠視（當局當然否認），儘管當局努力要延續因紐特人的生命。傑姆西無論如何都擺脫不了這個畫面，但皇家騎警內心可能藏有殺了因紐特人的欲望太難以想像，因此Yatsushiro過了好久才真正聽懂傑姆西的譯者想說的話。

從民族誌和檔案資料中清楚浮現的是，這種形式的官僚照護雖然致力於維持身為加拿大公民的因紐特人的實體生命，或許同時也呈現了國家某種形式的冷漠——因紐特人甚至從這種冷漠中感受到殘酷，即使它總是用慈善和關懷等字眼來包裝。傑姆西感受到的殘酷的冷漠連向一個事實：加拿大政府代理人一方面鼓吹大家配合當局提出的生命體制，一方面又預期因紐特人不會配合（無法照他們期望的活下去）。因此，問他們為什麼不槍斃南非勞改營裡的囚犯，就像要Yatsushiro思考皇家騎警接下來會射殺因紐特人一樣。南非勞改營裡的警衛和加拿大皇家騎警渴望他們監護的人死去，是一種不可說的欲望。這個問題本身就很荒謬，因為它抵觸了加拿大政府的生命政治照護邏輯。深入探索皇家騎警和其他國家代理人（當然也包括第一章提過的愛斯基摩住宅計畫小組委員會）在生命政治下的精神生命後，我們只能說加拿大政府代理人預期因紐特人會死去，就像預期他們無法維持家裡的整潔，甚至也預期他們會自殺一樣。就是這種生命政治的精神生命使得傑姆斯不由懷疑，皇家騎警會不會因為極度的失望和憤怒，接著便把矛頭指向因紐特人。

R.C.M.POLICE
THE ESKIMO'S FRIEND
ᐳᓕᓯ
ᐃᓄᐃᑦ ᐃᑲᔪᑎᒐ

3

匿名照護

Anonymous Care

住在伊魁特期間我常搬家。那裡住宅短缺問題嚴重，而我既沒有錢租私人公寓，也沒有正職能去申請公共住宅。有一次我去幫一個有事出城的因紐特朋友看家，結果她弟弟沒敲門就衝進敞開的大門（因紐特社群通常不鎖門，我聽說唯一會敲門的是皇家騎警或社工），看到我獨自坐在他姊姊家的廚房喝茶嚇了一跳。我幫他倒茶，但因為伊魁特人想喝茶多半會自己動手，所以顯得很怪。但喬那西好像不介意，我們便聊了起來。他問起我做的研究，我結結巴巴提起自殺潮，之後他用鋼鐵般的強硬眼神看著我，說：「卡魯納太專業。」接著他跟我說起印象中在他長大的社群裡發生的第一件自殺案。

喬那西十二歲那年，他最好的朋友（比他大兩歲）自殺。事發當晚，喬那西的朋友被控私闖民宅。「那又沒什麼，去法官面前站一站就沒事了。」喬那西說。可是當地的皇家騎警是新來的，花很多時間認識這個社群，跟當地的因紐特人混熟，很嚴肅看待這起案件和他的執法工作。這位警官穿著制服上門去找那名青少年，把少年嚴正訓斥了一番，家人在客廳目睹了全部的過程。

「所以我朋友？那天晚上他弄到一把火力強大的步槍，在那名騎警的住處窗下轟了自己的腦袋。」喬那西仔細觀察我的反應，然後說：「他太在意那些話，是嗎？」

皇家騎警在北方殖民地具體的專業任務是執法。但因為他們經常是加拿大政府在北方的唯一代理人，所以必要時他們也會充當「重要統計資料的登記員、各種政府稅收的稅收員、漁場視察員、印第安代理人、郵政局長，以及辦理養老金、家庭津貼和其他福利的行政人員」（Rea 1968: 49）。在《給愛斯基摩人的智慧之書》（加拿大政府一九四〇年代發給因紐特人的「教化」小書，目的在教導他們合宜的居家隔間、清潔觀念和打獵方式）中，有張穿制服的皇家騎警的線條畫（見頁一三一）。畫中的警官看來正在邁步，旁邊的說明文字寫著：「皇家騎警，愛斯基摩人的朋友」（Bureau of Northwest Territories and Yukon Services 1947: 19）。[1]

既是朋友又是執法者，或既是朋友又是官僚理性的執行者，意味著什麼？對喬那西來說，卡魯納「太專業」的事實是因紐特自殺潮的關鍵。他接著說，因紐特人常把專業上的互動看作針對個人的責難。

喬那西的論點與庫維亞那圖克五十年前給 Yatsushiro 的信中表達的論點有關，也跟馬克斯・韋伯在二十世紀初提出的論點有關。他要表達的很簡單，那就是在官僚體制裡，「生命的焦點不在個人，而是非關個人的理性目標」（Weber 1968: 1200）。也就是說，官僚不關心個人和個人的事。那名騎警跟因紐特少年的對話，就如同警察跟罪犯的對話，藉此主持正義和維護治安。[2] 但這要怎麼跟《智慧之書》宣揚的「皇家騎警是愛斯基摩人的朋友」的概念相互扣合？友誼難道不是願意為朋友採取有利的行動？

以「專業人員」身分去敲少年「罪犯」家門的皇家騎警不但公正無私（肯定不是為了個人利益），用韋伯的概念來說或許也是「缺乏兄弟般的感情」。這種官僚程序毫無友善的成分，意思是並非從當事人的個人利益出發。誠如庫維亞那圖克所說，「有時我們（因紐特人和卡魯納）並不了解對方。」在這個例子裡，朋友和專業人員的界線呈現了暴力的一幕，好聽的說法是「正義」。

努納武特現今的狀況跟喬那西的朋友自殺當年的狀況既像也不像。朋友和專業人員之間的界線仍然呈現了暴力的一幕，但不幸的是，自殺不再少見。正如某個青少年告訴我的，「有時候我們聽到『誰誰誰自殺或試著自殺』。我發現自己有時候努力要聽和理解發生了什麼事，但卻左耳進右耳出，因為這種事太常發生了。」

二〇〇三年，努納武特立法機構打從一九九九年成立以來第一次把自殺問題納入討論（Nunavut Legislative Assembly 2003: 2347-77）。立法委員承認努納武特的居民無不受自殺影響，亦即每個居民都有過家人或朋友自殺身亡的經驗，超過所有統計數據。衛生部長聲稱自殺「可能是努納武特的頭號健康照護危機」（2351）。另有成員指出，「每個努納武特人都曾經想過自己的小孩可能有自殺傾向」（2354）。為了訂出一個全面的策略，剛起步的努納武特政府的每個部門都被期望要拿出能為其組織和領土「抵擋自殺」的方法。每個人都有風險，每個人都無法置身事外。二〇〇七年，努納武特政府提出自殺防治對策時，建議「政府成員應該就努納武特自殺議題頻繁交換資訊」（Government of Nunavut 2007: 16）。讀過議事紀錄和該地區二〇〇七年的自殺防治對策後，可明顯看出新成立的努納武特地區充斥自殺事件，一邊想尋死，一邊想遏止尋死，兩種欲望都成了該地區認同的一部分。在這樣的脈絡下聲稱自己對因紐特青少年的生活「帶來改變」的任何言論都會引發爭議。[3]

現今的因紐特青少年若有自殺傾向，就會有多到數不清的人員對他的生活展開調查。一名輔導員對於此地是「加拿大境內自殺防治最徹底」的一區感到自豪卻也又憂又喜，還在演講開場時特別提及這件事。每個因紐特人都有潛在的自殺傾向，都需要諮商。如同二〇〇五年努納武特教育部發放的自殺防治宣傳手冊的提醒：你應該相信自己的直覺，若覺得某人有自殺傾向，或許真是如此。同樣地，各種活動都可能有益於自殺防治，舉凡踢足球、打獵、日間照護、郊遊、鼓舞、吃傳統食物，都可以被塑造成有益延續生命的活動。努納武特自殺防治對策列出的措施包含「數學和科學提升計畫」及「減菸行動」（Government of Nunavut 2007: 20-21）。宣傳手冊要讀者絕不要讓自殺風險高的人落單。一個人可能具有高自殺風險的徵兆包括：來自破碎家庭、有毒癮或酒癮，或是受過性侵、肢體或言語暴力。西北地區的一本宣傳手冊指出：「談論自殺的人會真的採取行動。五個自殺的人就有四個曾經發出明確信號或跟他人提過這件事」（Tli Cho Suicide Prevention Team 2004）。

當然了，從這樣的框架來看，伊魁特的大多數青少年自殺風險都很高。有個立法機構的成員說，努納武特的每個父母都曾懷疑自己的小孩有自殺傾向。在這種情況下，「照護」很快跟「監視」連在一起。事實上，有個青年中心的主任向我坦承，對她而言最重要的自殺防治計畫就是有個人二十四小時待命，一旦青年中心關門也有地方能接手想自殺的孩子。她討厭回家之後還得擔心會發生什麼事。

伊恩・馬許以清楚明瞭的方式，勾勒出從十九世紀來主導我們對自殺之看法的「強制性病理學本體論」。意思是說，從十九世紀以來，自殺被病理化為精神疾病（具有生理因素），其他思考自殺的方式則被視為「在倫理上站不住腳」（Marsh 2013: 749）。[4] 根據馬許的看法，這種「強制性病理學本體論」一方面把自殺個別化（成為一種精神疾病，自殺理所當然屬於自殺者的身體），一方面把自殺的責任從個人身上移走，放到照護者那裡。馬許從自己在精神健康領域工作的經驗觀察，「自殺個體被放到病理學論述中，成為精神失調者，因此無法對其行為負起全部的責任，反而是臨床醫師才是對『具自殺傾向的病患』有照護責任、該負責甚至究責的代理人。自殺防治訓練和計畫因此很大部分跟在『高風險』族群中辨識及治療精神疾病有關」（2013: 749）。雖然原住民社群中的論述較少聚焦於精神疾病本身，比較著重在創傷和濫用（Aboriginal Healing Foundation 2004; Elias et al. 2012），馬許對於辨識和治療「高風險」者的洞見依然值得參考，臨床醫師肩負之責任的棘手問題也是。[5]

自殺防治計畫及為了降低自殘風險所做的努力，多半都盡可能確保執行者不會被他們照護對象的死牽連。使自殺防治變得如此複雜的一個層面，就是照護者無論是醫生、老師或學校輔導員，時常要面對另一個人類的能動性（agency）此一根本事實（brute fact）。簡單地說，「疾病」在這裡主要由執行特定行為的意圖標示，而非身體失調或背離常態（雖然身體失調和背離常態也可能被認為存在）。處理這種狀況（健康在其中採取負面定義，即某行為和對該行為之欲望的消失）的不確定性的一個方法，就是訂好一套能在某種意義上免除執行者對病患未來行為負任何「責任」的執行程序。舉例來說，努納武特遵行的《西北地區精神健康法案》規定，個人若有傷害自己或他人的風險就必須送醫（Northwest Territories 2009）。一旦個人受到持續監控，自殺的風險顯然就會大幅降低。[6] 生命的可能性當然也會隨之縮減。有篇文章主張有必要訂出及早介入第一民族社群自殺案件的規章，該文章的作者認為「建立有效的自殺風險管理工具，不只能在自殺發生之前尋獲高風險的原住民患者，還能提供及早介入的機會，給予他們來自社群成員具文化基礎的支持」（MacNeil and Guilmette 2004；強調為筆者所加）。

「尋獲」高風險的原住民患者或許能減少自殺人數，同時也是確保一個人不用為錯失警訊負責的一個方法。把受苦的人變成「病患」，成為自殺風險管理工具的服務對象後，輔導員就不再需要處理自殺和他們目睹的具體痛苦喚起的存在焦慮。自殺防治規章的普及化（將自殺防治專業化的一個重要面向）是查爾斯．泰勒稱為「官僚程序」的一個實例，而官僚程序就是現代國家組織的一大特點（Taylor 1994）（見第二章）。這種官僚程序把決策或責任的重擔從我們身上移除，通常是用來減輕國家或其代理人的失敗，確保及時且專業的行動付諸實行。

二〇〇一年起草的《努納武特自殺防治規章》第一段就說：

> 自殺在努納武特地區極其普遍。此規章乃為處理社群，尤其是學校學生或職員自殺時造成的破壞而訂定。此時社群和社群內的學校必須知道如何因應。應當擬定計畫幫助受害者減輕痛

苦，使他們得以表達悲傷，復原之路也才得以展開。（Nunavut Department of Education 2001: 1）

我對唯有透過擬定「計畫」悲傷才得以表達、復原才得以展開的事實很感興趣。這份要求學校遵守的規章包含自殺事件發生時要採取的八大「行動」，每個行動又分為好幾個小項。假如執行者按照規章行事，某程度來說「能做的都做了」，也就沒有必要歸咎責任。要採取的行動包括確認和提供自殺資訊給皇家騎警和當事人家屬，以及設置悼念室和寄發弔唁信。另一個重要步驟是辨認「高風險」學生和職員，提供這些人的名單給「健康及社會福利局，他們就能應用《自殺事後介入規章》。」這份規章流傳甚廣，似乎不太可能有人能抗拒「尋獲」。

另一種一九九九年最初由基蒂克美奧特區的健康和社會福利局制定的規章，列出了底下情況發生時要遵循的程序。當職員一、遇到有自殺意圖的人；二、目睹或聽聞有人企圖自殺；三、必須處理自殺事件之後的後果。[7] 其中特別強調在適當的時間範圍內採取行動的重要性：有些事要立刻做，有些要兩小時之內做，有些要二十四小時之內。例如，自殺未遂應該立刻聯絡「隨時待命的社工、隨時待命的護士和心理健康／成癮諮商師」（Northwest Territories Health and Social Service 2005: 5）。一旦確認自殺地點沒有槍砲或其他武器，「第一線人員就能直接／親自接近患者，進行精神狀態測驗和自殺風險評估（規章附錄）。」事發兩小時內，「自己表明或由患者或社群內其他人／專業人員指認的高風險親友，必須接受團隊訪談以確定事發當時其風險／需求等級」（6）。二十四小時內，「**自殺完成和自殺未遂**表格皆已完成並傳真至臨床督導員」（7）。

對大多數第一線青少年輔導員來說，擔心有人在他們的看顧下（或之後）死去的恐懼可想而知很巨大。在這裡我想清楚說明：負責自殺防治的人員往往真的造成了改變，也為陷入痛苦的人提供了不可或缺的照顧。他們多半是認真投入工作、為他人著想也懂得自省的人，正是我痛苦沮喪時會想找的人。事實上，我認為自己田野期間有一小段時間也算試圖幫忙的人之一。有好幾個月我在生命線當志工，體驗過聽到電話響起產生的那種奇怪的恐懼。有一晚我接到一個女人來電哭著談一段感情。我們之間建立了連結，談到最後我認為她心裡好過了一點。

但自殺論述有屬於它自己的時間，甚至可以說「生命」。如同傅柯提醒我們的，「論述並非生活，它的時間並非你的時間」（Foucault 1991: 71）。重點是，正是「你的生命」和關於它的「論述」之間的區別，有消失在努納武特的當代自殺防治對策中的危險。也就是說，努納武特的自殺防治機制就像一部強大的論述機器，致力於為生命和時間的意義加上框架。用正確的方法照護就必須按照規章行事——按照他們的時間。這類規章有時可能會如科拉．戴蒙德所說的「偏離」受傷的身體，把身體當作一個事實看待，導致照護者（或許可以理解，但還是很遺憾）無法看出「一個人會不會真的自殺」在本體論上的不確定性，也無法處理他們面前的人的獨特性（Diamond 2008）。二十四小時之後，企圖自殺的人便成了「自殺完成和自殺未遂」表格上的另一個名字。[8]

預期死亡

探討肺結核疫情時我提到的「生命體制」，從一九七〇年代和八〇年代開始應用到因紐特青少年自殺的新問題上。現今自殺被塑造成公共衛生大患，希望能藉由地方政府推動的再教育運動加以弭平。[9] 仔細想想，這樣的公式很嚇人。怎麼會想到要把「再教育」和自殺防治拉在一起？因為專家設法讓因紐特人活下來的方式，令人聯想起專家設法使他們保持乾淨的方式。我們教人潔淨，預期的卻是髒亂。我們教人生命是終極價值，預期的卻是死亡。[10]

「預期」因紐特人會自殺，跟衛生部長在努納武特立法機關早先對自殺的討論中提到的「自殺常態化」緊密相關：「自殺在我們的文化、我們的社會、我們的地區中已經司空見慣，不再會讓我們感到震驚」(Nunavut Legislative Assembly 2003: 2349)。[11] 但不僅如此而已。預期因紐特人自殺也跟我們殘餘的殖民欲望息息相關。也就是說，我們冥冥中對因紐特人的髒亂——以及與之類似的死亡——著迷且受其吸引。

除了各種研討會和工作坊以外，我所謂的「再教育」運動也可在社群到處可見的海報上面印的讚頌生命標語中看見。那些海報使人想起提倡戒菸好處、拒絕毒品的海報。[12] 海報要傳達的訊息直接到令人訝異。努納武特政府發送的一張海報上寫著：「活著，活下來，你就是因紐特之光。」這些海報如同皇家騎警和柯慈筆下的醫生（見第二章），無差別地散播要人配合的訊息。重要的不是你是誰，而是你——看到海報的你——活下來。

我要提出的論點是，這種「不管你是誰、只要活下來就好」的冷漠，就是努納武特的自殺防治計畫的內在結構，跟消滅肺結核和強制執行第一章探討過的身分牌系統如出一轍。照護變得如同喬那西所說的「太專業」，我則會說照護變成「匿名的」。

當生命變成一種無差別的價值，「你是誰」就不再重要，只要你配合延續生命的計畫。回想那個想像自己手上掌握了死去的「愛斯基摩人」的官僚（第一章），以及「愛斯基摩人也是統計資料」的觀點（第一章），還有柯慈小說中那個一直叫錯病患名字的醫生（第二章）。小說中的醫生關心病人是因為他是醫生，而不是因為麥可這個人或他的名字背後的故事可能揭露的意涵。對皇家騎警來說，罪犯是誰當然不重要，重要的是要他受罰。我們必須自問，事情有任何的改變嗎？延續因紐特人的生命卻又預期他們會死去，其中是不是也有懲罰／折磨的成分？[13]

專業人士和朋友

專業人士和朋友、冷漠和關懷、官僚的和親密的之間的變化關係是了解努納武特的自殺防治計畫的核心。事實上我們可以說，是專業人士和朋友之間的拉鋸關係建構了自殺防治工作。努納武特最屹立不搖的自殺防治措施是一九八九年成立的匿名自殺防治專線：「求助熱線」（Kamatsiaqtut）。雖然後來它改變了服務範圍（和名稱），也服務其他相關的情緒困擾（後來正式名為緊急熱線和求助熱線），在當地還是以「生命線」為人所知。伊魁特的青少年很快就能背出它的號碼，有時還會互相取笑：「你為什麼不乾脆打3333？」

冷漠和關心、專業人士和朋友之間的拉鋸，是這支專線運作方式的核心。一本宣傳生命線的小冊子告訴讀者，Kamatsiaqtut可以翻譯成「關心你的善心人」，而成立生命線是為了提供所有陷入情緒深淵的人「審慎且匿名的服務」。[14] 無論你是誰（同樣地，在這個意義下志工並不在乎你是誰），你都會得到關心。

生命線通常從每天晚上九點開放到十二點，連聖誕節也不例外。無論任何時候都約有五十名志工在值班，幾乎全都是專業人員，例如教師、社工、護士。我做研究期間，五十人之中只有四人是因紐特人。志工接的電話來自努納武特的二十八個社群，以及北魁北克區的因紐特聚落努納維克。偶而會有南安大略的人來電，除此之外多半都是因紐特人。

當生命線志工的那段時間，我開始好奇在不知道對方是誰的情況下關心他人，無差別地、專業地、匿名地關心他人，尤其是因紐特人，代表了什麼。匿名地關心需要能夠不及物地關心，能夠不知道對方是誰卻能說「我關心」。有個志工告訴我，就算你認得來電者的聲音也要裝作不認識，甚至某個程度上你真的相信自己不認識那個人。這同時也勾勒出皇家騎警上門找那名青少年的一幕。當皇家騎警走向那名「私闖民宅」的青少年時，他似乎產生了一種突然的轉變：從一個憂心的朋友變成一個冷淡且理論上客觀中立的專業人員。他彷彿不認識那名青少年。站在門口把青少年叫出來的警官，就是在進行匿名照護。

生命線的匿名照護造成的一個結果，就是來電的人承受的痛苦被匿名關係包圍，導致電話掛上之後無論是志工或來電者都無法提出任何要求。其中一名志工如此形容生命線上發生的關心：

比較是抽象的關心，跟關心我認識的人不一樣。就像是……如果我開車看到路上發生車禍，就算不認識對方我也會停下來，因為身為人類我在乎有人受了傷。你會被你接到的電話觸動，也聽得出來對方有多痛苦。我關心他們當然不是出於個人情感，而是身為一個人類的關心。

或者就像另一個社工給我的答案。我問她接聽生命線電話時究竟關心的是誰，她說：「你是在為努納武特做事，在為自己的社群做事，為整個社會做事……每次你幫助一個人幫助自己並做出好的選擇，你就是為社群、為社會、為你的家庭做事。所以那不只是一對一的事，絕對不是！」[15]我問另一位女士為什麼來當志工，她說：「對我來說就是幫助別人啊。我很樂意用各種方式幫助人。」

很多回顧自身經驗的志工都認為，或許除了組成「社群」、「社會」或「人類」等範疇的無數匿名個體，自己似乎沒有直接關心的對象。他們感受到自己是一個有愛心的人，無論對象是誰都願意付出愛心。在這種方式下，一通打到生命線的電話不會為電話兩端的人建立長久的聯繫，產生特定的責任，或促成永久的關係。志工的工作是暫時提振來電者的心情，讓他們「好過」一點，幫助他們找到方法處理自己的問題。但雙方不會有長期的交往，通話時也不會發展出友誼。

志工對每個來電者都應該一視同仁，但絕不能建立超出電話以外的私人聯繫。事實上，匿名照護方式應該禁止私人聯繫。

匿名和保密對社會有益是特定文化和歷史的產物。[16]彼得・庫奇斯基指出，在很多小型因紐特社群裡保持匿名有結構上的困難，因此得以容納另一種不同的社會責任：

> 保住面子在當代潘納唐仍然是很重要的文化習俗。一個人不會跑去另一個（更好的？）系所教書，留下一堆你公開「得罪」過的人。在潘納唐，大家都有一個人的曾曾曾……曾孫很有可能正在跟鄰居的曾曾曾……曾孫打交道的體認。最好要確認自己保住了面子，即使心裡在打別的主意。（Kulchyski 2006: 160）

就像我去參加傳統療法研討會有位因紐特長者說的：「我們因紐特人聽過保密這件事，但因紐特人沒這種觀念。我們就像一本書一樣活著。我們的生活就像一本打開的書。」我問一個四十幾歲的朋友，為什麼後來打生命線的因紐特青少年那麼少？他說：「我想人只是需要跟某個人說說話，而且是一對一的聊。有次我堂哥打電話給我，他手裡抓著槍，說他想斃了自己。我跑去找他，面對面跟他談，在那裡陪他。西方社會什麼事都要匿名。」

儘管如此，根據求助熱線的創辦人所說，當匿名熱線的構想被提出來時，「保密和匿名的概念雖然不符合傳統文化觀點，與我們共事的因紐特人卻將之視為一種額外的福利」（Levy and Fletcher

1998: 355-56）。這點我並不驚訝。我確實認為生活在小社群中，匿名有時可能是一大解脫。此外，專業人員要求匿名也能大幅度避免社會汙名。但這並非我在這裡想表達的重點。肯定保密和匿名在特定情境下有其必要，不同於認清照護如何變成了一種匿名的行為——匿名性實際上如何框架了我們對照護（關心）的定義。

這一章我把主題轉向自殺防治熱線，不只是為了理解加拿大北極區特有的照護方式，也是把它當作一種具體模式（類似傅柯在《規訓與懲罰》〔一九七七〕中提出的圓形監獄），這個模式呈現了一種更普遍的與世界打交道的方法，我稱之為「匿名照護」。保羅．拉比諾稱這種具體模式為「策略範例」（strategic exemplar）（Rabinow 1989: 12）。透過自殺防治熱線這個策略範例，整個照護模式變得顯而易見。

但有一點我要特別說明。我並不是要說匿名照護是努納武特現行唯一的照護方式。努納武特的自殺防治計畫和措施多得驚人，而本書的目的並非一一進行考察或評判它們的效力。[17] 我想做的是透過殖民紀錄和當代民族誌提供的一連串具體且實證的例子，指出一種出乎意外地無所不在且威力強大的照護他人生死的方式，也就是匿名照護。

生命線因為把一個生命的具體細節暫時擱置，使得特定生命的特質和獨特性不再重要，或是唯有當此人確定能活下來才重要。匿名照護作為一種普遍的連結模式，轉換了我們與他人的關係，改變了我們的社會計畫的倫理景觀。匿名照護雖然能強化抽象認知的社群，隱藏身分卻也表示不會有個別連結得以建立，人與人之間的特定關係也不會因此強化。

匿名照護的可能性可能跟想像的共同體或「公眾」的興起有關。我們或許可以說，在這些想像的共同體或公眾中，「朋友」的範疇擴大了，透過印刷、製圖和後來的報紙和電視等科技把永遠不會見面的人都包括在內（Anderson 1991）。在生命線的脈絡下，個人生平唯有能讓一個人活下來才有意義。這樣的生平或生命可能互相交叉並形成「人際關係網絡」的形式（Arendt 1958: 183），通常並不重要。

然而，匿名照護的迷人之處在於，它變成了一種享有特殊地位的照護模式，即使當雙方其實有或可能有面對面的關係時。對想自殺的人提供的匿名照護，變成了現代照護的原型，或許也是匿名照護最純粹——最崇高——的一種形式。

為想自殺的人提供的匿名照護，朝著兩個方向往崇高邁進。塔拉勒・阿薩德在《自殺炸彈攻擊》（二〇〇七）中拆解了「恐怖」（horror）和「崇高」（sublime）之間的關係，試圖理解西方人為什麼對自殺炸彈攻擊反感，卻能夠容忍其他更大規模、更常見的殺戮方式。阿薩德對「恐怖」展開困難而深入的分析，發現恐怖不只跟自我瓦解或逾越界線（尤其是生死之間的界線）有關，[18]也跟某種「愉悅」（delight）有關。要人承認這種愉悅感雖然很難，但它與崇高的體驗直接相關。阿薩德援引艾德蒙・柏克之說，聲稱這種愉悅「吸引我們又驚懼又著迷地把目光投向災難」（Asad 2007: 73）。

我想指出的是，生命線讓志工得以體驗崇高卻又不用放棄他們的生命政治原則。換句話說，在生命線工作如同參與其他自殺防治計畫，可以聽到自殺計畫的可怕細節（其目標就是設法瓦解自我）並從細節中體驗到某種恐怖（連向某種愉悅或「又驚懼又著迷」）及自我瓦解的可能性，同時又藉由譴責這樣的欲望證明自己的道德熱誠和強度。

然而，透過匿名照護所獲得的崇高感，也隱含著某種「昇華的」或兩階段版本的同情心——因為接電話的人也經歷了某種自我瓦解。剝除了所有個人特徵後，接電話的人感受到自己是人類大家庭的一員，而且跟另一個人類相連。可見仁慈（humanity）的概念帶有某種崇高的自我瓦解成分。

自殺防治專線的歷史

自殺防治專線的歷史充滿了這類崇高的字眼。一九五三年，第一個自殺防治熱線在英國倫敦成立，當時自殺被形容成「痛苦的吶喊」，而回應那個吶喊被視為打造「生活新秩序」的一種方式——而且不只是為了自殺者。自殺防治有時是「人道行動」（Dublin 1969），有時是一場「奮戰」（Dublin 1963），或是一種「使命」（Soubrier 2002），甚至是「實用基督教捲土重來」（Fox 1962），以及一種社會「運動」（McCord and Packwood 1973; Varah 1985）。早期參與者投入這份工作的熱情令人印象深刻。這裡我感興趣的是：生命線本身如何變成照護自殺者的一種崇高方式——一種匿名、隔著距離，不需要特別的資格只要有愛心的照護方式。

一九五三年，英國聖公會牧師及專攻「性問題」的諮商師查德·瓦拉在報章上讀到倫敦一天就有三起自殺案（Varah 1985: 17）。想到警察局或消防局都有緊急電話，自殺卻沒有，他為此感到不安，因此決定成立「給自殺者的緊急求助電話」。這個新服務的構想來自聖經裡的好撒馬利亞人的寓言故事：撒馬利亞人主動去照顧路邊一個受傷的路人（Fox 1962: 1103）。瓦拉希望能為這個熱線找到一個號碼，反映出自殺是「千千萬萬人類面臨的緊急事件」的事實（Varah 1985: 21，強調為筆者所加）。[19]

瓦拉對於撒馬利亞會的目標很清楚。雖然早期的調查發現，撒馬利亞會百分之九十九點五的來電者並沒有要輕生（Barraclough and Shea 1970: 870），瓦拉仍特別強調，這個組織的成敗就應該用自殺人數是否減少來衡量，而不只是減少人類的痛苦：

> 這份工作的成敗只能用我們服務區域的自殺人數是否減少來判斷。若是無法拯救人命，我們就是失敗，為了我們所做的其他事讚揚我們並非好事。減少人類的痛苦無疑是件很有價值的工作，我們或許也對各種行業對這件事所做的貢獻感激在心，例如喜劇演員、餐廳老闆、娼妓、美髮師、衛生訪視員等。但**我們的**任務是減少那些很可能親手結束自己生命的人——除非他們已經達到目的——內心的痛苦。（Varah 1985: 50）

作為一個組織，撒馬利亞會特別致力於幫助人活下來，未能達到這個目標就是失敗。相反地，娼妓、美髮師和喜劇演員等人從事的工作「很有價值」，也減少了人類的痛苦，卻把撒馬利亞會的方法和目的對調了。對撒馬利亞會來說，減少人類的痛苦只是阻止人自殺的一個方法。（這在現代北極地區會變得很重要，因為幾乎每件事似乎都變成防止自殺的方法，而非本身就是目的。）無論撒馬利亞會是否拯救了人命，瓦拉為關心自殺者所提出的「道德律令」（moral imperative）很快便席捲全球。不到十年，撒馬利亞會就成為擁有多達二十六個分會的國際組織。[20]

在生命線的初期討論階段，即使匿名仍非強制性，但就已經特別強調來電者和接聽者的抽象性。[21]如前所述，瓦拉強調自殺是一種「人類緊急事件」，也形容志工的愛心是「人類同情心」的展現（Varah 1985: 24）。同樣地，一九六五年有篇報告談到精神科急診室成立新熱線，作者（兩名精神科醫師）指出該熱線的優點：「有很多寂寞孤單的社區民眾很明顯把這支電話當作跟另一個人類接觸的管道」（Walzer and Hankoff 1965: 314）。

直接用「人類」一詞來指稱一個人，也就抹除了各種區別。把生命線想成一個人類在關心另一個人類，表示志工是**誰**變得不再重要（即使你是醫生、精神科醫師、社工等等）。重要的是一個人的基本或根本人性，[22]之後就很容易把一個人的名字看成是多餘的——無名氏的照顧。

一九六八年，路易斯・杜布林回顧了自殺學的發展，尤其是撒瑪利亞會的興起，並斷定非專業志工「可能是五十年的自殺防治歷史中最重要的發現。非專業志工出現之後，自殺防治才出現長足的進步。他們有時間和人格素質證明自己關心他人」（Dublin 1969: 45）。[23]

或者，就像瓦拉所說，「你求助的人不一定要擁有資格或文憑，只要他或她**關心**他人」（Varah 1985: 37，強調為原文）。關心變得比任何資格或文憑重要，而且被理解成（任何）一個人類可以（和應該）為另一個人類所做的事。

一個人類對另一個人類的「關心」可以防止自殺，這個概念太有說服力，就算沒什麼實證證據可以證明生命線激增之後效果如何，似乎也無所謂。參與生命線運動的研究者都太快認定目前尚未有衡量生命線是否有效的方法。[24]而我要問的問題是：生命線為什麼對人——尤其是接電話的人——那麼有意義？生命線對志工來說為什麼是如此令人信服的介入方法——而且在當時和現在都是？

愛德溫・史奈曼和諾曼・法貝羅是洛杉磯開創性的自殺防治中心的創辦人，兩人之後都成為知名的自殺學家。一九六五年他們在《美國公共衛生期刊》發表了一篇文章，宣揚他們的中心和使用的方法獲得的成效。文章最後他們呼籲讀者加入美國各地為了防止自殺而動員起來的「發聲」團隊。文中寫道：

> 班傑明・卡多佐法官曾在一九二三年說過：「痛苦的吶喊就是在求救。」此言有如暮鼓晨鐘，可以作為開化民主社會的信條。因為看重每個生命，就是民主社會的基石。我們相信美國出現了一個新的聲援團體。這個團體包含了所有對有效減少不必要的自殺率之必要和可行性滿懷熱情的人。行動地點就在**我們的**社區。時間就是**現在**。（Shneidman and Norman 1965: 26，強調為原文）

史奈曼和法貝羅在結語中提出的宣言極具教育意義。首先，「看重每個生命」被視為開化和民主的「基石」。再來，自殺和自殺傾向是一種痛苦的吶喊，我們必須對此做出回應，否則就會失去我們的道德和社會地位。然而，投入自殺防治工作（在**我們**的社區、**現在**就開始）就能成為開化民主社會的先鋒。自殺防治不再只是（如果曾經是的話）聚焦於電話另一端的人，同時也跟開化、民主和社會新秩序相關。

事實上，一九八一年艾希特林和韋禮這兩位社區心理學家指出，自殺防治其實是一種致力於建立「新生活秩序」的社會運動（Ecterling and Wylie 1981: 342）。他們認為，這個運動跟所有社會運動一樣「始於不安的環境；人民對當前的生活方式不滿，渴望新的生活體制」（1981: 342）——一種以**如何**關心他人為中心的生活新秩序。[25]透過匿名的生命線，付出關心者目睹了他人的自我瓦解欲望，同時也親身經歷了自我瓦解並融於人類大家庭的過程。

一九五〇和六〇年代出現的生命線作為一種照護方式，不只跟強調延續生命的生命政治吻合，同時也符合某種「人道理由」（Fassin 2012）。人道概念激發的高尚感受使這樣的照護變得崇高。隔著距離（透過電話）回應這種「痛苦的吶喊」，接聽者和來電者都能保持匿名，使得每個個體都能輕易變得抽象，同時又能提升自己是在為自身或社區以外的更大利益工作的感覺。史奈曼和法貝羅讚頌的不只是人類生命的價值，還有「被看重」的生命，而自殺防治是一件需要「熱情」和帶有某種迫切性的工作。「時間就是**現在**。」[26]

展開自殺防治的「時間」仍是現在，也仍然迫切。努納武特的求助熱線創辦人在一篇介紹文章中說，「任何社會的最大責任都是照顧和保護人民，尤其是小孩。在現今的加拿大北部，人民——尤其是年輕人——身心健康的最大威脅就是自殺」(Levy and Fletcher 1998: 353)。但跟之前的生命線擁護者一樣，他們也強調幾乎不可能評估自殺防治工作的有效性。儘管缺乏證據，他們仍聲稱「我們將生命線的成立和持續存在，視為社區有能力、將來也會掌控自己的問題和解答的象徵，而社區也為需要這個服務的人發出他們的關心訊號」(365)。

求助熱線的志工告訴我，雖然很多晚上可能一通電話都沒有，但他們永遠不放棄跟人建立聯繫、幫助人走出痛苦的希望和可能性。當我追問一名志工匿名造成的距離時，他堅決認為，「但你畢竟還是一個聲音，還是一個他們真正能說話的個體啊。」當交流產生，聯繫建立，你投入的原因、這個計畫的成功率就不再那麼重要。如同一名志工所說，若你想的是來電數，你正在做一件重要的事的感覺就消失了。等待電話響起的那些夜晚帶來的正面效果不是你可以測量的。生命線接到多少電話變得不再重要，因為「每個生命都值得拯救。無庸置疑」。

> 你永遠不知道自己做得好不好或會不會救到人，但機會就在那裡是事實。或許我們永遠不會知道答案。但我去開會時會有人感謝我們在線上，說這些年我們幫了他們很多忙。你不知道生命線帶來的好處，因為你無法測量。這不是在蓋房子，無法真正看到成果。

另一名長期志工說：「生命線本身只是水桶裡的一滴水，雖然只是一滴水，每一滴水都有意義。」

同樣地，生命線的實際效力如何仍舊被一筆帶過。「你永遠不知道……會不會救到人，但機會就在那裡是事實。」最近針對一九九一至二〇〇一年努納武特求助熱線的來電者特質和來電內容所做的研究發現，年紀較輕的來電者（即自殺風險最高者）通常打這支電話只是為了惡作劇（Tenet al. 2012）。使用者大多數是成年女性，打來跟人聊感情、寂寞或無聊的問題。儘管缺乏能有效防止自殺的證據，生命線仍有其存在的意義，因為其目標（無分別地拯救人命，而非鎖定特定的生命或人）已經變成某種無可爭議的「世俗的神聖」（見Murray 2006）。生命線的匿名性也確保拯救陌生人的道德價值不會被任何個人利益或社會責任破壞。

會議和自殺遊輪

二〇〇五年，努納武特求助熱線負責主辦加拿大自殺防治協會年會，全國各地的人來到伊魁特赴會。會前準備如火如荼展開；高中停課兩天；努納武特各地的因紐特耆老、青年和社工都飛來共襄盛舉。很多小型會前會在主要會議之前舉辦。政府部會和非政府組織開始搶人加入他們的自殺防治計畫和工作坊。巴比受邀參加三個在同一時段舉辦的工作坊，最後他選了隔壁社區舉辦的工作坊，這樣才能每天都拿到酬勞。主要會議的日期逐漸逼近之際，有名努納武特衛生部的員工（只略微參與準備工作的卡魯納）羞怯地對我說：「我沒有不敬的意思，但這感覺像一艘自殺遊輪航行過市區。」

這個自殺遊輪的意象聽在政府員工和我轉述的所有人耳中都很刺耳，卻也引發了一些共鳴。首先是我的朋友米亞麗。她說她絕不會去努納武特生命線當志工，對她來說那就像卡魯那的「社交俱樂部」。生命線的一名志工也說了類似的話。她提到很多剛來到伊魁特的人「一下船」就報名了生命線志工。「我認為他們來到這個社群……想去當志工，可能是因為他們第一個接觸到的人就是生命線（的一些人）。假如他們碰到的是瑜伽社團，說不定就會加入瑜伽社團，但我們先到一步。」而在生命線工作的人確實形成了廣大的社交網。他們會到彼此家裡聚餐，也會在麋鹿兄弟會、學校、曲棍球場上碰面。一名志工若有所思地說：「我想我也相信做這類事情時你也在照顧自己，因為你在餵養你的靈魂，畢竟你做的事是……如果你相信的話……你覺得有價值的事。那對你有好處。我是指你交了新朋友，跟人有新的接觸，也覺得對自己的社群有貢獻。」

生命線志工的強烈社交性跟來電者的匿名性形成了驚人的對比。自殺遊輪的意象也令人想起一九五〇和六〇年代北上為「愛斯基摩人」治療肺結核的霍爾號上的醫生。事實上，一九五五年的北極東部巡邏船首席醫官在給上司的信中寫到，整體來說他對他的醫療團隊很滿意，但「其中有些人常忘記自己不是在往夏威夷的遊艇上，覺得每到一個港口都應該能上岸休假」（Willis 1955）。另一個跟著霍爾號（倒數幾次）北上治療因紐特肺結核病患的醫生對途中碰到的一名記者說，目前為止他看到了兩隻鯨魚、兩頭北極熊和一隻獨角鯨，也都拍到了照片。他說「那種浩瀚的體驗」使得「這趟旅程，這段航行本身價值四千到八千美元」（Arctic Hospital Ship 1568）。

預期自殺

當代自殺防治機構人員的熱情投入，對該機構視為「高危險群」的青少年來說卻可能很有距離。[27]拿十四歲少女莫妮卡的例子來說，她母親是因紐特人，父親是卡魯納。她最好的朋友幾個月前自殺，而且就在兩人分開各自回家之後不久。小時候他們形影不離。莫妮卡常夢到安妮。在其中一個夢裡，安妮坐在一間餐廳裡，跟坐在她對面的莫妮卡沒有眼神接觸。最後安妮看著莫妮卡，說：「現貨交易嗎？」

那時候莫妮卡住在親戚家，在「白色排屋」那裡，那是一排長得一模一樣、鋪上白色塑膠壁板的房子。房子的前面是一扇臥室的窗戶，裡頭的燈一直亮著。你可以看到有人在裡面打牌、在窗前抽菸、交談。不時有人從外面走向那扇窗戶，跟裡頭的人說一下話，把一個小塑膠袋放進口袋然後走開。

屋裡，莫妮卡的祖父睡在客廳的沙發上。他只吃傳統食物，只說因紐特語。莫妮卡只說英語。她跟我說想做更多「因紐特」的事。她祖父喝酒成癮，但喝了酒通常就睡著了，不會動粗。他喜歡毒販住在家裡，因為他會幫忙付錢，讓他一直有大麻可抽。毒販是莫妮卡的好朋友，他跟她說等他有自己的公寓之後，她可以來跟他住。他很愛交朋友，老說他已經不幹毒品交易。目前莫妮卡有自己的房間，房間裡有一張床和一張梳妝台。她通常一點上床睡覺。如果要吃東西，她會自己下廚。

她母親偶而會來，但兩人常吵架。星期五晚上她來的時候喝得醉醺醺，兩人為了莫妮卡的妹妹該不該休學吵了起來。接著她母親說她想去檢舉住隔壁房間的毒販。她拿起電話打給皇家騎警，莫妮卡試圖阻止她。

「不要檢舉他，你這個賤人！」兩人打起來，莫妮卡的母親抓起電話往她的頭丟過去，她當場頭破血流。後來其他人告訴她，他們從隔壁房間就聽到電話打中她的頭的聲音。

莫妮卡淚流滿面，不是因為痛，而是因為母親竟然拿東西砸她。她往母親肩膀揮了一拳。

「我沒想過要打我媽。」後來她告訴我。莫妮卡打父親的呼叫器，他在軍團酒吧買醉。後來電話響了，是他女朋友打來的。

「什麼事？」

等他父親終於來接她時，莫妮卡對他大吼：「你在乎你那個賤人女友超過在乎我！」她父親沉默不語，開車開得好快，嚇到了她。

「你想害我們都沒命嗎？」她父親沒回答。放她在他的公寓下車之後，他又跑回軍團。過了幾個小時莫妮卡才聽到她父親帶著女友走進門，但她假裝睡了，才不用跟他們吵。她告訴我：「不是我有自殺傾向，而是有時候我實在不想活了。」

對莫妮卡來說，「自殺傾向」代表什麼？自殺在伊魁特變成了青少年問題，跟抽菸、性行為和吸毒一樣，變成健康教育課、高中集會和電視公益廣告上的主題。看到反菸害海報印出一個臉部變形、牙齦發黑的女人，旁邊一行字寫著「活下去。自殺不是因紐特人解決問題的方式。克服問題活下來」並不稀奇。言外之意是真正的因紐特人不會自殺，就像另一張海報也暗示：關心孩子的因紐特男人不會讓自己的妻子抽菸。「活下來」是最大的重點。

有次我問莫妮卡她對自己的菸癮有何看法。她馬上篤定地說：「不好，對人很不好……但會上癮。」語氣中並無歉意。抽菸會上癮往往是用來遏阻青少年抽菸時會強調的一個事實，卻反而使她相信自己對菸癮也無能為力。因紐特青少年接收到不應該抽菸的訊息，同時也接收到抽菸會上癮很難戒掉的訊息。自殺也是類似的情況。因紐特人自殺給人一種不可避免的感覺。因紐特青少年感受到了，有時他們會抵抗，要求自己的痛苦用不同的語彙被認可。有時候他們也會令人難過地假裝配合。[28]

預期紐特人自殺又禁止他們自殺，這點從加拿大北極圈小鎮伊格魯利克的一名導演的評論中清楚可見：「根據伊格魯利克的每年自殺率來看，今天在市區走動的年輕人至少有五、六個在下一次聖誕節前可能就會死去。想起來真可怕。我們不知道他們是誰……我們的目標是讓其中一些人——但願是全部的人——到明年的這個時候還活著」（Cousineau 1999）。目標是讓因紐特人活下來，但每年自殺率呈現的事實又使他們的死顯得無可避免。因紐特人隱隱然被想像成活死人，但即使是這個想法都被禁制（「想起來真可怕」）。

重點在於，自殺並不令人意外。這不表示沒有痛苦，而且是幾乎難以忍受的痛苦。自殺同時被禁止也被期待。自殺作為一種反事實（還沒發生但可能發生）引發了矛盾的情緒。未來的自殺被想像但也被壓抑。自殺因為想起來太可怕，所以成了一個說出口之後又被否認的可能性。

統計數據扮演了重要的角色使自殺變得真實。[29] 因紐特人自殺的統計數據不斷被引用。每個因紐特青少年都會自殺的可能性製成了表格，由此來衡量一個人會不會死亡。然而，如同S．洛克蘭．珍在癌症預後脈絡下指出的，那個「不是死就是活的你」和「有百分之五存活機率的你」並未無縫接合。她形容活在這種現象學上不一致的體驗就像「活在預後中」(Jain 2007: 78)。因紐特青少年都活在預後中，活在統計數據預告的可能死亡和活著或死去的存在事實的不一致當中。

當莫妮卡說「不是我有自殺傾向，而是有時候我實在不想活了」，我們必須記住她一輩子都活在後殖民國度裡，那裡既禁止又預期她的死亡，希望能用她的死（如果她就要死去的話）製成表格算出比率，預測未來的死亡。這種（國家和國家代理人）對死亡的預期，如何進入青少年的想像中？禁止自殺的殖民戒律造成一種詭異的雙重性，後殖民國家在裡頭既希望又不希望因紐特青少年死去，正如皇家騎警為了公共衛生而殺了雪橇犬卻被重新詮釋成有殺人預謀（見第二章）。我那位想死的朋友藉由說出「不是我有自殺傾向，而是有時候我實在不想活了。我不屬於你們的計算。我想要起碼擁有自己的死亡，和自己的痛苦」這些話，把整個自殺防治機制阻擋在外。她試圖要逃離活在預後的人生，那個就算她死去也不會有人（尤其是她自己）感到訝異的人生。

如傅柯所說，在生命政治體制下，死亡本身「在權力關係之外。死亡超出權力可及的範圍，權力對它的掌控只有在一般的、整體的或統計層面。權力不能掌控死亡，但能掌控死亡率」(Foucault 2003: 248)。官僚「手上掌握」（統計上）死去的愛斯基摩人肯定是有道理的，無論是放在肺結核或自殺的脈絡下，而誠如傅柯所說，他們的權力就是掌控死亡率的權力。但若讓分析停在這裡，我們就聽不到官僚說的話的弦外之音，就會忽略「手上掌握」這個說法道出了藉由官僚四處滲透的權力以外的東西。那就是弗朗茲．法農所說的，殖民主義在精神上運作且貫穿精神，如同殖民的想像充斥在日常關係之中（Fanon 1967）。[30]它道出了我所謂的生命政治的「精神生命」。

要更能聽出其中的弦外之音，我們必須問，當國家對群體福祉的關懷結合了殖民想像和殖民欲望會發生什麼事？[31]當活下來（世俗的神聖）跟成為一個樂於配合、值得幫助的因紐特人合而為一時，會發生什麼事？當活下來不再只是一種強制性規範，同時也像其他殖民規範一樣，變成因紐特人被期望遵守卻又遵守不了的一套規範，會發生什麼事？我們是否在政策、計畫和勸說中要求因紐特人活下來，同時又期望他們死去？要處理因紐特人的自殺問題，面對「不要自殺，但你當然還是會」這個矛盾的命令時，我們需要把生命政治和殖民心理並置思考。

我跟莫妮卡交談時，她把「自殺傾向」（一種受嚴格管控的行為）跟「不想活了」這兩件事加以區別。青少年都知道，在伊魁特承認自己有自殺傾向會帶來一大堆麻煩事，包括跑醫院（甚至會被送去南部做精神評估）、找學校輔導老師、親友不斷問東問西。青少年談論自殺有時顯然正是為了引起他人的注意。輔導老師會警告那些只想「出外」走走、刻意強調自己的自殺意念的小孩。青少年知道自殺傾向的所有跡象，還可以一一列舉。有個青少年跟我說他「把自己房間整個打掃過還丟掉很多衣服」，期望我有反應。

在這裡我只是想指出有自殺傾向的身體受到的積極且多半匿名的管控，而不是要建議其他方法。莫妮卡對「有自殺傾向」和「不想活了」的區別雖然微妙，卻讓她脫離自殺防治機制的大網

（就算只是暫時的），使她得以承認她的年輕生命如何布滿痛苦、憤怒和不公。**只是我不想活了**。我不得不同意，為了避免青少年自殺，不該讓很多因紐特青少年獨處。但生活（而非只是活著）似乎少不了痛苦和風險，必定要承受可能活不下去的風險。

根據我跟因紐特青少年相處的經驗，自殺傾向跟「放縱」和「重複」大有關係，而它代表的危機通常在走完程序和規定很久之後才出現，也就是看完護士和醫牛之後。之後該怎麼做有很大的不確定性。也就是說，就算我著急地硬要我的年輕朋友去看醫生，減輕自己身上的一些責任，事情也不會每次都照我期望的發展。

存在著

我想用我跟好友巴比某天晚上的對話來為本章做結。那天我們在電話上聊天，他說：「如果我跟你說一件事，你能答應我不跟別人說嗎？」

「好。什麼事？」

「剛剛我試圖要自殺。」

「什麼意思？為什麼？」

接著他告訴我他試圖上吊的細節。總共兩次，兩次繩子都斷了。他跟我說他明天不去上訓練課，因為脖子上有勒痕。他跌下來時背部和手臂也淤青，左半身麻掉，左眼看東西變得模糊。

「我可以幫你叫救護車嗎？」

「不要，我不想去那裡，他們會知道我做了什麼。」

「那我去找你。」

「好。」

抵達時我甚至不用按喇叭，他就在門口等我。見到面那一刻我想擁抱他，但有點尷尬，因為我們不常擁抱。我們開車四處晃，沒說太多話。先開去坡頂，然後往垃圾場走，但太暗，所以我們開上聯邦路，繞著無有路走。我問：「你在想什麼？」

「沒。我沒在想什麼。」

到了某一刻他的心情出現轉變，開始聊起女生的事，有些我認得，有些不認得。他的聲音亮亮的，幾乎帶有金屬質地，跟我們沿途經過的倉庫和吠叫的狗很搭。他一直談著女生，談他們的胸部大小，談他撩妹的方式。我雖然反感但還是聽他說。這畢竟還是跟欲望有關。後來我才轉移話題。

隔天我們一起走路去朋友家吃燉馴鹿肉時，他跟我說了他做的死亡天使的夢。死亡天使每晚都會出現在他的夢裡，告訴巴比下一個就是他。他說話時我抬頭看天上的月牙和星星。

「每次我閉上眼睛就會看見他。無論那只是我的腦袋在做怪還是其他原因，我發現要是我死了就**什麼都沒有**了，連家人也沒了，死去的家人也是。什麼都沒了，一樣都不剩，除了死亡。我擁有的只剩下死亡，而他就是從那裡來的。因為我認為我死了之後就什麼都沒有了。」

我們穿過墓園抄捷徑走去苔原谷。白色十字架晚上看起來藍藍的。我們從墓園爬上山坡時，他告訴我他最喜歡來這裡坐著想事情。他伸手指著一大片北極光，看起來有如雪上摩托車留下的痕跡。

就在那一刻，有架小飛機斜一邊飛來，準備在簡易機場降落。飛機的燈光將我們籠罩。我們停下腳步，除了迎面而來的飛機，什麼都看不到。感覺直到最後一秒鐘飛機才往左一斜，轉個彎背對懸崖。

天氣很冷（零下五十度再加上風寒效應），巴比說他覺得自己的鼻子和耳朵都凍傷了。

「沒關係，常這樣，只會覺得有點刺痛。」

「不會腫起來嗎？」

「有時候會，但沒事的。」所以我們繼續走，顆粒狀的雪像沙子滿天飛，形成雪花漩渦，兩人默默無語。後來他把死亡天使畫在一小張紙上。上面是一個沒有腳的男人，手抓一把鐮刀，身披斗篷。「那不只是我腦袋裡的聲音，而是一個人在跟我說話。你懂我的意思嗎？或許聽起來很瘋狂。」

那天晚上後來我說服他跟我一起去掛急診。醫院的天花板掛著一台小電視，切成靜音。麥可・傑克森的臉掠過螢幕，黑色頭髮襯出蒼白的皮膚。我旁邊是他妹妹，今年十三歲，頭髮用頭帶緊緊綁在後面。哥哥就坐在她旁邊。她求他不要丟下她，不要自殺，並堅持要跟我們一起來醫院。櫃臺後面是兩名穿著刷手服的男性員工，彎身伏在電腦前，用夜班特有的慵懶語調說著話，消磨著急診以外的時間。

然而，即使交談時他們也用空洞的眼神觀察我們，熟練地保持必要的距離和中立，同時也在消耗我們的痛苦，評估它，記錄它，為它分等級。但儘管從我們身上收集了那麼多痛苦——想自殺的人、阻止他的妹妹、想要卸下責任的我——我們也不算急診病例。幾個月後回想，巴比說：「那時候我整個人都不對勁。全身上下都不對勁。我想死。我告訴每個人『我不管，我想死，我想死，我想死，我想死』。」

「你覺得你真的想死嗎？」

「我覺得是。我真的很想很想死。」

巴比知道在醫生面前要說什麼。他知道如果他說他想自殺，要是他說出自殺天使的事，他就會被綁在病床上。之前他就進過醫院，還跟我說過他打贏一名警衛，從醫院藥品櫃拿到藥的事，當時我聽得津津有味。他吞了一大把從那裡找到的藥（跟趕來支援的警衛又打了一架之後），後來還得洗胃。這個好勇鬥狠的故事似乎抹去了所有恥辱。

他不想再住進醫院，所以得振作起來，跟醫生開個輕鬆的玩笑，聚焦在他的失眠問題（只要能睡飽情況就會改善）、女朋友離開他（確實讓他很慘），還有可預測的情緒困擾上。

當然，任何人碰到你的處境都會有這種感覺。要不要我開些幫助入睡的藥給你？

嗯，那就太好了。我要吃幾天的藥？

兩個晚上，但我會多給你三個晚上的藥，這樣應該就可以了。如果還是不舒服你再回診。

嗯。好。

不知不覺我們就走回一個小時前才抱著期待爬過的山坡，巴比的內口袋塞了一個藥包，裡頭裝了六顆藥丸。我想起自殺事件過後常聽人說「要是我們早點發現就好了。要是他肯說些什麼就好了」。但通常不是自殺的人沒說什麼，而是他一直在說，那些話變成沒有意義的聲音，令人疲憊，最後成了生活的背景。我們不是沒發現，其實我們一直都知道，所以就不覺得它重要。

我們三個人就這麼湊在一起。壓抑不住自殺念頭的巴比，輪流做夢和做惡夢。樂觀到可笑的田野工作者，再也無法說自己為什麼在這裡。一個隔天應該去上學的女孩，卻陪著哥哥來到醫院。

陪巴比去醫院之後，我還是無法確定他會不會自殺。有其他東西取代了希望。我們精疲力盡，過程中團結在一起。來去的過程沒有達到什麼值得說的效果。但三個人都知道彼此願意這麼做，我們可以一起面對另一個北極光裊裊飄過、細雪紛飛、狗群狂吠、雪上摩托車嗡嗡轉動的夜晚。到了深夜，除了存在著以外，再也沒什麼緊急狀況。[32]

4

名字的生命

Life-of-the-Name

我的朋友席拉，又名那蘇克，告訴我她弟弟去世當晚發生的事。她因為弟弟的死而深受影響，她僥倖逃掉了，之後這件事一直在她記憶中揮之不去。

我無處可去所以就去（找）我弟。他們一夥人在那裡喝酒。我只有看他們喝，邊等我弟弟回家，這樣我就能跟他一起走或搭個便車之類的。酒瓶沒有了，我弟看起來沒有很醉，但站起來時卻差點跌倒。那時我們才發現他喝得多醉。

其中一個喝酒的小孩騎了爸媽的四輪車來，所以一堆小孩擠上去。席拉的弟弟坐在側邊。席拉也想擠上去，但她暗戀其中一個男生，在他旁邊就會害羞，所以決定等下一趟。她跟我描述了當時的情景：

所以我說「我等好了，等下一趟。」賽門（開車的人）應該要把我弟（以撒）在家放下，然後（把其他人）放下車再回來……我弟沒戴安全帽。他只是笑著說「Ajaii」，好像有點害怕。他說「慢慢開！」賽門回答「別擔心，我會慢慢開。」

我跟卡奇克看著他們開車離開。他們剛走天空就開始飄雨，剛開始小小的，之後愈來愈大。我叫卡奇克借我五塊（坐計程車），但我覺得路上應該沒有計程車了。我們等了大概一個鐘頭。卡奇克開玩笑說「他們撞車了」，我們咯咯笑，後來奇卡克說「算了，我要走路回家！」沒想到被奇卡克說中。他們真的撞車了。以撒從車上飛出去，撞上大石頭，當晚即喪命。

席拉告訴我，那天早上她母親一早就到路邊採漿果，看到一個天使在車禍發生地點上方盤旋。車禍發生時，席拉最好的朋友潔西懷了身孕。孩子出生後潔西幫他取名叫以撒，這樣atiq（名字的靈魂或名字的生命）就會進到新生兒體內。

席拉去醫院探望嬰兒和她朋友。看到嬰兒她才知道他的右臉癱瘓，就像那晚她去停屍間指認弟弟時看到弟弟的右臉「殘破不堪」。更神奇的是，席拉告訴我以撒「一向我行我素，口無遮攔。每次有人要替他拍照，他就會比中指。你知道新生兒什麼時候才會動手指嗎？我們去醫院看他（嬰兒）時，他豎起中指。就兩秒！」

以薩這個名字的生命進入潔西生下的寶寶的生命，指出了一種我在這本書記錄的生命體制無法包含在內的處理生死的方法。對希望降低加拿大北極區肺結核盛行率的政府代理人來說，手上掌握「死去的愛斯基摩人」的陰影太令人反感。因為如此，我在第一章提過的考雅克一旦死去對政府就不再重要，政府也不再關心她的下場。一個死去的愛斯基摩人能**發生**什麼事？同理，對努納武特（以及自殺成為「社會問題」的其他地方）的自殺防治機制來說，延續生命成了一種世俗的神聖，自殺防治成了一種崇高的照護形式。即使政府預期他們會失敗，因紐特人還是得表現出跟（關心想自殺的因紐特人的）生命體制配合的樣子。

在這一章我想繼續探討加拿大戰後政策下「死去的愛斯基摩人」如何重回日常生活，乃至於社群的存活和可能性有賴於跟有名字的特定他人之死亡建立長久的關係。「死去的愛斯基摩人」終究是生命政治的虛構，卻對因紐特人的生命產生實際的影響，例如考雅克，還有我的朋友莫妮卡和巴比（見第三章）也是，他們活在一個期待他們死去的制度下並因此受苦。追溯名字如何將因紐特社群的生者和死者綁在一起，使我們得以想像名字——它的意象性——的力量，以及匿名照護在因紐特社群形成的暴力。

我希望能勾勒出一種面對生命的方式，莫妮卡、巴比、席拉和潔西共享的那種方式，這樣的方式一方面挑戰了生命政治藉由日復一日將生命政治化來達成其主張的生死二元論，另一方面質疑了生命政治對活著或死去是誰的漠不關心，進而使我們得以形成生命、死亡和語言如何相互連結的穩固印象。

Atiq

席拉也跟我說了她的 atiq（名字的生命／靈魂）的故事。雖然學校的小孩多半都叫她席拉，伊魁特和潘納唐有很多人都叫她那蘇克。她的因紐特名字那蘇克的由來跟她弟弟死去的經過一樣，標誌了死亡和逝者如何對她產生意義：

> 我媽懷我的時候，名叫那蘇克的老傢伙死了。我媽做了一個夢，她在夢中看見他，他要她amaq他，就是像揹嬰兒一樣把他揹在背上。我媽回說「天啊，你太重了！」席拉的母親知道自己得把孩子取名叫那蘇克，唯有如此，他的atiq才會進入女兒的身體，她才能照他要求的amaq他。

因紐特人認為一個人同時也是另一個人，一個小女孩同時也是一個老人，與他人同名造成的親屬稱謂「歪斜」更強化了這個觀念。換句話說，任何跟原本的那蘇克有關的人，都會用他本來的稱謂來稱呼席拉。如同休．布羅迪所說，「沒有一個孩子只是一個孩子……如果我把我祖父的atiq給我剛出生的女兒，她就是我祖父。所以我會叫她ataatassiaq，爺爺。她則可以叫我孫子」（Brody 1987: 139）。

有天我聽到一個朋友哄小孩時說「Anaanakulu，anaanakulu」（我親愛的媽媽，我親愛的媽媽）。她跟我解釋她母親去渥太華的醫院做例行的手術時在那裡猝逝，過世時孤伶伶一個人，之後她就用母親的名字為兒子命名。她持續為母親哀悼，但也在兒子身上留意她——她的atiq——存在的跡象。她告訴我他兒子常比其他人還早醒來，陪伴她父親（孩子的祖父）準備出外打獵，就像跟他同名的祖母以前一樣。她還告訴我她父親第一次抱她兒子時淚流滿面，現在他都叫這個孩子nuliara（我的老婆）。[1]

一個人的因紐特名字的由來，往往會用謎語的方式來訴說，甚至是夢的謎語。故事訴說的方法十分奇妙，具有強大的不可判定性。換句話說，一個人永遠在詮釋自己的名字代表的意義，以及它如何與他人產生連結。因此，被叫那蘇克或以撒或annanakulu究竟意味著什麼永遠是個問號。看看他豎起手指的方式。看看他的眼神跟著他「丈夫」移動的方式。他跟以撒一模一樣。或是，他跟以撒完全不一樣。她的眉毛很粗，但跟她同名的人很細，而且一直都很討厭自己的眉毛。與其說一個人被名字固定，不如說被名字突襲。

我的朋友大衛第二十出頭時，他最好的朋友猶大在一場槍擊意外中喪命。現在已經四十歲的大衛第告訴我他做的夢。夢中他跟猶大去探望一個老婦人。老婦人是猶大的祖母，但並不是他還活著時的那個祖母。奇怪的是，猶大似乎沒注意到這個女人不是他奶奶。

做了這個夢的隔天，大衛第去了一個老婦人的家，她的孫子也在。大衛第和小男孩一拍即合，小男孩問大衛第能不能教他使用弓箭。後來有人跟大衛解釋，「小男孩名叫猶大。看看他的後腦杓。」大衛第查看了小男孩的後腦杓，發現有個地方天生禿了一塊，像一個疤，跟他朋友頭部中彈致死的位置一樣。

這個謎就算沒有破解，也已經揭開。就像大衛第前一天做的夢一樣，大衛第跟「猶大」去探望猶大的奶奶。但那不是猶大生前的那個奶奶，而是以他的名字命名的小男孩的奶奶。人類學家芭芭拉・波登宏恩稱這種關係密度為「名字屬於誰」(the who of the name)的關係網(Bodenhorn 2006: 140)。

「誰」或「什麼」?

再回到柯慈的小說《麥可・K的生命和時代》。裡頭的主人翁麥可・K是個單純又忠誠的男人。他被警察逮捕並送去勞改營,到了營中他開始不吃東西,營中的醫師感到挫敗,求他吃點東西。

柯慈筆下的醫生堅稱自己關心麥可・K,但不是因為他很特別,而是醫生就該照顧病人,無論對方是誰。彷彿要強調這個論點一般,醫生不斷把麥可叫成麥可斯。面對求他吃東西的醫生,麥可沒有正面回應,而是自問:「我對這個人來說代表什麼?我是死是活對這個人有什麼意義?」

麥可・K的問題把我們拉回一個重要的問題意識:我在本書追溯的匿名照護的社會性(誰死誰活到最後並不重要,重要的是每個人都盡可能遵守延續生命的命令),與因紐特社群的社會性(一個人的生命取決於獲得另一個剛死之人的名字)如何彼此相容?也就是說,以撒、那蘇克、猶大和我朋友生下的小孩(他的爺爺叫他nuliara,我的老婆)無論是好是壞都被包進一個往未來和過去延伸的社會生活中,將所有同名的人連進一個不斷擴大的關係脈絡中。[2]對他們來說,死亡不只是醫療官僚體系的失敗、協議失效或照護不當,它同時也展現了新生命的可能。死亡不是與人共同存在(a being-in-common)的中斷,反而是與之而來的一種帶著悲劇色彩的可能。而活著不再只是配合一個匿名照護的世界，更是被他者的死亡標記的存在。至少我們可以看出，麥可・K的問題「我對這個人來說代表什麼？」一語道破了匿名照護的核心：從某方面來說，匿名照護在乎一個人「是什麼」更勝於一個人「是誰」。[3]

語言生命

一代又一代的因紐特人都強調他們的名字跟「生命」的連結。[4] 一九三〇年代，名叫馬妮拉克的因紐特女性告訴探險家克努德・拉斯穆森：「我完全是名字撐起來的。因為名字我們才能呼吸，也因為名字我們才能用雙腳行走」(Rasmussen 1931)。七十年後，有個因紐特耆老對一班因紐特大學生說：「奧比拉尤克是我的名字，我努力用它來延續自己的生命……那是我的名字，是它讓我活著」(Saladin d'Anglure 2001: 19)。

對奧比拉尤克這些老一輩的因紐特人來說，生命和名字之間的關係很真實。這些長者還記得，出生在飢荒或困苦時期的嬰兒還沒取名就被丟在外面自生自滅的故事。[5] 瑪莎・圖努克在一九九〇年代講了下面的故事：

> 我媽生了很多小孩，所以別無選擇。我弟伊努薩克跟我確實有些弟弟妹妹就是這樣被丟著自生自滅。我爸沒有合適的打獵工具。爺爺跟我爸媽和一個叔叔住在一起。我記得那是小時候

> 發生的事，他們被丟在外面活活凍死，不是大人把他們弄死。大人會把嬰兒抱到外面放著，他們哭一會兒之後就沒聲音了。（Bennett and Rowley 2004: 375）

「那麼做是出於愛。」圖努克解釋。而且是為了存活，因為沒有足夠的食物餵飽所有人，而嬰兒「還太小，無法靠自己活下來」（Bennett and Rowley 2004: 375）。

殺嬰雖然少見，但因為題材聳動，民族誌就會鉅細靡遺地記錄下來。無玷聖母獻主會的神父羅加蒂安・帕比翁在伊克皮克（湯姆灣）掌管一間小教會，他也在獻主會的期刊《愛斯基摩人》上發表自己的紀錄，文章標題是〈名字在因紐特傳統的重要性〉。[6] 他在文中提到兩個「愛斯基摩異教徒」迎接新生兒的故事。他們從春季狩獵之旅回來後，神父問父親他太太生的是男孩還是女孩。帕比翁描寫了兩人的對話：

> 他臉色困窘，一開始轉移了話題，經我追問才說：「對，我太太生了小孩，但小孩死了。」
>
> 我問他是怎麼回事，他有點不耐煩地說：「我們要下海，要帶兩個小孩，還要照顧年老的父母，負擔有點太重。再說寶寶有兔脣，而且又是女生，我們就沒把她帶走……」
>
> 當我試著讓這位年輕的父親了解，要找到援助或許沒那麼困難，他用一個無可置疑的理由回答我：「再說，我們還沒給她取名字！」（Papion 1990）[7]

這是個瀰漫黑暗色彩的故事。故事中描繪的因紐特人既狠心又死守著他們對生命和名字的信念，但我懷疑事實是否如此。根據我的經驗，因紐特人面對生死和名字的問題都帶著敬畏。因為理解名字具有的力量，代代因紐特人（包括現代）做出了痛苦的決定，就跟我們一樣。這樣的故事或許也提醒我們，無論一個人是被國家（如我在前一章提過的身分牌號碼）、被傳教士（如米瑞安），還是被父母命名（如我的朋友伊圖），都使一種生命變得可能。是完全不被認出、沒有名字才使（任何一種）生命不再可能。所以即使是一個我們覺得不像「自己」的名字也給了我們活下去的可能，以及肉體死亡之後生命也能延續的可能。[8]

但這部分當然還有很多爭議。瑪格麗特・洛克在《二度死亡》（二〇〇二）中記錄了腦死（醫生根據當代生物醫學流程的評估）被視為正式死亡時間（至少在北美）的由來。洛克的研究清楚指出，死亡在很多北美人心中完全是一種生物學的概念，至少理論上如此。相反地，因紐特人的命名習慣卻把當代定義生死的生物學權威移開。這使我們得以思考名字的生命如何能超越肉體的生命。

我認為因紐特人對名字的概念「放大了」（Kohn 2013）一種更能捕捉這個世界的現象。我要說的是，名字能為我們揭露何謂像人一樣地活著。[9] 哲學家朱迪斯・巴特勒同樣也主張，有「某種存活在語言裡發生」（Butler 1997a: 4）。巴特勒強調名字的異化效果，她認為命名是「一個先於自身意志的行為，這個行為把我帶進語言的世界，使我開始能在這個世界裡行使能動性……別人是這麼叫喚我的，因為他們這麼叫喚我，我進入了語言的生命，透過他者賦予我的語言指稱我自己」

(1997a: 38)。雖然這種「語言的生命」不保證肉體能存活，就像巴特勒說的，語言並不藉由「真正的餵養」支撐身體，但沒有之前的語言生命，沒有先被命名，就不會有肉體的存活，不會有肉體能餵養。[10]

所以對因紐特人來說，要存活就要被命名，對巴特勒也一樣，只是她的表達方式比較籠統。巴特勒關於人如何「進入語言生命」的說法，在因紐特社群裡真實可見。嬰兒出生前或出生後立刻取名。有時夢是死者表達不想從此消失的管道，就像席拉的母親做的夢。有時小孩會直接用社群裡上一個過世的人的名字命名。無論如何，因紐特兒童的名字、他們的atiq，基本上都把他們跟一個神祕難測的他者連在一起，並用他者的語言——身體和口頭的——找到方法言說。

巴特勒的說法「因為他們這麼叫喚我，我進入了語言的生命」，同時也邀請我們想像沒有被命名的「我」會發生什麼事。要是我像瑪莎・圖努克的弟弟妹妹或帕比翁的朋友的小孩一樣沒被取名會怎麼樣？這種可能性在我們心中揮之不去。我們從最初就深深地受制於他者，這點因紐特人很清楚。

如同巴特勒的暗示，把名字和生命連在一起並非因紐特社群獨有（巴特勒也不是寫下它的第一人）。德國哲學家恩斯特・卡希勒也對名字在神話思維中的重要性印象深刻。他對神話思維（被理解成一種感受和想像）和邏輯（科學）思維之間的關係很感興趣。他說：「事實上，普遍來說，一個人的存在和生命跟他的名字密切相關，只要他的名字保存下來並繼續被言說，世人就仍能感覺到他的存在和他還活著。死者隨時都可能真的被『喚起』，就在比他活得更久的人說出他的名字那一刻」(Cassirer 1946: 52)。

我很好奇卡希勒所說的「真的被『喚起』」這句話可能的意義。「真的」就表示是實際層面而非象徵層面，但把「喚起」加上引號又跟它拉開了距離，彷彿指的是象徵層面，而**不是**實際層面。因此「喚起」(invocation)的字面意義（其宗教含意是召喚神靈）同時被給予又收回。寫神靈之事要被認真看待並不容易，但要確定自己寫了什麼也很困難。

卡希勒的譯者蘇珊・蘭格本身也是重要的哲學家，她把卡希勒對名字的想法進一步擴充：「藉由言說這個動作，它就能隨心所欲隨時隨地被喚起；光是**知道**一個字就給了那個人使用的權力，它就無形中被『擁有』並隨身帶著」(Langer 1949: 390)。我在第一章深入探討了加拿大政府如何「掌握一個死去的愛斯基摩人」。對蘭格而言，藉由隨身攜帶一個名字及隨心所欲喚起這個名字，他者才被「擁有」(再度加上引號)。要是除了被官僚體制「掌握」之外，吾等世俗世界的北美人也像神職人員召喚神靈一樣「喚起」我們心愛的人，召喚他們前來，賦予他們生命呢？

柯慈的另一本小說《緩慢的人》(二〇〇五)說的是保羅・雷蒙特的故事。他孤單一人，日漸老去，在一次腳踏車意外中失去一隻腿。手術結束醒來時，院方要他填寫有關他的保險和家屬資料的表格。柯慈的描寫如下：

> 保險沒問題。他保得很徹底，皮夾有張卡可以證明，他極其謹慎（**但他的皮夾在哪？衣服在哪？**）。家人的問題就沒那麼簡單直接了。誰是他的家人？正確答案是什麼？他有個姊姊，

> 十二年前就過世了，但她還活在他心裡未曾離去。他還有個母親，她有時在他心裡，有時在巴拉雷特的墓地等著天使吹響號角。還有個父親，在更遠的地方等待——遠在波城的墓園，他很少去探望他。他們三個是他的家人嗎？**那些孕育你的人不會逝去**，他想對寫下問題的人說。**你把他們放在心上，就像你希望你之後的人把你放在心上一樣**。但表格上沒空位寫這麼長的答案。（Coetzee 2005: 8）

保羅・雷蒙特把祖先放在心上，就像卡希勒理解遠古人類「擁有」心愛之人的名字一樣。官僚形式通常恪守非A即B的邏輯（一個人不是活著就是死了，不是家屬就是非家屬），沒有描述死者持續活著的空間。探討這類主題必須使用引號，但柯慈挑戰了這樣的思考方式。你把那些孕育你的人放在心上，「就像你希望你之後的人把你放在心上一樣。」保羅・雷蒙特的姊姊「還活在他的心裡未曾離去」。事實上，對我來說，死後被我們的家人放在心上就是卡希勒那句「真的被『喚起』」想表達的意思。它既是字面上也不是字面上的意思。他們真的在那裡，活在他心裡未曾離去，但也真的已經死去。

在這裡我要轉向另一個場景來說明「喚起」（濃縮在一個名字裡）和「生命」之間的關係。維娜・達斯用全然不同的用語轉述了薩達特・哈桑・曼托寫的一個短篇故事，同樣呈現了語言和生命之間的關係。在印巴分治籠罩的暴力下，有個年輕女性被強暴甚至差點送命。圍繞著印巴分治發展的故事中，常聽到有過類似經歷的女人回到家鄉被人問：「你為什麼在這裡……死了不更好」

（Das 1997: 77）。但曼托的短篇故事中的父親沒有為了維護家門而將她拒之門外，他看見了狼狽、受了重傷、意識不清的女兒並出聲喊她。達斯如此評論：

> 至少在父親的話語中，女兒還活著，雖然她可能只能在他的言說中找到存在，他卻為她被玷汙了的殘破自我打造了一個家……在曼托的小說裡，「我女兒還活著」這句話就像維根斯坦的「我好痛苦」。雖然它的外在是直述句，卻是在懇求女兒找到方法活在父親的話語之中。（Das 1997: 77-78）

在曼托的故事裡，充當名字的是「我女兒」這個親屬稱謂。在危急的時刻、在死亡的時刻，「我女兒還活著」這句話就是一個祈求：無論是死是活，願女兒在他的話語中都有容身之處。他呼喚她前來，他把她放在心上。他**擁**有她。

他鄉的民族誌

前面說過，我在這本書使用的不是邏輯學家的方法，而是收藏家。我收藏了一系列有家族相似性的意象，這些命名的意象道出另一種思考生命的方式。這些思索都具有流動性，我對於「語言的生命」這樣的可能產生興趣也就不令人意外了。除此之外，我也認為我們常低估了肉體生命和語言中的某種生命彼此相連的重要性。這個想法源自一個跟加拿大北極區截然不同的情境。一九九〇年代晚期，我到瓜地馬拉做田野，挖出亂葬崗的無名屍。目前為止我主要在描述語言生命的一個面向：一個人若沒有被召喚進語言生命，就永遠只是一團血肉和肌腱。但要讓這個概念的另一層面浮現，我們必須問：語言的生命是否要仰賴肉體才能存在？若是沒有肉體，或者肉體不在、死去或消失，會發生什麼事？

我在瓜地馬拉做田野時開始問這個問題。我在那裡跟大主教人權辦公室一同致力於挖出亂葬崗的無名屍。任何熟悉拉丁美洲近代史的人確實都會知道，名字在重建歷史的過程中所具有的特別的政治顯著性。阿根廷的五月廣場母親和瓜地馬拉的被失蹤者家屬自救會都以要求得知自己孩子的命運聞名——要求當局交出跟他們手中海報上的姓名吻合的屍體或文件。他們在自己城鎮遊行，穿過中央廣場，高舉著手中的海報，要求自己小孩的生命被確認，主張這些很久以前被國家「消失」的生命仍然活著。這些母親聲稱雖然他們的孩子或許死了，雖然他們的遺體很久以前就被消失，他們仍然活著。這些孩子可能既死去又還活著的可能，呈現了他們面對的駭異處境。

Desaparecido 意指失蹤人口，這個字源自阿根廷，後來在拉丁美洲流傳開，這個字捕捉到了瀰漫當時世界的恐怖。Desaparecido 是個矛盾的字，我們可以說它道出了「拒絕給一個名字」這件事。如同在阿根廷被消失但逃過一劫的人所說，「他們告訴我的第一件事就是忘記我是誰，從那一刻起我只是一個號碼，外在世界就此停格」(Feitlowitz 1998: 51)。瑪格麗特・費特洛維茲在她那本談阿根廷的恐怖語言的書中指出，「個體被迫消失的概念源於納粹，」而「在阿根廷的標準順序是失蹤、折磨、死亡」（Feitlowitz 1998: 51）。通常死者的身體會永遠消失，官員會否認自己認識死者，使人覺得此人已經從地表上「消失」。

因此便用 desaparecido 這個字來指稱某些令人不安且在當局眼中並不存在的對象。有時候「被消失」的不只是個人，甚至是整個社群，例如瓜地馬拉的四百四十個村落。但無論採用什麼形式，消失都是國家用來對付人民所採取的行動，同時也是為了把人跟他所屬的名字切開，重新指稱，把人歸入不存在所做的嘗試。面對政治上的消失，被消失的人確實會因為有人說出他們的名字而持續「活著」。

回到巴特勒那部批判性的論著。她說「假如我們接受一個主體的語言建構可以在該主體不知情的情況下發生，例如第三人稱敘述指稱的對象即是在一個人的聽力範圍之外建構出該主體，那麼就算沒有人『回頭』、沒有任何人說『我在這裡』，召喚（interpellation）也一樣能發生」（Butler 1997a: 33）。在這裡，巴特勒感興趣的其實是描寫命名和召喚隱含的暴力。但在阿根廷或瓜地馬拉的公共場合反覆呼喊自己小孩名字的母親是「真的在喚起」——借用卡希勒的說法——他們的小孩。用剛過世死者的名字為自己小孩命名的因紐特家庭也一樣。這些無非都是愛的舉動。

成為安妮

安・米提猶克・韓森曾任努納武特行政長官（二〇〇五～二〇一〇），她寫下了傳教士對因紐特人命名習慣的影響：

> 傳統是由耆老用親戚或他們最喜歡的人為寶寶命名，很多名字都沿用已久，比方Aniqmiuq、Annogakuluuk、Annogaq、Arnaquq、Kimalu、Aitii、Maatu、Quvianatukuluk、Makivik、Yutai、Aiuula、Suu、Yugayugausiq、Arnaguatsaaq、Angusimaajuq、Qiilabaq、Nuijaut、Ikilluaq等等多不勝數。傳教士來了之後，有些人無法正確發出這些古老名字的音，就用聖經上的名字幫我們族人取名——Joanasie（John）、Jamiesie（James）、Olutie（Ruth）、Miali（Mary）、Salamonie（Solomon）、Noah、Jonah、Ipeelie（Abel）、Ilisapi（Elizabeth）等等。我們自己都繼續用古老的名字。所以受洗之後我變成安妮，但對我爸媽和其他長輩來說，我是Lutaaq、Pilitaq、Palluq或Inusiq。（Hanson 1999）

成為「安妮」卻又同時是Lutaaq、Pilitaq、Palluq或Inusiq，暗示了命名與社群互相連結的方式：名字開啟了社會存在，打造出我們，一個孩子就在「我們」之中出生和重生。不會唸因紐特名字的傳教士被因紐特名字的緊密世界排除在外，生命在「我們之間」以不同的方式延續下去。

傳教士抵達「異教」的因紐特領土之後，第一件任務就是去收集當地居民的姓名，但「多半不是為了民族誌的目的，而是找出名單上可能皈依的人」。這是他們「爭取潛在教徒」的標準方式（Willaimson 1988: 253）。這同時也是另一種「擁有」或占有因紐特人的方式。幫他們取基督教教名進一步強化了傳教士握有教徒的事實，教名象徵了一個「得救」的生命。

因紐特人有時會把這些教名加進自己的名字中，像因紐特名字一樣傳承下去（Guemple 1965; Alia 2007）。但當我問我的語言家教歐露提她的因紐特名字的由來時，她說：

> 我媽以前很……你們是怎麼說的……「敏感」？那時候有個聖公會傳教士開始宣傳因紐特傳統是錯的。他說用剛死去的人的名字給小孩命名是錯的。即使傳教士之前也用聖經裡的古老故事裡幫人取名字。那跟我們的方式有什麼不同！但他沒發現。但根據我媽的說法，傳教士說用死去的親戚幫小孩命名是不對的。因為那是錯的。家裡只有我沒有因紐特名字。或許那一年他正好去傳教，我媽聽了怕怕的，所以就沒有用她死去的阿姨之類的人幫我命名。

歐露提說傳教士的命名方式「跟我們的方式有什麼不同」，但「他沒發現」。對她來說，到頭來是傳教士沒看出自己的基督教信仰中的異教元素。她同時也質疑雙方的命名習慣真的有這麼不同嗎？

二次大戰之後，因紐特小孩被改名的狀況更是猖獗。因為政府政策改變，愈來愈多因紐特兒童到因紐維克、切斯特菲爾水灣和邱吉爾這些地方的聖公會、天主教和國家贊助的學校就讀。[11] 還記得第二章米瑞安的故事嗎？到寄宿學校之後她就被禁止說因紐特語。她告訴我，「那時候我才知道我的名字是米瑞安。」之後她的記憶變得斷斷續續，彷彿在夢中。她的長髮被剪短，去散步時她躺在雪地上不想起來。

安・米提猶克・韓森和米瑞安・瑙德拉克都形容得到卡魯納名字的那一刻是一種斷裂。受洗時成為安妮和在寄宿學校得知自己叫米瑞安，代表了這兩個女人生命中的關鍵時刻——用一種「幾乎對時間的連續性帶有敵意」的方式改變既有生活世界的關鍵時刻（Das 1996: 5-6）。名字既是她們進入另一個世界的通行證，也表示她們再也無法完整地回到原來的世界。對米瑞安來說，得到新名字標示著記憶的斷裂。她再也記不得自己剪了長髮或躺在雪地上不想起來之後發生了什麼事。同樣地，這些都是生命政治的精神生命留下的痕跡。

同化

加拿大並沒有拉丁美洲那種國家主導的「被消失」行動。然而，如同彼得・庫奇斯基等人所說，加拿大為了同化原住民所做的嘗試也絕非毫無造成傷害。一八七六年通過的《印第安法案》「賦予國家定義誰是原住民的權力」（Kulchyski 1993: 24）。[12] 受國家保護的印第安人可以「透過《印第安法案》中名為『取得公民權』——正式承認被同化的個別印第安人——的程序成為公民。每年印第安事務分局都會公布有多少印第安人取得公民權，並把該數字視為國家成功解決『原住民問題』的指標」（1993: 25）。[13]

同化（或稱「取得公民權」）是另一種消失，不同於瓜地馬拉或阿根廷那種大批人被殺害的消失。但加拿大原住民的同化仍然是一種消失，而上文探討過的為因紐特人改名在其中扮演了重要且極具象徵性的角色。

戴蒙德・詹尼斯是個著述等身的公共人類學家，也是加拿大同化政策的擁護者。一九四七年，他在一個為了檢視進而修改《印第安法案》而成立的國會聯合委員會前發言。他的用語令人納悶：「大約四年前，我制訂了一個在一定時間內消滅印第安保留區制度的簡明計畫，我姑且武斷地訂為二十五年」（Government of Canada 1947: 310）。[14] 這個計畫基本上就是加拿大原住民取得公民權和種族同化的藍圖。[15] 聯合委員會對詹尼斯的演說和計畫反應熱烈。

然而，如同彼得・庫奇斯基所說，詹尼斯解說其計畫時的用語絕非客觀中立（Kulchyski 1993: 29）。人們不得不納悶他為什麼會在納粹集中營的詳細情況逐漸廣為人知之際，說要「消滅」印第安保留區制度。但就算懷疑那只是詹尼斯很不幸的（但終究無傷大雅的）用詞不當，他之後說的話也會推翻這個可能。「這不只是一個暫時或緩和性的措施，」詹尼斯接著說，「而是要直搗印第安問題的根源，為**徹底和最終的解決方案**設下一個明確的期限」（Government of Canada 1947: 310；強調為筆者所加）。

詹尼斯身為人類學家，一九二六年繼愛德華・沙皮爾當上位於渥太華的加拿大國家博物館人類學分館館長時已經出版多部關於因紐特人的著作（Collins et al. 1970: 77）。身為博物館的人類學家，他對加拿大的原住民進行過大量的研究，包括他對委員會所說的「他們的歷史、風俗、宗教等等」（Government of Canada 1947: 306）。二次世界大戰爆發不久，詹尼斯便加入了國防部。

值得一提的是，詹尼斯對他研究的加拿大原住民的生活條件感到震撼，而一般人都認為他是原住民生活方式的專家，也不厭其煩地為原住民發聲。在聯合委員會前發表時，他根據自己在紐西蘭跟毛利人一起長大的經驗（他認為紐西蘭「沒有絲毫歧視」〔Government of Canada 1947: 314〕），鼓吹政府要徹底改變對原住民的態度和政策（306）。

他口口聲聲說他是因紐特人的朋友，若我們信以為真（可見Collins and Taylor 1970），或許把他的用語看成佛洛伊德式的「口誤」也不為過。在這一刻他的用字雖然怪異且不妥（他其實是要主張關閉加拿大的保留區制度，而非成立新營區），卻意義深遠。我所謂的生命政治的精神生命，這就是一個活生生的例子。

不同於納粹滅絕所謂的次等人類的計畫，詹尼斯的最終解決方案目的是種族「合併」。詹尼斯認為，加拿大原住民已經變得「墮落」，他們因為被關在保留區而產生「扭曲的心態」（Government of Canada 1974: 307）。他把加拿大原住民跟那些受困在東歐難民營的「集中營受害者、奴工和其他人」相比較，主張「被隔離在這些特殊營區裡……這些流離失所的人產生了扭曲的心態。他們失去了進取心和冒險精神，開始抱怨自己沒有獲得應有的權利，拚命要求卻不付出，拒絕對自己的未來福祉擔起責任，最後變成最難管理的一群人」（307）。

詹尼斯對於管理加拿大原住民（同樣變成「最難管理」[16]的一群人）的計畫目標是：「漸進但快速地廢除印第安人（和愛斯基摩人）獨立的政治和社會地位，賦予他們公民權，使他們在平等的基礎上與社會大眾融合（Government of Canada 1947: 310）。他對推動種族同化的建議很多都跟教育有關。他建議「為離家很遠去讀技術學校和大學的印第安兒童」提供獎學金(310),以及「為學童提供一般學校科目的加強班」,並為大人提供「汽車修理」和「礦物探勘」等特殊課程(311)。但詹尼斯最後再度重申,這個計畫最大的「好處」是:「直搗印第安問題的根源,為解決方案訂出明確的期限,而且是一個**最終且明確的解決方案**」(311;強調為筆者所加)。不是滅絕,而是教育。

雖然詹尼斯計畫的種族面向一開始並不完全清楚可辨(剛開始他談的是社會和政治地位,而非種族),緊接著演說之後的問答時間卻昭然若揭。[17] 第一個發問的委員問:「針對你對委員會提出的建議,我心裡浮現一、兩個其他的想法。我想請問:從血統來看,愛斯基摩人跟印第安人系出同源嗎?」(Government of Canada 1947: 312)

從第一個問題來判斷,血統問題在詹尼斯演說時就已經盤據在「在他心裡」。根據當時的《印第安法案》(委員會的任務即修改該法案),唯有純種印第安人才有印第安地位,「混種」印第安人不能得到印第安地位。嫁給白人的印第安女性就「不再是印第安人」。[18]

詹尼斯針對愛斯基摩人種族起源的回答很模糊不清:「愛斯基摩人其實跟印第安人同樣血源。」還補充說明他們都是來自「東方」的「混種民族」(Government of Canada 1947: 312)。接著大家展開冗長的討論,探討假如詹尼斯提出的計畫付諸實行,還有沒有可能區別印第安人跟白人。「到什麼程度你還會稱一個人在血統上是印第安人?」(312)一名委員問。詹尼斯用位於卡納瓦加的六部落保留區當作反例來回答。他認為那裡的居民顯然根本不該被視為印第安人:「所謂的卡納瓦加印第安人,不會比這裡和蒙特婁之間聖羅倫斯河沿岸村落裡的人更有印第安血統」(312)。[19]

所謂的印第安人、混種、最終解決方案，層層的論述和重組令人震驚，但討論尚未結束。為了聽詹尼斯拿印第安人跟毛利人比較，以及它跟種族同化問題的關聯，另一個委員問：「毛利人透過混血等等方法跟一般白人大眾融合的程度有多高？」(Government of Canada 1947: 314)「滿高的。」詹尼斯回答。委員緊追不捨：「所以毛利人快速跟**一般大眾的生命之流**融合，不用多久世界上就再也沒有毛利人了？」(強調為筆者所加)

詹尼斯的回答是：「完全正確。」

簡而言之，詹尼斯為加拿大的印第安人和愛斯基摩人提出的最終解決方案、他用來「消滅」印第安問題的方法，就是制訂一個在「不太久遠的明確」未來世界上就「再也沒有」印第安人或愛斯基摩人的計畫，如同不用多久世界上「就再也沒有毛利人」。

在對聯合委員會的說明中，詹尼斯透過納粹用語甚至他的明確情緒（他的「口誤」）透露的是種族同化和種族滅絕之間不可說的關係。[20]只不過在一九四七年這一次，一個民族的消失是從友誼的觀點被提出來的。這點非常重要。聯合委員會想為國內的原住民做正確的事。[21]詹尼斯也特別強調這點：「加拿大對國內印第安人所做的事立意良善。當初成立保留區也是真心誠意要訓練他們成為加拿大公民」(Government of Canada 1947: 307)。也就是說，加拿大成立保留區作為一種再教育中心是出於善意。同樣的話當然也可以用來說詹尼斯——他提出的建言絕對是出於善意。詹尼斯對於在前線保衛加拿大的原住民老兵返鄉之後得不到尊重感到驚愕，對於原住民女性除了賣淫之外沒有其他工作機會感到痛苦（308），對於過去高高在上的酋長被迫像條狗走在白人後面感到憤怒（307）。身為一個進步的社會改革者，詹尼斯廣受大眾愛戴（Collins et al. 1970; Helmer 1983）。

我主張把「消滅印第安保留區制度」和找到印第安問題的「一個徹底和最終的解決方案」這些話視為口誤，並不是要減輕它們的重要性。剛好相反。佛洛伊德說，「即使是看似單純的口誤，都可以追溯至原本要表達的話語**以外**被壓抑的想法所產生的干擾」（Freud 1960: 83）。詹尼斯在聯合委員會面前原本想表達的是促進加拿大原住民種族同化、理應代表進步的理想。但他的「口誤」卻揭露種族同化（一個明顯代表「進步」的生命政治理想）與種族滅絕（納粹的理想）的關聯。而我想說的是，詹尼斯的「口誤」並非因為個人的精神錯亂，而是出於生命政治的內在邏輯，而該邏輯就是從低等族群這個被壓抑的想法發展而來的。[22] 但這同時是個不能說出口的邏輯，只能藉由口誤、反事實的思索或挑人毛病的問題這類迂迴的方式滲入語言或想法。

我們再一次不得不像麥可．K和傑姆西一樣問：「他們為什麼不乾脆斃了囚犯？」詹尼斯相當清楚表明他的目標是重新教育原住民，使他們融入加拿大人的生命之流（就像麥可．K在不知名鄉下的再教育營中受苦，直到能被生命政治提出的生命之流接納為止）。我們同樣可以問，既是因紐特人的朋友（詹尼斯和皇家騎警都如此自稱），同時又期待有一天世界上「再也沒有」愛斯基摩人，意味著什麼？當一個民族唯有喪失其獨特的「種族血統」才能融入某聯合委員會委員所說的「一般大眾的生命之流」時，意味著什麼？假如一個生命政治國家除了努力不懈讓人民活下來之外，同時也是個殺人機器的話，那麼我們必須認清殺人有不同的方式，而納粹集中營只是其中一種。誠如傅柯所說，生命政治國家的二元邏輯表示你要不就是生命之流的一分子，要不就不是（Foucault 2003）。朋友會把你拉進來，敵人會把你往外推。大致上是如此，因為到底誰才是朋友，突然間不再那麼清楚明瞭。

聯合委員會演說過後二十年，詹尼斯發表了一份加拿大境內因紐特人的管理報告。他仍舊相信同化是管理原住民的最佳政策，並認為北極區從各方面來看都是一片荒原，因此他建議把加拿大北極區的因紐特人遷移到加拿大南部郊區，這樣對所有人最有利。[23]他納悶為什麼，

> 我們要把我國的愛斯基摩人關在北極區？既然如今大自然無法讓他們在古老的家園謀生，為什麼他們不移居到其他地方……他們是加拿大的公民，而加拿大幅員廣闊。關在自己的領土他們可能會與世隔絕，就像在他們之前消失的其他種族一樣。但無論如何到加拿大南部追求更好的生活就算失敗，都比靠政府救濟日漸墮落要好。[24]（Jenness 1964: 174-75）

詹尼斯寫下這些文字的同一年，愛斯基摩住宅計畫小組委員會表示「畢竟，無論如何，手上掌握的是一個有點不滿但還活著的愛斯基摩人，總比掌握一個死去的愛斯基摩人好」（見第一章）。但根據詹尼斯的沙盤推演，原住民問題沒有出路。小組委員會主張要改善北部因紐特人的住宅問題。對詹尼斯來說，要照顧因紐特人勢必要把因紐特人遷離家園，鼓勵他們融入郊區生活，使因紐特人脫離原本的生活方式。當時，同化被視為解決「印第安問題」的進步方法，也是確定因紐特人得到完整公民權的方法（Cairns 2000: 56）。詹尼斯關心因紐特人，不希望他們依賴國家

救濟而變得自暴自棄，他希望他們跟祖先一樣機智靈活。然而，這種關心方式忽略了他們是誰或想成為誰。「名字屬於誰」在過程中「被消失」。麥可．K的問題「他們為什麼不乾脆斃了囚犯？」在醫生聽來雖然荒謬，在這裡卻精準得令人痛苦。他們為什麼不乾脆斃了囚犯？承認這個問題如今多麼切中事實，同時也是在認清生命政治的精神生命。

約翰．阿馬戈利克是努納武特爭取土地權的重要推手。他談到兒時聽聞自己的家鄉被形容是一片「無人居住的荒原」時的感受。即使年紀還小，他就為此感到困擾：「那些人不把我們看在眼裡甚至不把我們當作人令我生氣。」他還說，「同樣令我困擾的是，聽一堆非因紐特人在討論北極區和因紐特人的未來。他們常一致認為因紐特這個族群無法存活……比這更令我困擾的是，他們討論因紐特文化終將消亡時的輕鬆語氣」（Amagoalik 2000: 138）。

阿馬戈利克形容的是一種消失的方式——被殖民者消失在殖民地的自然背景中。弗朗茲．法農提醒我們，這種抹除正是殖民主義的特點。

> 無論如何都要記住，被殖民者不只是一個被統治的族群。在德國占領下，法國人仍然是人；在法國占領下，德國人仍然是人。在阿爾及利亞，除了統治，還要有堅定的決心，絕不占領土地以外的事物。這片土地上的阿爾及利亞人、蒙面的女人、棕櫚樹和駱駝，種種都是襯托法國人的**自然**背景。（Fanon 1966: 204；強調為原文）

因紐特人像阿爾及利亞人一樣，消失在阿馬戈利克所謂的「無人居住的荒原」。令阿馬戈利克感到痛苦的是旁人談起他的族人被抹除時的漠不關心。

死活相依的生命

無論在瓜地馬拉、阿根廷或努納武特，面對這樣的消失，名字都成了強大的抵抗場域。藉由在瓜地馬拉市的街頭喊出消失者的名字，或繼續使用因紐特祖先的名字，受害的社群得以主張名字和名字承載的生命仍繼續存在。

透過這一連串的畫面，我們才可能看出名字的生命（死者在其中並未被遺忘，而是透過他者的言說繼續活著）在瓜地馬拉高度緊繃的政治脈絡下、在因紐特人取名字的習慣中、在印巴分治的暴力情境下，同時也在柯慈筆下的保羅．雷蒙特這類人的生命中浮現。卡希勒（和後來的巴特勒）這些哲學家為了引號該放在哪裡而掙扎，為了究竟該如實呈現語言和生命之間的關係到什麼程度而掙扎。

思考這些各自迥異的例子時，我發現把名字的生命（或巴特勒所說的「語言生命」）想作跟佛洛伊德所謂的長期哀悼或憂鬱有密切關係是有幫助的。簡而言之，呼喚名字用佛洛伊德的話來說是一種力比多依附（libidinal attachment）。這樣的力比多依附使他者繼續活著。對佛洛伊德來說，哀悼的工作就是逐漸把力比多從已經消失的所愛對象中收回。「我不認為用以下方式表達會言過其實，」佛洛伊德寫道，「現實檢驗顯示所愛對象不再存在，並要求力比多整體上與該對象切斷聯繫」（Freud 2005: 204）。他接著為讀者提出如何跟所愛對象切斷所有聯繫的方法：「力比多與該對象相關的每個個別記憶和期望都受到調整和高度投注，最後與力比多分離……事實上，一旦哀悼工作完成，自我就會自由自在，不受約束」（2005: 205）。[25]

佛洛伊德在這裡展現他最強硬的一面，鼓勵人不再依附失去的欲望對象，最重要的是不要跟現實脫節：哀悼者一旦能承認事實的真相，就能變得自由自在，不受約束。事情的真相必須凌駕一切。

當然，考雅克的孫子薩奇亞西即使知道母親已經死去，仍然期待能聽到她的消息，能找到她死去的畫面好抓住不放。他探聽她的消息，希望找到能跟她連結的意象。

後來佛洛伊德改變了他對於哀悼工作是否可能完成的看法（Butler 2004: 20-21; Clewell 2004）。因此，雖然他在《哀悼和憂鬱》（寫於一九一五年，兩年後出版）中認為力比多無法從所愛對象中完全撤回是一種病態並會導致憂鬱，他在《自我和本我》（一九六二，一九二三年初版）卻改口說，合併（incorporation）——拒絕放開消失對象的意象——或許對哀悼工作和自我的建構不可或缺。然而，對兩個版本的理論同樣關鍵的是，即使「現實檢驗」證明所愛對象不再存在，情感連結也依然存在。佛洛伊德承認哀悼工作要「花費大量時間和投入大量精力」，並指出哀悼工作進行的切割時期，「失去的對象仍留在心靈中」（Freud 1957: 205）。佛洛伊德一度稱失去的對象存留在心靈中是「幻覺」（204），強調該對象在心靈中是以意象的狀態存在。[26] 就像嬰兒藉由在心中形成母親的形象來面對母親的不在場，[27]哀悼者也緊抓著死者的意象不放。簡單地說，這些情感連結的對象（哀悼時要切斷連結的對象）即他者的意象。這個意象本身自有一定的真實性，不需依賴愛戀對象實際在場（存在）。

現在我們已經能夠理解，意象本質上雖然與所愛對象相關，卻還存留在哀悼者「心裡」。[28]哀悼者「擁有」意象。佛洛伊德第一個版本的哀悼認為應該丟棄這類他者的意象、切斷所有聯繫，哀悼才能成功。第二個版本則認為兩者應該合併。但兩者都承認，意象獨立於意象依附的肉體而存留下來。兩個版本的不同只在於跟意象的關係。

名字作為一種意象

把名字的生命想作一種憂鬱或長期的哀悼時，我認為名字在這裡的作用就像所愛對象的意象，也就是柯慈說的隨時把心愛的人帶在身邊。名字（或字）比例如抽象概念更能當作一種意象，這是蘇珊．蘭格在詮釋卡希勒的哲學時試圖說明的概念。她明確地把佛洛伊德跟卡希勒的作品連在一起，提出意象式夢境和神話式思考之間的明顯相似處。她提出在夢和神話裡，意象都「充滿意義，但卻是隱含的意義，因此它們引發的情緒似乎集中在意象上，而非意象要表達的意義上」（Langer 1949: 395-96）。蘭格接著說，「意象可能是畫面、手勢、聲音（音樂意象），或文字這類輕易可得的外在客體，很多意義可能濃縮在裡面，很多想法彼此重疊混合，互相矛盾的情感同時被表達出來」(396)。

蘭格的看法跟班雅明一致，她也認為畫面、手勢、聲音和文字都是意象，而且包含可能互相矛盾的意義和情感。這有用地為我們指出把名字當作意象一樣思考的方法。[29] 就因紐特人的 atiq（名字的生命）來說，不可能清楚區別死於雪上摩托車意外的以撒和出生時頭上有跟前者一樣傷痕的以撒。名字不像某些哲學家所說的是嚴格的指稱詞，挑選出單一個體，而是一個複雜甚至矛盾的意象，呈現出兩個以撒的生命如何難以分割地連結。

把名字的生命想作一種憂鬱的生命時，佛洛伊德早期談哀悼的文章在我看來就是建議讀者切斷所有跟名字（意象）的連結，從此變得「自由自在，不受約束」，這才是理性且實際的前進方式。因此憂鬱或長期哀悼，例如在瓜地馬拉市街頭吶喊家人的名字或在努納武特的因紐特人家中發生的命名，就是拒絕停止召喚、呼喊、想像、命名所愛對象，無論原來的人是否在眼前。它質疑現實檢驗能夠證明的事實是否就是人類生命的全部。（第二個以撒既是也不是第一個以撒。主張第二個或第一個以撒為真，終究都難以做出判定。）名字的生命提供一種想像生命的方式，或許我們可以稱之為死活相依的方式，這種方式拒絕忽略死者（或我們對死者的欲望），並認真看待我們把死者放在心上的方式，同時也質疑我們可能確切知道的事。

如同卡希勒所理解的，這種面對生命的方式既不符合基督教精神，也不符合邏輯。而且就像柯慈小說中的保羅・雷蒙特發現的，它跟官僚體制界定親屬關係的方式也格格不入。名字的生命既不符合基督教理解的不可分割的自我（Mauss 1985 [1938]），也不符合生命政治及其伴隨而來的規訓所在意的生命活力。但名字的生命把生者和死者拉在一起，或許指向一種更貼近我們面對生命的真實方式，甚至可能是一種更誠實的政治活動的基礎。如同經歷過一次大戰的佛洛伊德所說的，或許拒絕承認死亡，尤其是拒絕承認我們如何依賴死亡和死者，使我們得以用「心理上透支」的方式活著（Freud 2005: 193）。

死亡般的存活

那麼，心有餘力的活著又是什麼意思？或許從因紐特語的「存活」一字的微妙意義來思考會帶來啟發。Annaktujuniq 的字面意義是指一個人逃離病痛、飢餓或危險。但此字的字根 annaktuq 也用來形容逃過一劫的動物或獵物。從字源上來說，存活跟逃離死亡相關。

跟另一個死亡的親近關係，或陰錯陽差逃過的死亡，對因紐特人的生活世界非常重要——想像成自身死亡的另一個死亡，卻也是自己暫時逃過的死亡。在這樣的世界裡，沒有「死去或活著」的愛斯基摩人能被殖民代理人「掌握」（見第一章）。相反地，存活取決於個體與另一個死亡之間親密且往往痛苦的關係。

就像巴比跟我說的，「這就是我們沿用他人名字的原因。我的名字就是我祖父薩拉莫尼的名字。他死了，所以我出生了——輪到我了。」死者需要死去，才能輪到巴比活。愛、欲望和死者都彼此相連，這樣的關係絕非單純無害。柯慈筆下的醫生最關心的是麥可．K能不能活下來，但那是為了存活而存活，不會承認讓人活下來本身可能是一種謀殺的這種可能性。他們當然不會斃了囚犯，因為存活本身已經變成一個目標，而且是囚犯應該配合的目標。對營中醫生來說，存活是件匿名且潔淨的事。囚犯是誰並不重要，只要他是應該活下來的成員之一即可。

對席拉、以撒和丹尼爾，以及馬妮拉克和奧比拉尤克這些耆老來說，生命跟名字緊緊相繫。要活著就要被命名，就要繼承一個名字。一個孩子繼承死者的名字之後，親友就會用死者之前的親屬稱謂（和親疏程度）稱呼這個孩子。還有，沒有名字的小孩就沒有存活的機會。名字用意象式的方式把生者和死者連在一起；同名的兩個人之間的關係複雜而矛盾（一個人同時是自己也是另一個人），而名字如何活在一個人身上從來不是一件確定的事，是有待發掘的事。[30]

對很多因紐特人來說，抽象的「生命」價值不高，但跟他人——無論死者或生者——的特定關係卻意義深遠。生命政治的照護模式（即鎖定一族群存活人數的照護），例如目的在延續因紐特人生命的匿名專線，忽略了這些個人連結的力量，如此一來也就無法看出至少對因紐特人來說，死亡尚未變成匿名的或生物學的事實。為了理解他們日常跟生死的奮戰，我們必須重新把政治的事想像成超越生命政治和專業照護倫理以外的事。這麼做需要對社群懷抱希望，如此一來「我是死是活對這個人有什麼意義？」才不會等同於「他們為什麼不斃了囚犯？」這樣的希望，才得以把生與死一同編進拒絕被「生命」霸權或抽象概念約束的政治裡。

因紐特人的命名習慣促使我們試著去想像另一種存活方式，這種存活方式在意的比較不是個體的生死、飢餓、貧困、孤立（想想麥可・K和「死去」的愛斯基摩人和瑪莎・圖努克的弟弟妹妹），而是存在於名字循環網絡中的人。假如**我**之所以存活是因為被另一個人喚進社群中，那麼我就必須跟另一個人同在才能存在。再說，假如我的名字會比我的肉體存活更久，並會轉而依靠另一個肉體，那麼（屬於我的）肉體對我的生命有多重要？（甚至要如何可能談論**我的**生命？）在這樣的脈絡下，我們可以開始想像脫離個別肉體存在的生命，就像未來的子女在夢中被命名，在死後被記住。

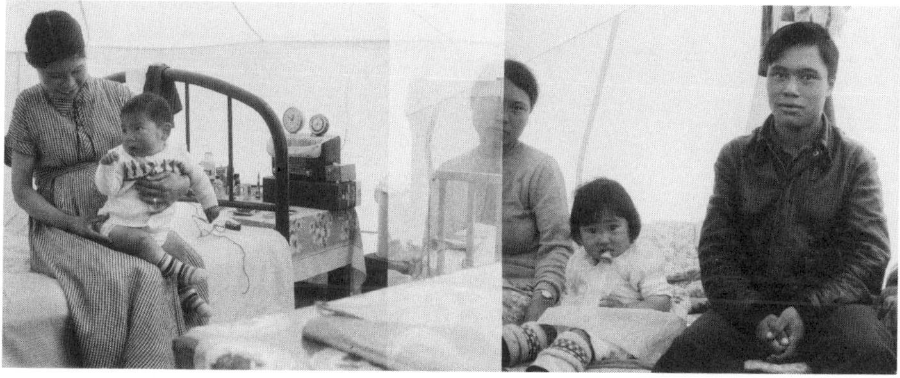

5

為什麼放兩個鐘？

Why Two Clocks?

我打電話給巴比，但接電話的卻是席拉。她的聲音低沉無力。

「怎麼了？」我問，刻意打起精神。

「我好無聊。[1] 一直想走去沖個澡。」悶悶不樂的語氣就像一堵水泥牆，灰暗，難以穿透。**無事可做**。**無法起床**。**無法走去沖澡**。**無法戒菸**。**無法離開巴比**。**無法去上學**。**好無聊**，**好無聊**，**好無聊**。

幾個月後，我努力說服她走出房間，她的哀叫聲會不斷向我襲來。**不要管我**。**我想死**。但現下此刻我對她的無聊沒有答案，就像之後我對她想死的欲望沒有答案一樣。她對於現實的疲憊無力似乎永難撫平。它轉化成對超真實（一再重看《蠢蛋搞怪秀》這部真人實境秀）和超現實（有點嗨又不太嗨，公寓鏡子和柳橙皮是最好的道具）的渴望，或是對另一種生活的渴望——逃離現在的生活。

「伊魁特好無聊。」巴比跟我說。

「為什麼？」我問。這問題有點笨。

「無事可做。」

「什麼意思？」

「因為沒有路，所以哪裡都不能去，只能困在這裡。」

事實上，巴比常跟我提起他父親答應送他到渥太華的單程機票。他只要到第一航空的售票櫃臺取票就行了。巴比隨時準備要離開這個地方。

缺少出口就像壞天氣把人困在冰屋或草皮屋裡，或飛機不斷延誤，無法起飛。目睹這樣的無聊，因為困在一個難以逃脫的疏離情境中而感到無聊，令人不安。求助專線的志工如此描述這種情況：

> 我認為最無力的是當電話進來，你讓對方說話，但打從一開始你就感覺到你無法為這個人做什麼。你沒有話能跟他們說，沒有問題能問他們，引導他們理解目前他們面臨的人生困境或許會有解決方法，或許會有答案。無論你在他們眼前拿出什麼劇本，有些人就是無法擺脫眼前的困擾。

因紐特青少年的說法是「試著變無聊」。他們會責罵對方「你只是在試著變無聊」。許許多多無聊的因紐特青少年真的是在逃避出口，還是所有逃生路線都被封鎖？會不會真正的問題不是無聊讓人想死？誰都逃不了？

所以現在我能了解那名志工的感覺了。那天我打電話給巴比，來接電話的是席拉，我要席拉去沖個澡。她去沖澡的可能對我來說很重要。我希望她配合，希望她跟我想法一致。欲望——想要移動，從現在逃到活生生未來的這種太過人性的欲望——的可能，在這裡因為某個原因需要重申，在床和浴室之間的走道上。我迫切希望她想要我想要的——一個未來。無聊的可怕之處在於，我們無法使另一個人想要我們想要的，無法使他們配合，無法使他們移動。

那通電話的隔天我到巴比家跟巴比和席拉喝咖啡。他跟我說只要看到車道上停了一台白雪覆蓋的藍色車子，那就是他家。我爬上樓梯時一隻小狗開始叫。我聽到屋裡傳來窸窣聲，靴子踩踏地板、外套摩擦，還有東西被移開的聲音。巴比在做培根三明治，所以席拉放下鉤針起身幫我泡咖啡。她跟我說小時候無聊時她媽媽會叫她打掃房間或鉤毛線。她永遠無法理解怎麼有人能坐在那裡鉤毛線，但現在她也鉤起了毛線。她還告訴我，昨天她沖澡時為我們正在拍的影片想到了一個點子。她拿出筆記本唸給我聽。

拍攝地點在高中校園。你看到各式各樣的臉孔掠過，大家都在快速移動，而且面帶微笑。愈來愈多張臉，然後全部的臉消失不見，最後只剩一個人站在那裡。

旁白說：

那麼多人，那麼多想法。

每個人都在微笑。

他們在想什麼？

內心真的快樂嗎？
即使表面上在微笑
和開懷大笑？

有各種不同的配合方式，其中一種就是當你無聊透頂時微笑和開懷大笑。

開車兜風

班雅明發現我們不再允許自己無聊，因為對資訊（不斷更新的新聞）著迷，我們永遠在關心某些事、努力某些事。「假如睡眠是最極致的身體放鬆，無聊就是最極致的腦袋放鬆。無聊是孵化經驗之蛋的夢中鳥。沙沙響的樹葉驚動了他，把他趕走」(Benjamin 1968a: 91)。班雅明在同一篇文章中提到死亡在住家中消失，我們不再經歷死亡。「過去沒有一棟房子甚至一個房間不曾死過人……現今人們住在死亡未曾觸及的房間裡，宛如住在淚水絕跡的永恆之境，當他們走到人生終點時就會被兒女送到療養院或醫院」(94)。我們對無聊的恐懼，難道不是跟我們對死亡的恐懼有關嗎？

幾個月後我穿上雨鞋，沒拿掛在吊鉤上的大衣。朋友家只有幾公尺遠，我打算用跑的。那晚天氣晴朗，進了屋子就暖和了，而且一下就到了。我走出門迎向晶瑩剔透的寒天。路上的雪在我腳下吱吱響，直到我抵達伊娃家前未鏟的積雪。我踩出一條路走向前門階梯，小心避免踩得太深讓靴子進雪。我從眼角瞥見有輛貨車慢慢開過來，有張臉貼在車窗上往外探。我沒理會那輛車和車窗上的那張臉，繼續快速走向伊娃家，但我聽見有人叫我的名字。我莫名地迷失了方向。我不認得那個聲音或那輛車。外面很黑。我的身體仍繼續往伊娃家移動。又有人喊我的名字，這次更急切。我匆匆瞥了一眼那輛車。在城市住了這麼多年，直覺告訴我，不要跟陌生男性眼神接觸，尤其是晚上。但在伊魁特有誰是陌生人？我僵在原地，原來的路線被打亂了。只見車窗搖下來，我聽見笑聲和一個女性的聲音高喊「麗——莎！」我鬆了口氣，快步走向貨車，後車門滑開，有人喊「上車！」

我不客氣地爬上車，擠進幾個面熟的青少年中間。

「哪來的車？」我問，話一出口就希望自己的語氣不會顯得太多疑。車子不是新的，有家庭貨車留下的歲月痕跡，座位凹凸不平，照後鏡上掛著骰子。車裡煙霧繚繞。巴比開車，伊莉莎琵坐副駕駛座，席拉和一個我不認識的男生坐我旁邊。

「我租的。」

「是嗎？多少錢？」

「一晚一百五十。」

嘻哈歌手 Dr. Dre 的砰砰節奏讓對話顯得多餘，大家不太理我，也沒人解釋我們在幹麼。反正就是大家一起開車兜風。有人遞給我一支大麻菸，我拒絕了，感覺失去了方向。「你不抽？」

有人問。「她抽啊。」另一個人篤定地說。我們沿著聯邦路在黑暗中馳騁，漸漸遠離市區，經過一堆堆廢金屬、長方形倉庫、巴芬五金百貨、史基圖雪上摩托車行，往監獄（一間關大人，一間關青少年）前進。接著轉向北極學院宿舍，那原本是一九六二年興建供前來抵擋俄軍入侵的美國軍隊駐紮的軍營。

車子慢慢停住時，有個人突然從我後面那排座位探出頭，嚇了我一跳。「保魯西！我不知道你也在。」眾人哄堂大笑。

「你沒聽到他打呼？」

保魯西跑進宿舍找人把車上座位填滿。幾分鐘後他獨自走回來。我們等了一下，沒等到她就走了。就這樣。我們折回市區，繞過環城路往坡頂前進，加速沿著伊魁特的一條寬闊道路奔馳。他們都茫了。車子一直繞來繞去，繞來繞去。伊魁特沒地方可去，這些孩子如此抱怨。

時間管理

因紐特家庭從四散的營地被帶到行政中心周圍的聚落定居已經有半個世紀。有沒有可能就像某些人所說，相較於主宰時間，占領土地只是殖民主義的小小戰利品？[2] 無論我們對這個問題的答案有何看法，鐘面時間和我所謂的匿名照護之間都有種奇特的密切關係。鐘面時間同質化並淘空了時間的主觀和情感特質，就像匿名照護不在乎被照護的人是誰，因而某程度標準化了照護的意義。

我在第一章探討了佛斯特小說的一個場景。一個剛喪妻的男人收到妻子臨終寫的一封信，信中表達希望由朋友繼承她的房子。她的丈夫或兒子大感意外，竭盡全力找出理由忽略她的遺願。父子倆以佛斯特所謂的「會議室風格」有條有理甚至冷漠地否定她把房子留給朋友的遺願。當父子快要解決好這件事時，佛斯特寫道「鐘響十點，聲音渾厚確信。其他鐘也跟進，討論接近尾聲」(Forster 2000: 84)。佛斯特用鐘響的聲音把控制情感跟控制時間連在一起。鐘響代表的是理性的時間秩序，向這對能夠完全不顧寫信的人是誰、只顧證明信中內容欠缺效力的父子致敬。

殖民期間，因紐特人肩負的重任就是接納另一個民族——卡魯納——的生活方式。對卡魯納來說，時間是一種可利用的資源，而投入生命的方式可能明智也可能愚笨。克莉斯蒂和哈本形容聚落時間「以數學為基礎，用機械、電子或地球物理學加以管控」(Christie and Halpern 1990: 741)。[3]時鐘和日曆把分秒具體化為「我們可以往裡頭『塞進』活動的格子」或「我們可以『省下』、『花費』或『浪費』的商品」(742；另見 Stern 2003)。

一九五〇年代來到伊魁特（一開始只是暫時，後來才定居下來）生活和工作的因紐特人，剛開始對福利官僚體制要求大幅度重建時間秩序很抗拒(Tester 2006)。在因紐特營地，「大家獵海豹習慣一去就二、三十個小時，甚至更久。在家裡有人餓了女人就去準備食物，累了就去睡覺」(Goehring and Stager 1991: 667)。在聚落裡卻要按照週計畫表固定工作幾個小時，「看狀況合適」就出外打獵不再恰當。如同一名因紐特人對這段時間的描述：

房子慢慢開始出現。大家沒有馬上就得到一間房子，所以水或其他東西都還不是問題。是改變。我們生活的方式，和你們生活的方式，這才是問題所在。我會說那就是問題。大家沒辦法馬上照著做。我為什麼要去工作？為什麼要每天早上八點起床去工作？我想睡到自然醒。

（引自 Tester 2006: 237）

被送去寄宿學校和日間學校的因紐特人被迫接受新的準時方式。一名婦女談起從伊格魯利克附近父母的營地被帶去寄宿學校的痛苦回憶：「我們受到嚴格的控制。每分每秒。這樣要排隊，那個也要排隊。這樣不行，那樣也不行。」四十年後，我到一名護士家參加派對，現場沒有因紐特人。一名從多倫多飛來為幾個巴芬島社群看診的精神科實習醫師聽說了我的研究，走過來跟我說她相信只要父母規定小孩和青少年九點以前上床睡覺，自殺問題多半都會消失。

因紐特人的時間管理是很多照護人員的煩惱來源。照護變成一個可操作的概念之後（可以測量和評估，並透過最佳制度和有憑有據的科學達成），同時也促成了特定的守時方式。如今照護要在輪班時間進行，多半是九點到五點，在上班時間以外進行照護不再是專業的表現。這個照護制度的潛規則就是：被照護的對象必須模仿照護者對時間和照護的態度。假如你——患者、沮喪的人、生病的人——關心家人，你就會為他們找心理醫師、社工和諮商師，並且準時去看診，看診也不會超過時間。

那位精神科醫師說的沒錯，很多因紐特小孩和青少年都沒有固定的睡覺時間。春天因為是永晝，青少年常凌晨才睡，隔天錯過上學時間。我曾經在晚上十一點去慶祝一個七歲小孩的生日，當時太陽還斜掛在海灣上，風已經減弱，青少年在潮濕的凍原上玩高爾夫終於告個段落。我們用骰子玩圈圈遊戲，生火烤海豹肉來吃，比賽抛接球。小孩玩散落在帳篷外面的玩具汽車和卡車直到凌晨三、四點。

到護士家參加派對後幾個月，我接到一封電子郵件，標題寫著「當因紐特人就是……」。信的內容總有三十句，其中一句是：「當因紐特人就是……在青年活動中心的戶外籃球場打球打到凌晨三點。」顯然不是所有人對照護的時間性認知都跟那個精神科醫師一樣。[4]

美好的一日

有一次去野營，我跟喬塔尼和艾里兩名青少年去獵馴鹿。我們在一連串曲折河流鑿成的河谷和灰色的陡峭懸崖間穿行好幾個小時，看見很多動物，但每次一見到蹤影，動物就一溜煙消失，包括四頭消失在坡頂的馴鹿、一隻跑到巨岩後面的野兔、一頭消失在山谷岩壁中的狼，還有一隻朝我們頭頂飛撲而來的隼。即使動物跑了，那天還是kajjarnaqtuq——一個使人憧憬未來的經驗。所以我們沒有覺得沮喪，反而談起動物消失的意義，還有那區可能住了一個angakkuq（巫師）。那人或許是艾里的祖父，因為他的遺體就埋在離我們所在處不遠的岩石墓穴。

接著我問他們因紐特人吃不吃狼肉這個老掉牙的問題。

「真正的愛斯基摩人會，但我不吃。」艾里回答。接著彷彿要澄清自己想表達的意思，他又說：

「我不是愛斯基摩人，我是**因紐特人**。」

「這附近可能還有愛斯基摩人。」喬塔尼說，展開雙臂把山谷和圍繞我們的山丘都包括在內。

「你真的這麼認為？」我問。

「沒錯。」

根據艾里的分類，「愛斯基摩人」是卡魯納來到因紐特人的土地之前就住在這裡的人。因紐特人則是這些愛斯基摩人延續至今的後代，住在城市裡，去學校上學，聽嘻哈音樂，成功跟加拿大政府達成土地所有權的協議。我們討論了一下有沒有可能有些因紐特家庭從未被加拿大福利國家的熱心大使（皇家騎警、毛皮商人和傳教士）「找到」，至今還過著傳統的游牧生活。或者用喬塔尼的話來說，有沒有人還活在「石器時代」？

這讓我想起我聽過的另一個故事，故事發生在潘納唐外郊的古老營地。「有人在外郊發現一個營地，」一個年輕女人告訴我，「因為營地真的很古老，他們就把發現的古物帶去博物館。之後就有很多傳言，說圖尼特人[5]來伊魁特拿回他們的東西。有人說從直升機上面看到他們。」

從金屬和玻璃組成的直升機往下俯瞰光禿禿的凍原，看到了岩石、湖泊和馴鹿，還有看似遠古人類的形影抓著被奪去當地博物館展示的家當逃走。但那又是另一個故事了。

走進更深的山谷後，喬塔尼低聲說。

「我想要不見。」

「意思是說我們今天晚上就可以在這裡露營？」我困惑地問。

「不是。永遠消失。」

想要永遠消失在一個「愛斯基摩人」的過往歷歷刻畫在土地上——藏在岩石峽谷間的墳墓、覆滿地衣的古老貯肉地、被丟棄的帳篷固定環——的地理空間的渴望，表達的不只是想屬於另一個時間的渴望，我認為也表達了以不同方式屬於時間的渴望，也就是擁有跟現在、過去和未來建立不同關係的可能性。[6]

於是我從因紐特人對kajjarniq（渴望）的概念，摸索到解開「另一個時間」（將可以分秒管理的同質、空洞的時間打斷）的路徑。這種意義下的渴望不是「什麼」戰勝了憂鬱發作的人，而是有「什麼」為了未來而被積極地培養並產生出來。對kajjarniq的理解揭開了一整個時間性結構，這個結構把過去和未來放進對話中，並將社群凝聚在一起。是對打獵、捕魚和野營這類傳統活動的渴望，使你成為因紐特人（Stevenson 2006）。

我參加的一個「療癒營」顯然也包含對這種渴望的培養，目的是要讓單親媽媽有機會帶家人去露營。營隊很少事先規畫活動，而是讓活動自然而然浮現。漲潮時有人決定去釣魚，有人去打獵，小孩則在營地後方的岩石上玩遊戲，或害羞地跟在大人後面。

一晚我跟朋友和她的兩個兒子在帳篷準備睡覺時，我朋友說：「他們（我兒子）來這裡很好。等他們大一點就會知道要渴望這些事。」

「知道要渴望」這幾個字令我一震。我眼前的這位母親帶兒子接觸因紐特人的傳統活動，就是有自覺地想把那股渴望灌輸到兒子心中。

如同因紐特人的很多概念，kajjarnaqtuq除了最字面上的意義外，還會引發許多情感效價（另可參考葛拉本和史特恩探討因紐特語中對「美」的概念〔Graburn and Stern 1999〕）。當我的因紐特語老師在醫院自助餐吃完午餐走出來，看見陽光燦爛的午後和弗羅比舍灣的美景時，她抬起頭說「Kajjarnaqtuq」，她翻譯成「有如天堂！」渴望似乎離不開美或正確的時機。美好的時刻一定有可能令人渴望的時刻。為了整合kajjarnaqtuq的各種用法，後來我去請教了好友傑比第・阿那卡克對因紐特語中渴望概念的看法。他是努納武特圖加維克公司的政策分析師。他跟我說，當他抱怨去露營很麻煩時，他母親就會說「Imaittuq kajjaqattalaaraviuk」。意思是「這樣你才會渴望它」。他繼續解釋這個字：「（kajjarniq裡的）kajjaq意味著完全融入當下，因為一個人樂在其中，並正在創造日後能開心回想的回憶……這很難解釋，但就是一種天時地利人和的感覺。那是一種能為身心帶來安適的存在狀態。」

天時地利人和的概念跟因紐特人對美的概念很有關係。「美就是外在、表現、味道和感官體驗都『剛剛好』」（Graburn and Stern 1999）。[7] 事實上，失去時間感、忘了時間、不看錶思考，都是kajjarniq不可或缺的成分。如同阿那卡克所說：

> 當一隻狗很專心在啃骨頭，啃得渾然忘我，我們說那是kajjaqtuq。如果牠只是吃東西吃得津

津有味，我們也說那是kajjaqtuq（kajjaq加上tuq）。Kajjaq這個詞的意思就是「完全投入」或「在裡面」（就像「沉浸其中」）。我們可以說那隻狗沉浸在當下經驗中。我不認為kajjaqtuq是一種伴隨事件而來的附帶概念，因為它深刻改造人之所以為人的要素，那就是欲望。

這樣的欲望往往比規定一個人睡眠充足以應付隔天早上的辦公室工作更重要。前面提過，在太陽幾乎不下山的夏季，因紐特人都三更半夜才睡，有時甚至不太睡覺。凌晨兩點的環城路充斥著三五成群在路上散步或開車兜風的青少年。存在於正常時間之外的時間裡。存在心理學家路德維希．賓斯萬格試圖證明如何可能把心理「病症」重新想成另一種存在方式。我們準備好思考另一種遵守時間的方式，卻又不會立刻把它們病理化嗎？如同我一直暗示的，我認為這需要另一種面對死亡的方式。

夢

完成論文的田野過後五年，我去探望席拉。席拉跟爸媽住在一間四四方方的木造建築裡，斑駁的褐色牆壁，走道一排房間，客廳一小扇觀景窗對著弗羅比舍灣的海埔地。窗簾通常都是拉上的。客廳牆上掛著所有小孩的照片，包括死於四輪車意外的以撒。她母親和一個老婦人坐在房子底下的巨石堆上生火泡茶，吃pitsi（魚乾）。兩人不時揮手驅趕成群繞著頭頂飛的蚊子。退去的潮水在灰灰的泥灘上留下石頭和海藻。更遠處有人低著頭在找蛤蜊，一手抓著迎風翻飛的白色塑膠袋，一手抓著湯匙。

席拉沒什麼變，頭髮緊緊往後梳，眼睛用眼線塗黑，身穿T恤和牛仔褲。很美。唯一的不同是她腳穿的雨鞋。她借我另一雙雨鞋讓我套在孕婦褲外面。我們走上布滿閃亮鹹水小河的泥灘，她開始跟我說起昨天提過的夢。「通常做有人過世的夢，之後——不到一個禮拜之後——就都會有人過世。我醒來時……醒來時我心裡超毛的，因為知道我認識的某個人就要死去，但不知道會是誰。」

這樣的夢——不請自來又不受歡迎的夢——預告了死亡。但除此之外還有別的夢。她跟我說了她跟一個好朋友約定一起抽最後一根大麻菸的夢。那個夢又讓她想起另一個夢，夢中同一個朋友從北極超市的門廊下看著她，試著想跟她說什麼卻說不出口。[8]

一個夢喚醒另一個夢。我們走去海灣一顆擱淺的巨石上坐了一會兒，然後快速起身走回岸邊，湧進的潮水開始沖刷我們的腳。有些她告訴我的夢確實是她的夢，因為做夢的人是她。其他是她最好的朋友自殺之前做的夢，還有她母親懷她（而且想自殺）時做的夢。自殺圍繞著這些夢境打轉：她母親想自殺的夢、她好朋友自殺之前做的關於自殺的夢、她見到已經自殺的男朋友的夢，最後還有跟她同名但已經自殺的人做的夢。

聽著這一連串的夢，像擠出傷口的血，血管還在一跳一跳，我陷入了一個又一個關於死亡和死者的故事中。奇怪的是，這些夢境被訴說的方式卻又讓我不禁覺得，這些夢也是關於生命和生者的故事。我想說的是，席拉透過夢境描述了一個被死亡和死者圍繞但同時也頑強地活著的生命。有沒有可能所有故事就像夢境一樣都充滿了生命，如同故事為作者創造了生命，即使故事本身描述的是死亡如何將生命團團圍繞？

談到琳達和席拉聚在一起抽最後一根大麻菸的夢時，席拉說：

以前我們一天到晚黏在一起，還約好不管誰先走，我們都要去對方夢中喝最後一杯酒或抽最後一根菸。所以我做了一個夢，夢到我跟琳達和她兩個孩子的爸。他開車，到了高中和布朗大廈之間的地方停下車，從那裡可以清楚看到市區。我們開始抽菸。她看著大麻菸，然後說「看吧……我說過我會回來跟你一起抽菸！」

也就是說，生前許下的承諾在夢中實現。那麼這個夢到底屬於誰？席拉還是琳達？死者按照承諾回來了，生前展開的友誼在死後享有。「我們從那裡可以清楚看到市區。」席拉跟我說。這樣的夢不只是做夢者主觀的虛構，也是另一個時間的虛構，虛構出一個死者和生者能再相見的矛盾時間性。這個夢帶來的朦朧的喜悅——兩個朋友一起抽最後一根菸，在死亡中兌現彼此的友誼——被她說的下一個夢打斷：

但我做的最後一個有關琳達的夢……夢中是冬天，我去北極超市，自己一個人。我找不到任何一個朋友，我看到了她，她全身都是冬天的行頭。我們在門廊下遇到，在那裡等計程車但一直沒車來，所以我乾脆自己走路回家。感覺我們想跟對方說嗨，可是……沒辦法……**我不知道**。

她的聲音低而平，漸漸減弱。

「她想說嗨，但你就是沒辦法？」我問。

「就……我知道是她，但又不是她。」

我認識席拉時，剛好是她連下床都有困難的那段時間。她的音調可以低到好像就要沉入體內。那個時候，她似乎連把聲音從身體傳出去的力量或欲望都沒有，而我多麼想搖醒她，把什麼從她身上搖下來，鬆開。但這次不同。她跟我說了一些美麗的、悲傷的，還有一些可怕的夢。描述這些夢時她的聲音有屬於自己的力量。那股力量從她體內飄走。她在對我**訴說**一些事——一個故事的絲線往外延伸。於是我想，我們是不是不夠重視生命的文法。我們是不是光是透過主張一件事的存在，**任何一件事**，就起碼開始為自己創造了一個世界？[9]

然而，之後再聽我們談話的錄音，我發現有些時候席拉的聲音會再度失去力量。那就是在故事的空檔，這個夢跟下一個夢的空隙。「我不知道……」這時她會說，低而平的聲音逐漸轉弱，彷彿每個夢都是一個主張，一旦說出口她就會失去信念。要是並非如此呢？要是我未能傳達其中的真相呢？要是這不是一個可活（livable）的世界呢？[10]

我發現這些夢不只是奇聞異事，不只是藉由重述過去的事件而得到淨化。每個夢似乎都濃縮了——或至少指向——一個完整的認識論：我們如何知道死者的事，又知道他們或我們的哪些事？何謂死者的時空？

席拉那句「我知道是她，但又不是她」的「知道」是什麼意思？一方面**知道**是琳達，另一方面又有把握地說那「不是她」意味著什麼？做夢的人知道日常生活的規則，尤其是無矛盾的規則，在夢中不再適用，這是什麼意思？夢的同時性似乎把現在是、之後不是的某件事壓縮成同時既**是**又**不是**一件事。席拉如此形容這種時間壓縮現象：「因為你知道做夢時想事情想很快？就像十秒就能把一個故事說完？」

所以席拉的生命中有段時間，琳達還活著，還是她自己，但她自殺之後就不再活著，不再是她自己。但在夢中她似乎兩者都是——在也不在，是她自己也不是她自己，想說話卻無法說話。席拉的說法是「我知道是她，但又不是她」。[11] 這種雙重的「知道」（一件事既是又不是）跟她之前說的「我不知道」這句否定句有什麼關係？

我不知道。這四個字在對話中隨處可見，語調暗示說話的人心不在焉，心思飄到別的地方，使她對自己所說的話產生動搖。就像賓斯萬格所說（說的同時他也把做夢變成一種存在方式，而非飄忽的幻影）：「做夢就意味著：我不知道自己發生了什麼事」（Binswanger 1993: 102）。

為什麼放兩個鐘？

或許是我自己如夢一般的聯想，但我不斷想起寫論文時我第一次碰到的兩個時鐘的畫面。在一份不祥地題名為〈愛斯基摩人的死亡率及住宅〉的政府刊物中有張照片，一名少婦坐在帳篷的睡鋪上，雙腿往外伸，寶寶睡在她旁邊。一切都乾淨整齊，井井有條。女人露出微笑。照片底下的文字說明是：「一頂乾淨的帳篷內部。港灣湖，一九五五年七月。為什麼放兩個鐘？注意海豹油點燃的石頭『燈』和上面的木架，架上吊著鍋子和水壺」(Canada, Department of National Health and Welfare 1960: 44）。

仔細看你會發現睡鋪旁邊的平台上放了兩個幾乎一模一樣的圓形鬧鐘，上面是鬧鈴。[12] 為什麼放兩個鐘？這個問題帶有嘲諷，這些因紐特人沒有室內廁所，全家人擠一張床，卻有**兩個**鬧鐘；也帶有困惑。在一份目的在於呈現政府為因紐特人提供的住宅嚴重不足的文件中，多餘的鬧鐘令人好奇，甚至令人惱怒。因紐特人需要這種這種奢侈品嗎？一個鬧鐘就足以打造殖民官僚大力提倡以及 Toshio Yatsushiro 這類研究者試圖評估的規律生活。一個鬧鐘就足以訓練和規定全家人一年四季每天早上都在同一個時間醒來，無論太陽是否升起。[13]

兩個鬧鐘的畫面在文獻檔案中反覆出現（本章開頭附的照片也包括在這批檔案內）。伊魁特的社工菲利絲·哈里森一九六二年發表了一篇她稱之為因紐特人從「石器時代到原子時代」之轉變的故事（見第二章），裡頭也提到她在因紐特家庭發現兩個鬧鐘，並為此感到不安。對哈里森來說，兩個時鐘代表因紐特人為了符合非因紐特人對潔淨和時間管理的標準，有時會矯枉過正。她寫到名叫阿那瓦卡路的女人得到政府提供的社會住宅，「還有時間！以前在營地時，劃分時間的只有白天、黑夜、想吃或想睡。現在兩個閃亮的時鐘一天到晚滴滴答答，顯示出她的焦慮不安，不能忘了何時該上學，或是何時該工作」(Harrision 1962: 16)。

一個時鐘，一個時間性，肯定是足夠的，兩個鬧鐘就有點可恥。兩個時鐘有點詭異，就像雙胞胎讓佛洛伊德覺得詭異一樣。有兩個時鐘時，時鐘不再只是用來打造自律個體的機能性工具。艾默思·奧茲曾說他小時候不是夢想成為作家，而是夢想成為一本書（Oz 2005）。或許現在我們不是夢想過規律的生活，而是夢想變成時鐘。我們把時鐘（手錶）配戴在身上，就像我們的第二層皮膚。究竟是時鐘變得像我們，跟人一樣有手（指針）有臉（鐘面），還是我們變得像時鐘，感覺自己就像人肉時鐘。可以肯定的是，時鐘變成一個我們太過熟悉的工具，只有在出乎意料時我們才能想像它，才會真正察覺它的存在，例如眼前出現兩個鐘而非一個的時候。

在這裡我們回到了日常的問題，以及泛靈論（animism）這個老問題如何糾纏它不放（尤其可見Freud 1919）。日常生活多半不得不把「生命絕非一個生物學可解釋的過程」這樣的可能性推開。[14]要能撐起日常生活，我們就得指認特定事物是真實但無生命的，其他事物是有生命但不真實的。我兒子班傑明在義大利坐了好久的火車後，在火車站看到一個時鐘的秒針在鐘面上轉啊轉很著迷。

「你看！」他大喊。「那個錶是活的嗎？」

「不是，不是活的喔。」我肯定地說。

「但它是真的？」

「對，是真的。」

「可是如果它是真的，那它就是活的。」孩子的邏輯很多方面都超越大人的思考模式。這使我想起一件事：歐洲火車站的鐘很多時候是漢娜．鄂蘭所謂的「平凡的邪惡」(banality of evil)的工具。或許既真也活。

一九五五年，兩個鬧鐘的照片被拍下的同一年，北極圈東部巡邏隊的軍醫約翰．威里斯帶著他自己的兩個鬧鐘意象回到南部。這次是「文字的照片」(Cadava 1997: xx)而不是真正的照片。他寫道：

> 除了爐子、鍋子、步槍、角落堆的肉和床鋪這些日常必需品之外，各式各樣的器具、瓶瓶罐罐、衣服和便宜貨多到令我訝異。愛斯基摩人似乎買了很多自己不需要的東西(應該是跟哈德遜灣公司買的)，比方賒帳買更貴的食物。有個帳篷裡有兩個功能良好的鬧鐘，兩個放在一起，調的時間差不到一分鐘，但我很確定對主人來說差個二十分鐘也不算什麼。有個帳篷有兩台縫紉機，兩台都能用。另一個帳篷有三個木架，長至少四英尺，上面擺滿各式各樣的小罐子，排得整整齊齊。裡頭裝了什麼我不知道。海豹油烹飪燈在前面燒著，這個畫面讓我想起異教神殿祭壇上的祭禮。(Willis 1955)

在一堆明顯無用的雜物中又出現了兩個鐘。這次它們肩並肩滴答運轉，跟整齊排列在架子上的小瓶子放在一起，威里斯從這些瓶子聯想到異教神殿上的祭禮。威里斯直覺猜到這些鐘跟瓶子一樣，不是用來打造紀律良好的身體以對累積資本有所貢獻這類基督教或至少是新教的目的。但這些鐘本身的樣子（美麗的指針和鐘面，而非功能）很受因紐特人讚賞，因此它們跟籠罩在油燈的朦朧光線下的瓶子一樣，彷彿在對另一個神表達敬意。

威里斯那句不屑的「對主人來說差個二十分鐘也不算什麼」，倒是讓我想起一個因紐特青少年跟我說過一名末代營地首領死去的事。此人從出生到老都過著游牧生活，不為定居生活所動。他死後家人回去看他的營地。「他們走進屋裡時，鐘開始……那叫手還什麼的……指針開始發瘋。」她想告訴我的是，那間屋子鬧鬼，營地那裡發生一些不幸的事。但一個鬧鬼的鐘代表什麼？鐘發了瘋地轉了轉去為什麼令人毛骨悚然？根據我兒子的說法，鐘是活的也是真的，但這裡的問題是它們服從哪一個神？它們是殖民規訓的工具、給異教神的祭禮，還是全都不是？

有個因紐特青少年跟我說過他去巴芬島找住在小社區年事已高的叔公發生的事。晚上醒來時他聽見天線寶寶玩具在說話，一開始用平常的聲音說。「你知道就那種聲音，」他開始模仿玩具的尖銳聲音，「之後聲音變低沉，開始說一些不一樣的話。我叔公也沒管它，沒當一回事，因為他是基督徒，所以知道它不會傷害他或什麼的。」他接著說：

隔天早上醒來時，我們看到他抱著那隻天線寶寶，他叫大家出來，他們在外面生了火。我們想不通他為什麼要抱著天線寶寶，還在外面生火。大家走下樓，突然間——當時他抓著天線寶寶的頭——它又開始說話。我不記得它說了什麼。於是我叔公把它丟進火裡，你可以看到很黑很黑的肥皂流得到處都是，然後滲進土裡不見了。

隔天晚上我們殺了艾蒙*。對，所以我們修理了其他的娃娃。

皈依基督教在這裡有了不讓童年的鬼神侵擾你的意思。[15]但皈依是一個永遠不會完整的過程。這在玩具的領域中明顯可見——那些物品使我們的童年充滿活力，它們既真也假，既死也活，既是事實又是虛構。用低沉聲音說話的天線寶寶被驅魔，體內的深黑色肥皂流進土裡。

所以與其斷然拆解一個因紐特婦女有兩個鬧鐘有何意義，我想質疑自己（和威里斯）何以覺得兩個鬧鐘很奇怪或詭異。我想指出這部分跟計時工具的雙重性有關。時間在我們的認知裡通常是單一的，至少在因紐特殖民當局強迫他們接受的工作日世界裡。所以在這裡，通常單獨存在的東西（床邊的時鐘就是鐘這類物品的代表，象徵時間的流逝）卻成對出現，打斷了我們對鐘及其功能的認知，或對時間的認知。

或許夢的時間是矛盾的，因此也是雙重的。席拉跟我說了另一個夢，這次是她母親懷她時做的夢。夢中出現了母親的三個朋友，三人都剛過世。一個自殺，另一個「不見了」，大概是在凍原或雪地裡迷路（我沒問），第三個席拉想不起來是怎麼死的。夢中的母親想離開死去的朋友，自己「回家」，回到生者的世界，死去的朋友威脅說要跟著她母親一起回家。席拉說：

> 因為那裡不是很好，很嚇人，怪恐怖的，所以她（她母親）說：「哎呀，我想回家了！」那三個死去的朋友說「Maljiangajarit，我們要跟你回去。我們要跟你回家！」
>
> 然後她說「我沒有要回家！你們不能來！」因為他知道他們死了，但是……當你夢到死去的人時，你不能直接說「嘿，你已經死了」，只能在心裡這麼想。

告訴我這個夢時，席拉說起明知道一件事卻不能在夢中的時間中說出口的奇怪感覺。有趣的問題當然是，為什麼不能在夢中對某人說「嘿，你已經死了！」我認為部分的問題在於，死者既死了又沒有死，就像琳達在席拉之前的夢中既死了又沒有死。也就是說，死者或許在醒著的世界死了，但在夢中卻沒有死。而做夢的人可能同時知道這兩件事。所以雖然琳達或許有其單一面向，她卻同時既死了**也還**活著。

事情在這裡變得複雜：我很難把「知道」和「能動性」這兩個各自獨立的形式區分清楚，雖然這或許正是夢的重點。為了表達得更清楚（無論處理夢有多不明智），讓我大略描述三個死去朋友的夢如何運作。首先，當席拉的母親告訴某耆老她夢到死去的朋友時，耆老立刻**知道**她母親

* 譯註：《芝麻街》的紅色布偶。

有自殺的念頭。夢向耆老揭示了她沒表達的想法。

然而，這不只是隱喻被解開那麼簡單，不能化約為「夢到死去的人＝醒著時有自殺念頭」這個公式。相反地，當你有自殺念頭又夢到死去的人時，並無法解釋進而化解生者對死亡的潛在欲望或恐懼。應該要說，夢中的死者對做夢者產生作用，而當做夢者前往夢中的死者要他們去的地方，幾乎可以肯定代表了死亡。就像席拉說的，「做夢時當你想要自殺什麼的，你就會看到死去的人試著把你帶往……某個地點或地區。到了那裡之後你就會死去。」

這使席拉談到母親的夢時所說的變得更加複雜。「他知道他們死了，但當你夢到死去的人時，你不能直接說『嘿，你已經死了』，只能在心裡這麼想。」你不能這麼說，一個原因是死者對做夢者來說還活著，而且還能對他們的生活發揮力量。某方面來說他們還活著，至少他們對做夢者發揮的力量是活生生的。

重點不在於你知道死者已死，因此他們只是做夢者錯誤的或憂鬱的虛構。無法說「嘿，你已經死了」似乎不是因為被夢控制而無法說出事情的真相，而是做夢者正在經歷兩種時間性——做夢時的和清醒時的——彼此重疊、變成一對的時刻，就像那兩個鬧鐘。

人類學家也常遇到這種狀況，陷入一種時間卻意識到另一種時間的真相。你不能說「嘿，你已經死了」，因為對方既死了又沒有死，而你對兩種時間性的真相都有責任（因為關係到生死）。

席拉告訴我好友琳達自殺前做的另一個夢：

她夢到她自殺。我在醫院邊哭邊找她在哪間病房，而她對我喊：「我在這裡啊！哈囉，席拉！我就在這裡啊，為什麼你看不到我？」

她說我還是一直哭，她在我面前揮手。「哈囉，我在這裡，席拉。」可是我沒……然後她就懂了……

（做了這個夢）之後她就自殺了……**我不知道**。

席拉又在說完夢境的最後加上「我不知道」這四個字。這四個字指出她對知道一件事代表什麼的矛盾心理，而這樣的矛盾心理又如何呈現她的主體性輪廓。對有些人來說，對話中穿插應酬性的感嘆詞是在不斷地重申希望（總之，哇！你相信嗎！），對另一些人則是在請求聽者接受某種協議（你懂我的意思嗎！很神奇不是嗎？）然而對席拉來說，沒有話說時用來填補空白的話是「我不知道」。琳達在生前做的一個夢裡發現自己死了，而且無法再跟席拉說話，其實她還沒死，但很快就會死了。她的夢跟席拉日後做的一個夢重疊，席拉在夢裡無法說出朋友已經死了的事實，因為她在夢裡還活著。

自殺的時間

時鐘的問題不需要解決。因紐特人成功變成了官僚制度下的人民嗎？他們學會了像時鐘一樣思考嗎？有任何人學會了嗎？為什麼要兩個時鐘？有其他種遵守時間的方式，其他種看待生命的方式，為我們指向其他可能的世界、時間和自我。我承認這樣的計畫有可能陷入人類學典範框架的危險，也就是把他者當作自我的修正。然而，在加拿大的殖民／後殖民時期，不同的存在方式不斷相遇，不斷與他者的不同對抗，所以我想有危險的不僅止於此。因紐特人的這種時間性脈絡很複雜：歷史上它根植於前聚居時期的記憶，地理上它位於城市以外的土地，[16]存在上它由因紐特人的身體和夢境承載，但因紐特人卻活在韋伯悲觀地稱為「現代性的鐵籠」裡。

而韋伯的悲觀或許還是需要的。假如按照現代看待時間的方式，一個人一定要擁有未來才能得到現在，沒有光明的未來也就等於被剝奪了現在。[17]在一個拚命控制未來以擁有現在的時代裡，或許可以將因紐特人自殺視為對缺乏驚喜的未來而有的反應，這樣的反應把專注力轉向「現在」的貧乏和痛苦。這種痛苦當然是這一章揮之不去的陰影，一個空缺。那是活在未來的殘骸中的痛苦。無論自殺還可能是什麼，它同時也跳入了另一種存在於時間的方式，這種存在方式質疑是不是永遠都有一個更光明的未來即將到來。我想說的是，自殺在一個時間性中回答了無法在另一個時間性中被提出的問題：要是未來無法解救現在該怎麼辦？

假如因紐特人偶而仍會努力讓自己樂在其中（在籃球場上或大自然裡），忘了時間，假如官僚理性永遠努力要「找回」迷失的愛斯基摩人，這對我們理解仍持續在同化因紐特人、使他們融入加拿大南部的社會規範的殖民脈絡有何幫助？因紐特青少年為了成為加拿大官僚社會的成員，要付出什麼樣的代價（參見Povinelli 2002）？[18]我們要用什麼語言來形容**同樣**屬於另一種時間的痛苦——沒被找到的愛斯基摩人、開車繞來繞去的青少年，或是夢中的世界？我們如何把自殺的問題跟時間的問題一起提出來？[19]

或許因紐特人自殺問題與其說是生／死問題，不如說是在一個時間性（指針瘋狂轉動、開車兜風、渾然忘我的時間）中回答某個問題，因為在另一種時間性（官僚的時間性）裡無法提出這樣的問題。時鐘沒有分給自殺的時間，大概只把它當作世俗世界的終極罪惡，所以它持續不停地滴答滴答滴答滴答……

6

歌
Song

現在是禮拜一的下午兩點。午後的太陽呈淡黃色，像一顆蛋黃掛在空中。低溫使一切靜止無聲，即使市區還在轉動，機器仍在運作，人也還在工作。煙從煙囪直直往上飄，就像我們小時候畫的圖。有趣的是，房子也像小時候畫的圖一樣方方正正。我跺著腳，保持血液流通。

他們在哪裡？我站在高中旁邊的山丘上等人。右手邊是一簇大家稱為「市區」的建築，有地區議會、郵局，星期四晚上可以買到玉米片，還有男人會來賣滑石雕刻的Kamotiq（因紐特人的傳統雪橇）。我看得到岸邊的雪上摩托車橫越海冰，從片片浮冰中開出一條路往更遠的平滑海冰駛去。左手邊可以俯瞰弗羅比舍灣，遙望夏天雪橇犬駐紮的小島。

我終於看到三個人影從一棟名為圓頂的冰屋造型建築的轉角走來。我努力辨認他們是誰。穿寶藍色外套的大概是保魯西，穿黑色Tommy Hilfger外套的是席拉，巴比穿的是金藍兩色的外套。我看著他們小心翼翼穿過操場，開始爬上山丘。三人步伐一致，緊靠在一起。我揮揮手，但他們沒看見我。也有可能看見了，只是冷到無法揮手。席拉已經蹺了幾週的課，今天應該回學校才對，但至少她出門活動了。活動很重要。

我跟保魯西從沒見過面，這時對他的指控已經撤銷。[1] 我第一次聽說他的名字是他剛被指控縱火、可能被判死刑的最初幾天。每個人都跟我說，「拜託，麗絲，你認識他，他就在圓頂工作啊。」我說：「我不確定耶。給我看他的照片，或許我認識。」他們給我看一張一群青少年圍成一圈，中間有個女孩被綁在椅子上塞住嘴巴的照片。這張照片令我不安，但他們已經不耐煩：「我們只是在玩啦。就是那種炒熱氣氛的破冰遊戲。」圈圈裡有個人穿著寬大的藍色牛仔褲和黃色帽T，臉被劃掉。「那就是他。」

保魯西的臉只要出現，不是被人用刀子劃掉就是用馬克筆塗黑。「圓頂已經沒有他的照片了。」有人跟我說。就算這樣也沒有人會忘了他。謠言已經開始滿天飛。在機場裡，我從南下過聖誕的公務員口中聽說了。「我聽說他有一堆名單和住址，聽了就發毛。」有一次我坐在圓頂前門旁邊的櫃臺聊天時，有個青少年走進來，看都沒看我們就直接往後走，嘴裡喃喃唸著「該死的保魯西，是嗎？」那是就算你正在聊別的事時也會提起的話題。

地方報紙也捲入了這場騷動。報上鉅細靡遺描述保魯西第一次出庭的模樣，評論群眾看到他出現時大力捶門和破口大罵的反應。警方呼籲社群成員站出來說出所見所聞。

但短短五天後，保魯西的縱火案被撤銷。即使控訴撤銷了，流言並未因此止步，很多人仍舊認為保魯西有罪。後來談起這件事時，巴比說伊魁特是一個「虛構之城」：

所有人——也不是所有人，但這裡的**很多人**——都靠流言在過活。有時候他們能相信的只有流言，也只想要相信流言。他們不想相信真正發生的事。然後這個地方就是這樣毀掉的。很多人就因為這樣被毀掉。保魯西曾經試圖自殺，就是因為大家都說「你該死，是你幹的，就是你。我們都知道你有罪」，就只因為周圍的流言都這麼說。現在所有人都討厭他。其實星期四他就試圖自殺，現在人在多倫多接受治療。

＊＊＊

「還好嗎？」看見他們走近我大聲問，語氣盡可能若無其事。

「應該我問你才對。」席拉氣喘吁吁地說，一邊爬上坡。

我笑了笑。我穿著我哥的羽絨大衣、抓著三腳架站在這裡等他們，一定看起來很矬。我們本來約在咖啡館碰面，但我等得不耐煩，所以才跑出來找他們。

「去喝咖啡吧。」巴比說。

「還是先拍完再去喝咖啡？」我有點急，擔心會錯過拍攝高中生成群從教室湧出來跑上走廊的機會。席拉、巴比、保魯西跟我一起合作幫自殺防治計畫拍一部短片。我們說要來拍高中校園已經說了很久。

但他們不肯聽我的，最後我們還是先喝了咖啡才去學校。保魯西也一起來幫忙。嚴格說來他並不是拍攝計畫的成員，但他心情低落又無處可去。他一出現大家都盯著他看。有人拿著棒球棒跟在他後面。我不禁懷疑此時此刻他在想什麼、心裡有什麼感覺，還有事發當晚到底發生了什麼事。

進了校園我馬上走去公共區域，開始架攝影機，不想浪費時間。巴比、保魯西和席拉去跟校長報告。幾分鐘後，保魯西走出來幫我忙。他站在攝影機旁邊。幾個我認識的青少年在走廊徘徊，大概要去上廁所。

「嘿，麗莎，怎麼了？你在拍什麼？」

「你們啊！」他們哈哈笑，我繼續架攝影機。有個小孩走過來，我聽到他低聲跟保魯西說話。接著我聽到保魯西說：「謝謝你提醒我。」我沒聽見他們說什麼，但我想起消息傳得多快。短暫的交會，竊竊私語。青少年有我參不透的消息傳播網。

副校長衝出辦公室，嚴厲地說：「拍攝計畫的人全部到辦公室來找我。」但看到我站在那裡他楞了一下才反應過來。我們排成一列走進辦公室，圍著他的辦公桌坐下來。他一直站在門和辦公桌中間。

「上次跟你們談過之後恐怕有了一些變化，」他說，「新的改變。」他把校長也叫進來充當後援。「喬剛剛告訴我，這所學校的所有事都得先通報地區教育局，為了安全起見。每個人進校園之前都得先通過犯罪紀錄檢查。地區教育局明天要開會。昨天跟你們談的時候我還不知道這件事。」

真正的問題當然是保魯西出現在校園裡。

我極力保持語氣鎮定。「你們知道我們是來拍攝自殺防治短片的。我們要拍一系列九十秒的廣告。有個成員寫了一份以學校為背景的劇本。昨天巴比打電話來學校報備過了。」

之後我們一行人錯愕地步下學校後面的階梯。我氣炸了，雖然早猜到會這樣，但什麼都不想說。我們在階梯上坐了一會兒。

巴比說：「以前我每天都從這條階梯走去學校，那時候我就恨死了這個城市。」

「那現在呢？」

「還是一樣。」

「你沒有預感會這樣嗎？」我問。

「什麼？」

「他們把我們踢出去。」

「沒有。」

「我有。」

我有種危機逐步逼近的感覺。我知道名聲如何形成，然後逐漸把你圍住，直到你拚了命要掙脫而出。巴比又說起他父親答應要送他到渥太華的單程機票。

「你知道我喜歡什麼嗎？坐在這裡喝杯咖啡，大家看著我，心想『你在這裡做什麼？你為什麼在這裡？』」

「我要把這段放進影片裡。要是他們不讓我們拍，我就要把這段放進影片裡。」

我們走去卡里布魯咖啡館再喝一杯咖啡和暖暖身子。隔壁桌的人盯著我看。他們在評估狀況，思考著我為什麼會跟保魯西一起喝咖啡。我們默默無語。

「大家為什麼那麼安靜？」巴比問。

「因為我們很沮喪。」我說。

巴比打開一個朋友的日記，開始唸他喜歡的段落給我們聽。那是寫生活、寫情感、寫克服的詩，很直接，未經修飾，是作者的自我探索。詩中想表達的想法鮮明強烈。其中一段寫到認清披著羊皮的蛇。他唸了一些片段，然後看看自己的杯子。

「可惡，沒咖啡了。」

「我們要去哪？」席拉問。

「去我家吃點東西。」巴比說。

我們各自分開。我目送他們消失在Kamotiq後方。

那次之後保魯西就變成了我們的固定成員，但不是每次都很順利。我們開會時他常畫畫消磨時間，畫一幅又一幅獵人、愛斯基摩小艇、魚叉。其他人告訴我，保魯西是真正的因紐特人，語氣幾乎帶著敬意。百分之百的因紐特人。附近這樣的人已經不多，這樣的人都很與眾不同。他們具有特殊的能力。比方他會畫畫。比方知道事情何時會發生。保魯西親口告訴我他從祖父那裡繼承了一半巫師血統，但只有當他生氣時力量才會顯現，他才會感覺到力量從體內湧出。

我們決定在影片中剪兩分鐘大家談生命是什麼的片段。對席拉來說這很簡單。她寫下：「生命就像拼圖，你必須找出正確的拼塊，而且無法一夕完成。」保魯西繃著臉坐下來，然後又開始畫畫。巴比問他：「保魯西，你覺得呢？」房間安靜下來，大家都在期待他的答案。保魯西看起來悶悶不樂，陷入深思。「你喜歡做什麼？」我輕聲問，擔心這樣問給他壓力，擔心失敗的可能。

「畫畫。」

「畫畫給你什麼樣的感覺？」他沒回答。沉默延續良久。我打破沉默：「平靜？滿足？畫畫時你覺得開心？」還是沉默。

最後他說：「驚喜。畫畫就像生命，永遠都有驚喜。」

幾個星期後，時間來到八月，我們的團體有幾個孩子受邀去參加為「高風險」青少年舉辦的露營之旅。到時我們會付錢給帶隊的大家庭，我跟參加的孩子一起睡一頂帳篷。大家聚集在青年中心的小房間裡，負責人喬伊來告訴我們要帶哪些東西：一般的露營用具、雨鞋、保暖衣物，還有食物。後來他提到浮力衣，到北極海划船的觀光客通常會穿的那種橘色救生衣。因為這種救生衣能在船翻覆時幫助你漂浮起來，避免失溫，至少一開始的時候。

一提到浮力衣，房間瞬間安靜下來。我立刻繃緊神經，豎起防衛，心裡知道這房間裡大多數小孩都借不到浮力衣，更何況是買。

保魯西低聲說出大家心裡想的事。「誰需要他媽的浮力衣。」

「什麼？」規畫這趟旅行的人問。「你說什麼？」

「我說，我們不需要他媽的浮力衣。」他回答，這次很大聲，大家都聽見了。

我無法重現之後的對話。長期投入社會正義和修復工作的因紐特人喬伊激動地主張浮力衣的必要。最後保魯西奪門而出，喃喃唸著「我要殺了你」。喬伊跟著他跑出來，大喊「你說什麼？你說什麼？」

之後情況變得愈來愈棘手。保魯西低聲撂下的狠話威力強大，畢竟他有前科在先。有人說該去申請保護令，甚至更進一步。後來喬伊打電話給我，我努力跟他解釋保魯西很害怕在朋友和我面前丟臉，還有他不可能借得到浮力衣的事實。喬伊覺得我不把保魯西威脅要殺他的事當作一回事。他拉高聲音，指控我拿青少年的生命來玩「俄羅斯輪盤」遊戲，還說要收回露營之旅的經費，揭發我的「詭計」。

俄羅斯輪盤。這幾個月我跟這些青少年合作引來的側目，似乎都濃縮在這幾個字裡。

我突然對幾分鐘前自己熱烈捍衛的立場變得不確定，也強烈感覺到自己立場的曖昧不明。我是一個外人、一個人類學家，跟一名被控縱火的青年牽扯不清。我覺得自己好像也犯了罪。

罪不脛而走，或許尤其是當罪被擅自認定的時候。它像傳染病在身體之間蔓延。風險當然特別高。大家擔心自己和他人的人身安全。逍遙法外的「罪犯」會再度犯案嗎？我被控沒有保護跟我一起工作的青少年，任由他們跟罪犯接觸，輕忽這起犯罪事件。問題是：我不知道保魯西是有罪還是無罪。

這種時刻的陪伴能改造世界。先是席拉的母親安妮來我借住的地方陪我坐在沙發上。保魯西有可能被定罪時，她也去陪他參加傳訊，免得他在法庭時覺得自己很孤單。坐在我旁邊時她告訴我，她自己兒子遭人指控時，周圍的人對她說了很難聽的話。她說因紐特人遭人羞辱時的慣常反應是說：「是這樣嗎？你能說的就這樣？再說啊，說啊，還有什麼？你還有什麼難聽的話可說？我想聽聽！」

後來傑比第來看我。我們站在外面的一小片陽光下踢著塵土，隨口亂聊。之後我哥打電話來。雖然他是老師，而且跟副校長是朋友，就是那個看到我們和保魯西往來就把我們踢出學校的副校長，他還是打了電話給我，即使他處理事情的方法可能跟我不同。

露營之旅最後還是成行。這趟旅行從一開始就氣氛緊繃。我認為答應帶我們同行的那家人對這個決定還是猶豫不決。有個青少年到北極超市買乾糧時遇到負責這趟旅行的耆老，他問耆老他能不能「跟」著一起去。他一臉反感（似乎是為了掩飾羞恥）地說，耆老過了很久才說可以。「但他最後有說可以？」我追問。青少年看我的眼神好像我是笨蛋。對方已經表達得很清楚。

我們搭了四、五個鐘頭的汽艇沿著港灣前往小島上的夏季營地，對面就是一座瀑布和蜿蜒的美麗山谷。跟我一起來的青少年雖然不斷在分析他們跟那家人的日常互動，評估自己是否受到歡迎，但還是很高興能來露營。每天都有三、四艘船出去獵白鯨，最後終於獵到了一隻。所有人看著牠巨大的白色身軀被拉上岩架，躺在夏日陽光下閃閃發亮。潮水退去、岩礁周圍形成水窪時，我們去挖蛤蜊，還到山谷健行好幾個鐘頭尋找馴鹿。借了吉他的保魯西有一度背對海灣和皚皚山脈坐在陽光下唱起歌來。唱的多半是無聊的歌，把今天發生的事描述一遍，歌詞在因紐特語和英語之間輕鬆切換。其中一首取笑了我的打獵技術：

麗—莎—史蒂文森
是這裡唯一的金髮
跟我們一起來露營
用她唯一的一支髮夾
跑去抓野兔
抓到氣呼呼
又換鞋帶來抓
鞋帶沒辦法
再換小石子抓！

＊＊＊

保魯西的憤怒（他視為啟動其巫師能力的觸媒）可能神祕莫測又令人害怕。露營之旅過後約一個月的某週五晚上，我們剛好都到冰壺場看一個當地樂團表演。場地夏天都沒維修，只見一排排桌子鋪上白色桌布，啤酒裝在啤酒桶裡，葡萄酒則用塑膠杯盛著喝。那天晚上表演的是一個卡魯納樂團，來聽的也多半是卡魯納。後來我才發現保魯西、巴比和馬圖來參加完全是為了找我。保魯西喝了酒，變得非常保護我。

「誰要敢動你一根汗毛，我就找誰算帳。哪怕只是一根汗毛。」他微微動了一下，坐得更直。

用不著說出口，我就知道他想起了自己被捕的那天晚上。巴比滑到我旁邊，說：「怎樣？你們兩個在聊什麼？」但他瞄了一眼保魯西的臉就說：「不會吧，保魯西，就跟你說別再提了。別碰那個話題。別往那裡去。喝酒吧。你想被趕出去嗎？」

幾星期後，我們一起去酒吧慶祝我們的影片正式播出。保魯西又說起他被指控的那個晚上。巴比叫他別說了，說他想放鬆一下轉變心情，但保魯西還是低聲接著說。他告訴我警察逮捕他時他哭得多慘。警察嘲笑他「你為什麼要哭？因為是你幹的嗎？」

那天更晚的時候保魯西打電話給我。他還在喝酒，但沒有口齒不清，說話頭頭是道。他人在軍團酒吧。城裡的人在問他有沒有幹那件事。他覺得大家看他的眼神好像都把他當作犯人。他說他想在騎警隊面前轟了自己的腦袋，讓那些人看看他們毀了他的人生。

「我媽看我的眼神好像我是白人。」他的聲音充滿憤怒。他掛上電話。

我回撥給他。

他接起電話說「掰」，然後又掛斷。

我打到席拉的呼叫器，也打給巴比。

但都沒人回電。

歌

回顧那段時光，對我來說重要的不是我應該做什麼或如何反應，而是我曾經目睹和體驗不需知道另一個人的「真相」（或確認其身分）就能認可對方的短暫時刻。這就是我想稱之為「歌」的東西。

我所指的歌，最明顯的就是保魯西在露營之旅唱的那首歌，但也包括本書序呈現的喉音詠唱畫面。某方面來說，連表演katajjait（喉音唱法）的女性都不是很了解那是什麼（有段時間她們到世界各地表演，包括溫哥華奧運和在北京舉辦的世界婦女大會）。介於叫喊和語言之間（Saladin d'Anglure 1978），很多katajjait都沒有可辨別的字詞，只有從一個身體傳送到另一個身體的呼吸——有節奏，用喉嚨發音，斷斷續續。有些有歌名，比方Kitturiat（蚊子）或Qimmiruluapik（最後一隻小幼犬）。有人說，katajjait發出的聲音是現代因紐特人的祖先使用的文字，但這些文字代表的意義已經失傳。[2]也有人說，katajjait只有死者或死者的代表能理解，例如透過沙沙細響或呼嘯聲現身的北極光，或是tunnituarruit，沒有身體飛來飛去的頭（Saladin d'Anglure 1978）。

但我所謂的「歌」或許也有比較不明顯的形式，執筆時我想到的是安妮、傑比第和我哥在我茫然失措時的陪伴，還有安妮陪伴保魯西應訊、朋友到夢中跟你抽最後一支菸，以及兒子去聽他人談論母親是怎麼死的等等。這些也是歌表達的關心能為他人創造存在的空間，並在某種意義上喚醒他人的存在的例子。唱歌不只是為一首眾所皆知的歌唱出歌詞。從最純粹的意義來說，我把歌當作一種「喚起」，依賴的與其說是文字本身，不如說是把聲音當作一種表示。[3]

我對歌的想法延續了第四章我對「名字的生命」的思考。在那裡，我感興趣的是不可化約為「生命本身」（不知名他者的存活）的思考生命的方式。理解名字（atiq）在因紐特社群扮演的角色，提供一種我稱為「死活相依」的思考生命方式，因為死者一直「還在那裡」。死活相依的生命把我們拉進匿名照護（因為各種原因變成福利官僚體制的核心）以外的生命。Atiq形成的關係也凸顯了生死彼此交織的一面，因此存活永遠跟死亡相關。此外，我也對atiq揭露人何以為人的這一面感興趣：肉體生命至少有一部分仰賴我們的語言生命。換句話說，我們必須被召喚才能存在，未被召喚的人都脆弱不堪；我們的「生命」和我們的名字彼此相連，透過名字的召喚我們得以活著，這些意義都真實存在也不可忽略。

探討名字的生命時，我把重點放在呼喚一個名字，而且是特定的名字上。在這一章裡，我想處理的是說了**什麼**（一個名字，教名或其他名字）並不重要，重要的是**說出口**，更確切的說是**某個人**，某個他者（有真實血肉的人）正在說話或歌唱的時刻。我想思考的是跟他人說話或呼喚他人的方式。在這裡我關心的不是命名本身，而是呼喚他人；不是說了什麼，而是說了話、做了動作或唱了歌的事實。此外，我也對當一個人用我們或許想稱之為愛的心情（至少是我們會想跟恨加以區別的心情）說了什麼的時刻產生的改變感興趣。我第一個想到的是因紐特大人對小孩（有時也會對人類學家）發出的咕噥聲，以此表達深切又頑皮的愛。有時候一個人會說Ajunnni，意思是「你好會！」，就像在說「哇，你好聰明，我可以把你吃掉！」

其他時候話語則是用溫柔深情的聲音一再重複。一個大人對特定小孩會有特殊的說話方式和特定的用語。因紐特語用來表達這種話的字是aqaq。琴・布里格斯翻譯成「用重複的話語或旋律溫柔地對一個小孩說話、唱歌或唸誦，大人或青少年跟小孩或嬰兒之間藉此建立和表達深情的連結」(Briggs 1998: 231)。

我記得有次跟一個朋友去打獵時曾經被aqaq。我們躺在合板睡鋪上，我把自己包在羽絨被和Gore-Tex睡袋裡，朋友睡我旁邊，睡鋪上堆滿了毛皮和毛毯隔絕冷風。她的哥哥和大嫂躺在她的另一邊。「嗯。」她咕噥一聲，又一聲，然後笑了。「你知道那是什麼意思嗎？」月光從我們頭上的小窗戶直灑而下，屋裡安靜片刻，因為大家睡睡醒醒。我知道也不知道。

先談談恨

但為了說明一種深情的叫喚的可能性，我得繞一下路先談談恨。事實上，我對照護、生命甚至愛的想法，最初是受到朱迪斯・巴特勒《受激的言說》這本關於仇恨言論的作品的啟發。[4] 然而，接下來我要說的是，雖然巴特勒對語言生命的想法帶我們深入了解「歌」的創新力量，她對仇恨言論（以犧牲其他言說方式作為代價）的關注卻阻絕了歌的一個重要面向。也就是說，巴特勒對仇恨言論的討論依憑的是召喚（interpellation）的概念和它的**傷害力**，只要它也給予某種社會認可。因此，根據巴特勒的召喚理論（以及帶給她靈感的阿圖塞〔Althusser 1971〕），召喚永遠帶有侵犯的色彩，永遠給人異化之感。而我好奇的是，有沒有可能在為了找出和根除不公義所做的必要嘗試中，我們把更普遍的言說、召喚他人，或用動作示意他人的不具傷害力的方式置入括弧中，甚至徹底忽略。因為我們會發現，任何無法說明仁慈舉動的理論，都對我們理解「歌」作為一種賦予他者生命的方式幫助有限。

巴特勒在《受激的言說》裡對仇恨言論的討論，根據的是召喚的概念。從最基本的意義來說，被召喚就是被命名。她說透過被命名，「身體某程度的社會存在才變得可能」（Butler 1997a: 5）。因此對巴特勒來說，叫一個人的名字，無論是對方的本名或帶有種族歧視的髒話，都是把一個人召喚進特定的社會存在、特定的主體位置的方式。當保魯西被控縱火而出庭受審時，就是激烈地被召喚進縱火犯的主體位置——一個他難以擺脫的社會標籤。召喚這個概念使我們看見一個事實（「命名」無法達到同樣的效果）：名字從來不只是描述或指出一種現實，同時也開啟那個現實，或使它存在。如巴特勒所說的：「召喚所做的記號不是描述性的，而是開創性的。它致力於引介現實而非報導既有的現實」（33）。

假如來自外界的名字擁有像這樣開啟我們的社會存在的力量，那麼我們在語言面前尤其「脆弱」（仇恨的言論又更是如此）。之所以脆弱正是因為，我們是巴特勒所說的「被召喚的存在，必須依賴他者才能存在」（26）。換句話說，如第四章所述，我們的生命來自於他人的呼喚，來自於出生時獲得的名字，是名字確保了我們的社會存在。因為人類基本上是社群的動物，沒有被召喚就不可能「存在」。[5] 事實上，巴特勒一度提出，召喚實際上「賦予主體生命，使之存在」（25）。

這個說法讓我們注意到召喚具有賦予生命的力量——以及召喚跟活著的可能性不可避免地彼此牽連。

巴特勒把被賦予生命並得以存在的稱為「主體」。雖然「主體」和「個體」常被當作可以互換的詞，巴特勒卻非常努力區別兩者的不同。她寫道，「主體不該被狹隘地等同於個體，應該被歸於一種語言類別，一個空位，一個正在成形的結構。個體會占據主體的位置（主體同時以一個「場域」浮現），兩者唯有先在語言中某程度確立之後才享有可理解性」（Butler 1997b: 10-11）。

簡而言之，召喚透過給予主體一個可棲身的位置，為個體賦予可理解性。雖然巴特勒接下來主張，這樣的個體不會先於召喚而存在，但有可能在某些時刻，召喚將一個有血有肉的獨特*個體*轉變成社會可理解的*主體*。而這樣的可理解性如同巴特勒強而有力呈現的，往往使人感到異化。

原住民被殖民的歷史，可以說是透過占據一個「問題」的「主體位置」而變得可理解的過程（尤其可見 Dyck 1991）。奧德拉・辛普森在介紹一連串探討原住民社群精神健康的文章時，邀請我們再一次思考對美洲原住民來說持續被這樣召喚可能意味著什麼。辛普森要我們留意「被定義成『一個需要處理的問題』的經驗」，以及「只用那些詞彙被定義的經驗」（Simpson 2008a: 376）。辛普森呼應杜博依斯在《黑人的靈魂》中的說法，要讀者想像以一個問題被召喚是什麼感覺。她指出就黑奴從個人財產變成問題的例子來看，「所有轉變背後的感覺、感情和情緒都被（白人）漠視。這是一種需要敘述的轉變，這樣那些有權界定同情心市場的人，或許才能真正了解那是什麼樣的感覺」（376）。

由此可見，召喚就是賦予一個人社會認同、主體位置，由此獲得可理解性，並把這個人放在他或她的位置上。皮耶．布赫迪厄在說明羞辱一個人意味著什麼時，勾勒出了這個過程的運作邏輯。布赫迪厄指出，羞辱「就是指示一個人他具有某某特質，以及此刻他的行為舉止應該符合由此分配給他的社會本質」(Bourdieu 1991: 106)。所以，召喚就是分派社會本質，把一個人**看作**問題，**看作**罪犯，**看作**酒鬼，或**看作**國王，藉此固定其社會身分。

因此，巴特勒的文章探討的是廣義的羞辱——羞辱作為一種透過召喚使個體符合特定主體位置所做的嘗試。巴特勒用來形容召喚的詞彙，就是我們用來形容陷阱或圈套的詞彙：一個人永遠被固定在一個地方或被逮個正著。例如她說，「一個名字往往能固定，凍結，界定，使之成為實體」(Butler 1997a: 35)。但同樣地，「召喚的目的是指出和建構臣服的主體，在時空中打造其社會輪廓」(34)。當巴特勒重述阿圖塞說的一名警察在擁擠的人行道上叫住一個人，使那個人心虛地回過頭的故事時，她說，「這個行人回過頭正是為了獲得特定的身分，而且可以說是用心虛的代價換來的身分」(35)。被召喚的主體與警察通同一氣，把自己**看作**有罪的，**看作**一個問題。

重要的是，根據我在本書中提出的論點，傾聽也可以是一種召喚。[6] 換句話說，有些傾聽方式就跟說話方式一樣，能把一個人、一個個體固定在特定的主體位置裡。也可以說，有些傾聽方式是特別保留給兒童、罪犯、酒鬼、國王的傾聽方式。小孩說的話無非就是童言童語，酒鬼說的話無非就是醉話，罪犯說的話無非就是罪惡的，國王說的話無非就是高高在上的。[7]

卡爾維諾在〈聆聽的國王〉這個短篇故事裡提供了一個如何無須言語或文字就被召喚的生動

例子。故事中的國王焦慮無比，懷疑他的王國就要被叛徒包圍，因此他從不離開王座，甚至連睡覺都是。國王誰都不信任，臣子每日來向他報告朝政的聲音聽在他耳中像「冰涼的搪瓷」(Calvino 1986: 57)。國王每個聲音都不放過，包括鐵鎚敲打聲和引擎節流聲，彷彿裡頭藏有需要破解的祕密訊息。他從每個「聲音片段」收集「暗號、資訊、線索」，好像所有人「都只想傳遞精準明確的訊息」(51)。但後來，宮廷的日常聲響中傳來一個女人歌唱的聲音，跟他的臣子和子民不同的是，女人似乎並不知道有人在聽她唱歌，她的聲音對國王毫無所求，也沒有要向國王傳達任何訊息。「吸引你的是，」卡爾維諾寫道（用第二人稱描寫國王和讀者的內在聲音），「這個聲音得以存在的美好：作為聲音而存在的美好」(54)。[8]

國王想像自己唱歌回應女人的歌聲，但腦中的聲音卻警告他，「唱歌好雖好，但沒人會聽到你，他們不會聽到你、你的歌、你的聲音。他們只會聽到國王在唱歌，以國王應該被聽到的方式接受來自上位者的聲音，但那聲音除了上位者和下位者之間不變的關係之外，沒有其他意義」(58)。把一個人當作國王一樣傾聽，就是不發一語的召喚。卡爾維諾讓我們看見，傾聽的方式可能跟說話的方式一樣被固定：被傾聽的聲音除了國王跟子民之間的固定關係之外，不允許有其他意義。「他們不會聽到你、你的歌、你的聲音。」國王的內在聲音如此警告他。

那麼，把一個人當作國王一樣說話或傾聽是什麼意思？在這裡我想追溯前面那句話裡的「當作」二字。在一篇名為〈可陪伴的思考〉的文章中，卡維爾告訴我們，人盲（soul-blindness）（無法將他人看作人）跟維根斯坦的「視某物為某物」或看見某物的「特定面向」的概念相關（Cavell

2008）。[9] 維根斯坦解釋「視某物為某物」最有名的例子，就是一張圖片用一種方式看是鴨子，用另一種方式看卻是兔子。[10] 我們當然也可以用這些**詞彙**來描寫召喚。想想阿圖塞說的警察在辦公室忙了一天，望著外面的擁擠人行道時把每個人都看作嫌犯。心情好的時候，他看到的或許都是奉公守法、各自營生的好國民。

我們能夠想像自己傾聽他人或跟他人說話時不事先固定對方的身分嗎？科拉．戴蒙德與卡維爾一同進行「可陪伴」的思考，對戴蒙德來說，思考與我們一同活在這個世界的人有另一種方式，那就是把這些人想成「可能找來當作**同伴**」的人（引自Cavell 2008: 104）。「尋找某人」跟「視某人為某物」之間的區別對我來說很重要，即使她被當作人一樣**看待**。在這裡我要提出一種或許聽起來很矛盾的說法，雖然我並不認為矛盾：尋找某人與你作伴，或是認出他們**可能**是被找來作伴的人，這跟把他們**當作**國王、酒鬼或罪犯一樣看待、說話或傾聽是不同的。首先，透過陪伴尋找的不是可理解性，而是某種存在。[11]

想想待在屋子後面的那隻渡鴉。牠可能是死去的舅舅，可能不是，但可以肯定牠還在那裡。還記得坐在沙發上陪我的安妮、跟我一起踢沙子的傑比第、打電話給我的我哥，還有彈吉他唱歌的保魯西。依循戴蒙德的論點，我會說我的世界之所以能重建，是因為安妮、傑比第和我哥用他們各自的方式與我作伴，尋找我的存在，提醒我他們在那裡，在我左支右絀時陪伴我。安妮也在其他人都把保魯西**看作**縱火犯時對他做了同樣的事——跟他作伴。

這就是我對歌的看法，那就是尋找某人，呼喚某人，對某人歌唱，甚至召喚某人（假如我們能把這個詞跟仇恨的根源分開的話）跟你作伴，變成一種存在。看見面前的人（而非把某人看作人）意味著看出他們跟你作伴的**潛力**，看出他們是深情的存在，無論他們被要求占據何種主體位置都能出現在你面前。

雖然說到這裡可能已經很明顯，但我還是想要強調，在阿圖塞所舉的召喚範例中，那個警察和有罪的主體之間並沒有感情。然而，把**這個**——有關紀律、秩序和指認罪行的——例子當作召喚情境的標準例子，其中的重要性不容忽視。即使當巴特勒把仇恨言論跟他者對我們的最初稱呼、從此開展我們的語言生命連在一起時，她也強調其中包含的傷害：「畢竟，」她寫道，「被他人命名是一種創傷，是先於我的意志的行為，這個行為把我帶進語言的世界，我才可能在裡頭開始行使能動性」（Butler 1997a: 38）。到最後，巴特勒的仇恨言論跟在這世界為我們挪出空間的母親／他者所說的話之間有一個很重要的共同點。兩者都帶來創傷。兩者都把我們固定在位置上。一個母親給予的可理解性，跟帶有種族歧視的髒話一樣使人感到異化；雖然或許程度不同。

所以雖然我認同巴特勒所說的，召喚具有不可避免的力量，但我很好奇會不會也有一種被呼喚進而存在的方式，能夠避免（至少極小化）個體霸道地被召喚進既有的主體位置。[12] 我很好奇我們到處尋找他人作伴時是否能避免「人盲」，就算無法絕對避免（我不認為有可能），至少能偶而避免。因此我的問題變成：假如我們把關愛的例子而非仇恨的例子當作召喚的範例，會發生什麼樣的事？若是召喚概念之核心的「叫喊」，關乎的是辨認他人的存在，而非固定他人的身分會如何？若是叫喊不是要把他人固定在他或她的位置上，而是要為他人在語言中挪出空間呢？（Das

2007，第三章）當可理解性不再是探討召喚時最大的重點會如何？[13] 哲學家亞德蓮娜・卡瓦雷羅一直在尋找用語描寫這種利他主義的辨認方式。在《相關聯的敘述》中，她特別強調她稱之為「聽見他人訴說**你的**故事」這種「普世」欲望的重要性。她指出，因為我們無法訴說自己出生的故事，所以「身分的意義永遠有賴他人訴說我們的生命故事」（Cavarero 2000: 20）。我們需要他人來訴說自己的人生故事。這麼看來，雖然一個人的人生故事或許就像一種更錯綜複雜的召喚方式，卡瓦雷羅仍然堅持，重要的並非故事說了**什麼**，而是故事**可以被訴說**。換句話說，造成改變的不是他者被敘述，而是他者是可以敘述的。可見她對敘述的定義超出我們日常所說的敘述。「（敘述）『揭露了意義卻不會犯下定義它的錯。』不像幾千年來堅持用定義之網捕捉世界的哲學，敘述用它脆弱的獨特性揭露有限的世界，並歌頌它的輝煌」（3）。

卡瓦雷羅指出敘述能「歌頌」獨一無二的個體本身的輝煌。這樣的覺察並非試圖要凸顯「相較於大眾的可理解性，個體的獨特性是難以形容的」這個古老的概念。應該說，歌——從它最基本的意義來看，也就是為聲音賦予形體（bodying forth of a voice）——跟我在本書不斷闡述的意象概念有關。那就是，歌跟意象一樣「表達而不闡述」（Foucault 1993: 36），因此「揭露了意義卻不會犯下定義它的錯」（Cavarero 2000: 3）。

對卡瓦雷羅而言，把某人**看作**某物的問題在於問那個人是**什麼**（哲學用語），而非那人是**誰**（敘述用語）。在卡瓦雷羅看來，一個人是誰，一個人不可複製的身分，無法透過哲學（或透過羞辱人的召喚）得知，只能透過敘述的可能性。[14]

這麼一來，卡瓦雷羅在下一本書《不只為了一個聲音》中更直接把焦點轉向歌和聲音，也就不令人意外了。她認為「說話這個動作是關聯式的：它首先傳達的，除了話語傳達的特定內容之外，就是個別聲音中聽覺的、有實際經驗的關聯性」(Cavarero 2005: 13)。回頭讀她的文集，我們可以說，敘述一個生命時重要的不是說了**什麼**，而是有一個獨特的、有實際經驗的聲音在對**我**訴說**我的**生命故事。

卡瓦雷羅著重的是辨認獨特存在在場的政治可能性。相反地，巴特勒的《受激的言說》則可以看作一本目錄，裡頭列出我們可以把他者當作沒有實體、沒有「個別聲音中聽覺的、實證的關聯性」之人的各種方法。這裡再次清楚顯現出巴特勒對阿圖塞的「召喚」概念的修正。她指出，警察在街上叫住的人不需要回過頭也能當作嫌犯被召喚。「但如果我們接受主體的語言建構可以在主體不知情的狀況下進行，就像一個人在聽力範圍之外被建構，例如第三人稱論述指稱的對象，那麼召喚在沒有『轉過頭』、沒有任何人說『我在這』的狀況下也能運作」(Butler 1997a: 33)。當他者不在場時，我們顯然很擅長羞辱、仇視，甚至兇狠地對待他者。只要想想逼得保魯西想自殺的流言就很清楚。在這種情況下，說「個體」從犯罪現場消失並不誇張。她的在場對於她如何被誣陷不再需要也不再重要。

這裡我關注的比較不是命名本身，而是對另一個人的呼喚；不是說了什麼，而是說了出口，或是比了手勢、唱了歌。[15]所以，暫時把羞辱擱在一邊，想想我所謂的「歌」似乎有其必要，假如我們如實呈現**也**在充斥著仇恨和暴力的情況下發生的人際互動的話。我所指的「歌」使我們開始留意尋求友伴的言說方式，而非試圖辨別、固定或使他者變得可理解的言說方式。

真的可能把召喚（至少是使召喚獲得力量的呼喊）跟特定身分的建構分開嗎？若是如此，我們之前被召喚進而獲得的各種身分和社會現實，難道不是使召喚成為可能的條件嗎？在這裡我要表達的是，有些時刻重要的並非你是某某**身分**，而是**存在**，無論是什麼樣的存在。那可能只是一瞬間，就像凱薩琳·史都華轉瞬間捕捉到的「靜物」，打斷了「我們稱為自我、能動性、家、生活等等」課題（Stewart 2007: 19）。但這樣的時刻有其重要性。如同因紐特人的命名習慣呈現的，這樣的時刻或許才允許他者一開始能夠存在。也就是說，允許一個孩子活下來的舉動，可能跟對這個孩子日後變成什麼樣的人的希望和期望分開。[16]

這種形式的歌曲變得顯而易見時，常常是在日常召喚時作為一種干擾出現。這種時候我們才看出眼前的人的獨特性／特定性（此人只能是這樣），而特定的（而且必然簡化過的）身分並非當下所需。把召喚想成一種干擾，能使它屬於固定位置和身分以外的時刻。[17]

舉例來說，我跟著年輕人去露營時，坐在帳篷外面整理吃的東西，那時有個我不是很熟、從沒直接說過話的人經過。她沒問我在做什麼，因為不用問也看得出來我在幹麼，或是我為什麼或怎麼會在那裡。她只用因紐特語喊了聲「嗨麗莎」，也沒特別往我的方向看。於是我在，我存在，我被認出來了。我在她的話語裡找到了家。懷著滿心歡喜，我繼續手邊的工作。

卡爾維諾的那則短篇故事到最後，國王離開王座，以及折磨他很久的焦慮不安。他聆聽「回音和細響時不再需要區分它們和解讀他們，而是把它們當作一件音樂作品」（Calvino 1986: 63）。他終於不再要求可理解性，不再要求「區分」和「解讀」宮廷裡的回音和細響。國王開始像聆聽音樂一樣聆聽世界。[18]

把召喚當作羞辱時，著重的是個人身分相關「資訊」的傳送，目的是使對象變得可理解，所以關心的是他者是什麼，而非他者是誰。相反地，當敘述——更好的說法是「說故事的人」——開始歌唱時，是「為話語賦予形體」。[19]說故事時，可理解性（某事物本身是可理解的）退居次位，另一種理解方式登場，這種理解方式跟音樂性和在場的關係更緊密。

這一章試圖描寫其中一些時刻，當言說始終也是一種「模式」（mode）——一種特定的旋律、一段音樂、一個節奏——且不可忽略的時刻。因此重要的不是安妮和傑比第說了什麼，而是他們在那裡，陪在我身旁說話。這種對他者的言說由特定的旋律、音樂或節奏來傳達，除了對我們更紮實地了解召喚很重要，對人類學敘述可能如何歌唱也是。

在這章的最後，我想舉出一些我自己的可陪伴的思考。勞倫斯・柯恩的〈給普希金的歌〉這篇極具代表性的文章，促使我們重新思考酷兒的倫理生活可能的模樣。那也是一首獻給普希金・錢德拉的歌，或許是一首輓歌。二〇〇四年，普希金和他的情人在新德里爸媽家的 barsati（頂樓加蓋）遭人殺害。這起命案後來引發一連串指控（錢德拉從事同性色情人口販運）和反指控（對同性戀普遍存在的偏見和歧視），但柯恩說他的介入既不是要「保護也不是要解救錢德拉受傷的身體」（Cohen 2007: 115），或許可以把它想成一首歌。「假如這是用歌來訴說的故事，那也是梵文意義下的歌，而我要如何唱它，才能肯定我們被要求透過呼喚而存在的倫理世界。我面對普希金的死歌唱。倫理作為一種展演，在這裡被當作一種哀悼來呈現」(103)。

柯恩面對普希金的死歌唱。他援引的倫理跟控告指責（錢德拉是這樣或那樣）關係不大，而是一種「展演」和「哀悼」的呈現。一方面來看，柯恩（跟卡瓦雷羅、卡爾維諾和班雅明一樣）開啟了用不同方式聆聽的可能性，放開把他者（這裡是錢德拉）當作罪犯或當作受歧視者一樣傾聽的欲望。在一篇（看似無關）探討失智症的文章裡，柯恩提倡一種根據蘇格拉底式反詰法的概念提出的傾聽方式。在這種方式下，聲音「既不代表它看似要表達的……也不代表它看似要表達的相反，而是兩者以外的其他東西」(Cohen 2003: 123)。柯恩所說的「其他東西」或許跟班雅明筆下陶工留在陶罐上的手印，或是獲得形體的話語承載的東西多過它們的意義有關。跟話語抓住我們的方式有關。

九年後

九年後我從蒙特婁打電話給席拉。這期間又有另一個人被判刑。她告訴我保魯西當爸爸了。她跟潔西最近看到他走路經過白色排屋（本來只是要當作臨時住宅的一排簡陋房子，但一直沒拆除），後面用 amauti（「女人」穿的毛皮大衣，後面的帽子很深，用來放小孩）揹著寶寶。「潔西看著我說：『戀家的男人！』」說完兩人哈哈大笑。

我們通過電話後過了幾週，有個男孩離奇喪命，保魯西再次成為流言蜚語中的頭號嫌犯，但最後無人被起訴。

我不會唱歌，甚至連音都唱不準。但如果我能唱，我願意為保魯西歌唱。

79

後記　寫在保麗龍上

Epilogue: Writing on Styrofoam

二〇〇三年秋天，有天晚上在伊魁特，莫妮卡、潔西和我在我幫忙看家的屋子裡消磨時間。我們在客廳裡，就是伊魁特那種標準的客廳，有一張填得很飽的藍色沙發和相配的扶手椅，一張玻璃咖啡桌和一台電視。公共住宅。我們聊東聊西，一下坐沙發，一下坐地板，來來回回到廚房端吃的。莫妮卡仍在為最好的朋友死去而痛苦，她跟我說了伯父過世後不久她做的一個夢。她夢到自己在北極超市看見他，那是他自殺前斷斷續續工作過的當地超市。在夢中她一直看著一個書架，書架擋住了不斷從超市門口湧進來的顧客。她告訴我們，「不知道為什麼我一直看著那裡，你知道，你其實看不到走進來的人……我就這樣走著，一直盯著書架看，然後我看到我伯父走過去。他只是看著我，我們沒跟對方微笑什麼的，就只是看著對方直到我們看不見對方。」

直到我們看不見對方。做夢的人跟被夢見的人一樣無聲地消失在視線之外，什麼都沒留下。什麼都看不見。

彷彿要回應這個夢的無聲結局似的，潔西也說了一個她夢到她死於癌症的阿姨莎賓娜的夢。在夢中，電話響起，潔西接起電話，是她阿姨要找一個叫歐露提的人。

「歐露提在哪？」她阿姨蠻橫地問。

「請問你是？」潔西問，不理會阿姨的問題。但阿姨對著電話吼：「媽的歐露提在哪？」

「你是莎賓娜嗎？」潔西認出阿姨的聲音。「嘿，莎賓娜！」

「幹，我得走了。」阿姨匆匆掛斷。

過了一會兒莫妮卡跟我說了我在第三章第一次提到的那個夢。夢中出現了她自殺身亡的閨密。這個夢令她想不通，但她還是告訴了我。一群人坐在餐廳裡，她朋友也在那裡卻不看她，不跟她有眼神接觸。然後冷不防地，死去的朋友看著她，說：「現貨交易嗎？」

> 於是我們就做了交易。之後突然切換成另一個夢，我們到了外面，只有我一個人，我人在便利商店外面哭，**知道**她過世了，**心**裡想著「沒道理啊」**之類的**。**然後……我不知道**。我在保麗龍上寫字或畫畫。因為外面好多保麗龍。

在出現死者的夢中，聲音有可能模模糊糊，很小聲，好像音量被調弱，響度出不來。所以我的朋友沒開口說話，而是在保麗龍上寫字。很多很多的保麗龍。

* * *

傅柯在介紹賓斯萬格的《夢和存在》時曾說自殺本身是一種想像的形式。「自殺，」他寫道，

「是一種終極的想像模式；用自我壓抑這種現實的字彙來描寫自殺，注定會誤解它」（Foucault 1993: *69*）。[1]

這裡帶有某種恐怖。[2] 點出自殺跟想像（而非想像的貧乏）之間的關聯，其中的恐怖在於涉入了本身濃縮了如此多痛苦的行為（自殺）。恐怖的是站在（生命）政治錯誤的那邊，站在新自由主義承諾的無止盡的新開始但卻是錯誤的那邊。恐怖的是被貼上不（夠）關心的罪名。[3]

我**一直**不知道自殺是什麼。我感覺到有時它會從無法忍受的痛苦中爆發，有時是人生無意義的感覺，有時是難以克制的憤怒。還有呢？我發現自殺有時候是一股想活得不一樣的欲望，用莫利斯．林哈特的話來說是「神話般」的活著——超越伴隨著殖民而來的精神折磨，「重新發現我打造自身世界最初時刻的方法」（Foucault 1993: *69*）。[4] 如林哈特所說，在描寫美拉尼西亞的卡納克人的生活方式時，「唯有透過這種神話的現實，才有可能理解他們為什麼沒有死亡即存在滅亡的概念，雖然這是我們對死亡的標準概念之基礎。唯有透過這種神話的現實才可能放棄作為我們理解基礎的二元論：生或死、有生命或無生命、是或否」（Leenhardt 1979: 41）。

我們可能也得放棄自殺和想像之間的對立關係，尤其當我們體會到死者如何盤據現代因紐特青少年的世界時。不是所有人都認同官僚化、專業化和匿名照護的理性，在那樣的理性下，死亡就等同於官僚體制的失敗。城裡仍然有天使等待著死者，仍有寫在一堆堆保麗龍上要給死者的訊息，以及在凍原上奔馳、不願被抓到的圖尼特。雖然我們想把現代因紐特青少年的自殺欲望看成一種平凡無奇因而顯得可憐（甚至可惡的欲望），一個在愛中受挫的青少年想要透過自殺永遠糾纏心愛的人，這種欲望同時也是林哈特所說的「神話般」的欲望，或傅柯所說的一種「想像的模式」。那都指出想要以不同方式屬於這世界的欲望。

我在這本書中追溯了加拿大政府在因紐特社群中推動的生命體制，以肺結核大流行為始、自殺潮為終，其間產生了特有的傾聽、言說和知道的方式，這些方式如書中呈現的試圖將他者固定。這樣的照護形式有時被認為是殘酷的。我在書中一直在問的是：傾聽臨終的考雅克發出動物的聲音而不要求她說人話，或不把她發出的聲音當作無意義的話而不屑一顧，可能意味著什麼？聽她孫子薩奇亞西訴說的同時，不堅持唯一重要的事實是考雅克已經死了，可能意味著什麼？我們如何承認渡鴉在那裡，卻不去解決牠到底是不是死去的舅舅？聽一個想自殺的青少年說話，而不堅持要他或她渴望生命，配合體制，可能意味著什麼？

此外，我也努力描寫一種拒絕把他者固定在一個位置的傾聽方式，好讓新的、意外的連結在每次相遇中浮現。這種傾聽方式不符合有意義／無意義、理性／非理性的二元論，而是允許他者同時是她自己也不是她自己。就像席拉對出現在她夢中的朋友的描述：「那是她但也不是她。」這使我發現意象和想像跟自殺倫理的關係。如果我們呼喚彼此使之存在，就像死去的朋友呼喚席拉一起抽菸，或薩奇亞西藉由傾聽祖母的名字呼喚祖母，對方是否還活著並不重要。是意象（以視覺、聲音或語言形式呈現）讓我們活著。生命在自身之外。

自殺不一定是想像的失敗，承認這件事並不會使我們走向虛無主義或因此不再關心那些深陷痛苦的人。它讓我們得以用另一種方式傾聽身邊重要的人的生命和想像。當我們承認生命不只屬於我們，我們會被呼喚也會呼喚他人，我在本書中不斷爬梳的照護倫理於焉展開。這樣的倫理關係到的不只是自殺導致的死亡，以及肺結核導致的死亡，還有籠罩在死亡陰影下的生命。若生命在自身之外，就無須將它固定。我們要做的是找出新的關愛方式，想像嚴肅看待這種論點（生命在自身之外）的他者的新方式。其中包含了一項倫理工作，那就是把我們自己和他人當作富有想像力的存在一樣關心。這項工作無法預先描繪出輪廓。

譯名對照

2畫

《二度死亡》*Twice Dead*

3畫

大主教人權辦公室 Archbishop's Human Rights Office
大都會人壽保險公司 Metropolitan Life Insurance Company
大衛第 Davidee
山區療養院 Mountain Sanatorium

4畫

《不只為了一個聲音》*For More Than One Voice*
丹尼 Danny
五月廣場母親 The Madres de Plaza de Mayo
《今日因紐特》*Inuit Today*
〈六個年輕人〉Six Young Men
六部落保留區 Six Nations
切斯特菲爾水灣 Chesterfield Inlet
厄奇尤特 Eerkiyoot
尤金妮雅 Eugenia
巴比 Bobby
巴克萊，威廉 Barclay, William
巴利基 Balicki, Asen
巴拉克拉夫 Barraclough, Nada
巴拉雷特 Ballarat
巴芬島 Baffin Island
巴芬島 Baffin Island
巴芬島監獄 Baffin Correction Center
巴特勒，朱迪斯 Butler, Judith
巴特，羅蘭 Barthes, Roland
戈恩，約瑟夫 Gone, Joseph
《日本的憂鬱》*Depression in Japa*

5畫

以撒 Issac
加拿大北部 Canadian North
〈加拿大北部的疾病與死亡〉Disease and Death in Canada's North
加拿大北部政府 Canada's Northern Administration
加拿大皇家騎警 RCMP
加拿大國家衛生福利部 Department of National Health and Welfare, DNHW
加拿大統計局 Canada Statistics
加拿大廣播公司 CBC
加拿大衛生福利部醫療服務處 Medical Services Branch of Health and Welfare

6畫

7畫

8畫

9畫

10畫

馬丁，老保羅 Martin, Paul, Sr.
馬妮拉克 Manilaq
馬基維克公司 Makivik Corporation
馬許，伊恩 Marsh, Ian
馬許，唐納 Marsh, Donald
馬雷西奇，查爾斯 Marecic, Charles
馬圖 Maatu
高登，艾弗利 Gordon, Avery
高登，路易斯 Gordon, Lewis R.

11畫

勒維克，法蘭西斯 Lévesque, Francis
基蒂克美奧特區 Kitikmeot
《將來的共同體》*The Coming Community*
康寧漢先生 Mr. Cunningham
〈從冰屋到因紐特石堆〉Iglu to Iglurjuaq
曼托，薩達特・哈桑 Manto, Saadat Hasan
曼寧，李歐 Manning, Leo
〈現實的困難和哲學的困難〉The Difficulty of Reality and the Difficulty of Philosophy
莎賓娜 Sabrina
莫妮卡 Monica
莫霍克人 Mohawk
被失蹤者家屬自救會 FAMDEGUA
《被拿來實驗的愛斯基摩人》*The Experimental Eskimos*
《規訓與懲罰》*Discipline and Punish*
陶席格，麥克 Taussig, Michael
《麥可・K的生命和時代》*Life and Times of Michael K*
麥克馬斯特大學 McMaster University
麥克馬斯特大學健康科學院 McMaster University's Faculty of Health Sciences
麥克馬斯特大學健康科學圖書館 McMaster University's Health Sciences Library
麥克馬斯特大學健康科學檔案館 McMaster Health Sciences Archives
麥克連，史都華 McLean, Stuart
麥克默奇，海倫 MacMurchy, Helen
麥基農 MacKinnon, A. J.
麥基爾大學 McGill University

12畫

傅柯 Foucault, Michel
傑比第 Jaypeetee
傑米森・凱 Jamison, Kay Redfield
傑姆西 Jamesie
凱恩斯 Cairns, Alan C.
凱博文 Kleinman, Arthur
博登半島 Borden Peninsula
博爾曼，約翰 Borneman, John
喬 Joe
喬伊 Joey
喬那西 Joannasie
喬治堡 Fort George
喬塔尼 Joetanie
彭多爾菲，瑪莉亞 Pandolfi, Mariella
惠爾特 Wherrett, G. J.
《惡靈抓住你，你就倒下》*The Spirit Catches You and You Fall Down*
斯蒂布洛 Styblo, Karel
《智慧之書》*The Book of Wisdom*
《最後長嗥的回音》*Echo of the Last Howl*
殖民局 Colonial Office
港灣湖 Lake Harbour
湯姆灣 Thom Bay
無有路 Road to Nowhere
猶大 Judah
琳達 Linda
〈給普希金的歌〉Song for Pushkin
《給愛斯基摩人的智慧之書》*The Books of*

赫茲菲爾德，邁克爾 Herzfeld, Michael

15畫

劍橋灣 Cambridge Bay
德格南，凱瑟琳 Degnen, Catherine
德斯加萊，羅伯特 Desjarlais, Robert (Bob)
摩爾，P. E. Moore, P. E.
摩爾，安瑪莉 Mol, Annemarie
摩爾，波西 Moore, Percy
撒馬利亞會 The Samaritans
歐尼爾 O'Neil, John D.
歐克皮克，艾比 Okpik, Abe
歐露提 Olutie
潔西 Jesse
潘多爾弗，史蒂芬妮亞 Pandolfo, Stefania
潘恩，羅伯 Paine, Robert
潘納唐 Pangnirtung
《緩慢的人》*Slow Man*
衛生福利部 Department of Health and Welfare
駝鹿工廠 Moose Factory
駝鹿工廠醫院 Moose Factory Hospital

16畫

《遺棄的經濟》*Economies of Abandonment*
錢德拉，普希金 Chandra, Pushkin
霍尼曼，伊爾瑪 Honigmann, Irma
霍尼曼，約翰 Honigmann, John
霍克斯 Hawkes, Ernest William
霍奇森，科琳 Hodgson, Corinne
霍格，科林 Hoag, Colin
霍華莊園 Howards End
霍爾號 C. D. Howe

17畫

戴蒙德，科拉 Diamond, Cora
環城路 Ring Road
聯邦路 Federal Road
蕾貝卡 Rebecca
賽門 Simon
韓森，安・米提猶克 Hanson, Anne Meetjuk

18畫

薩奇亞西 Sakiassie
薩拉丁・東格呂 Saladin d'Anglure, Bernard
薩拉莫尼 Salamonie
薩德伯里市 Sudbury

19畫

懷特，葛蘭姆 White, Graham
羅伯茲，伊莉莎白 Roberts, Elizabeth
羅斯堡 Fort Ross
羅森鮑姆 Rosenbaum, A.
龐德因萊特 Pond Inle

20畫

礦產及資源部 Department of Mines and Resources

21畫

蘭格，蘇珊 Langer, Suzanne
《蠢蛋搞怪秀》*Jackass*

22畫

《權力的精神生命》*The Psychic Life of Power*

註釋
Notes

前言
Introduction

1 書中所有人名皆經過更改，除非當事人同意使用本名才列出全名。

2 羅伯・威廉森也發現「因紐特人的日常對話中，對生命的不確定性無所不在」（Williamson 1988: 247）。威廉森指的是不確定生命會延續多久，但我感興趣的是與此相關的不確定性，也就是其他人、動物或物體怎麼樣才算活著或死去。

3 這就帶出一個問題：我感興趣的不確定性是認識論的（我們如何或是否能夠認識一件事）還是本體論的（世界是或將是什麼，這個問題本身具有的不可判定性）？請各位記住，我對語言的興趣不代表我談的總是認識論的不確定性。有鑑於此，這本書向很多具有代表性的人類學家和哲學家取經，因為他們感興趣的是語言和神話之間的本體論關係（參見Cassirer 1946; Leenardt 1979），而不只是語言和懷疑之間的認識論關係。我在因紐特社群中遇到的不確定性，往往跟世界是什麼和將是什麼有關，而非對我們如何能夠得知世界是或將是什麼的懷疑。對很多因紐特人來說，世界萬物（例如渡鴉）和世界本身並不是被理解為是自我同一或始終一致的。這種本體論的不確定性不一定需要解決，也不必然會產生我們熟悉的那種懷疑論。

4 這樣的時間劃分很難精準，端看我們如何定義「流行病」以及如此界定包含哪些利害關係。法蘭克・泰斯特認為因紐特肺結核大流行發生於1945年到1960年代初，還說當時因紐特家庭無一倖免（Tester 2002: 201）。如格萊基爾所指出的，官方初次估計肺結核死亡率是在1945年，當時死亡率是每100,000人中有314人死亡，加拿大其他地區則是每100,000人中有53人（Grygier 1994: 64）。1966年，加拿大衛生福利部醫療服務處的報告指出因紐特人的肺結核死亡率已降至零。之後五年的死亡率則是每100,000人中，3到10人不等（Grygier 1994: 140）。

5 這裡同樣難以清楚劃分時間。大衛・隆恩認為自殺成為因紐特社群的「主要社會問題」是在1970年代。他指出，1971年「因紐特人的自殺率接近全國平均率，

即每100,000人有10人」(Long 1995: 59-60),但到「1978年因紐特自殺率增至每100,000人超過85人」(1995: 59)。根據傑克·希克斯的說法,「從1983年開始的二十年間,努納武特因紐特人的自殺率增至三倍有餘,目前來到每100,000人中有120人自殺」(Hicks, Bjerregaard, and Berman 2007)。另見希克斯為北極東部因紐特人自殺率提高趨勢製作的圖表(Hicks 2007: 31)。

6 安瑪莉·摩爾在《照護的邏輯》(2008)中區別了發生在醫院、診所和醫生診療室裡的雜亂無章的照護實踐,跟在醫療政策和商品行銷中漸漸受到歡迎的選擇邏輯之間的差異。她在書中深入探討了照護概念的細微差異。然而,摩爾筆下那些鑲嵌在日常照護邏輯中的醫生和護士似乎都單純地希望給病患最好的,而他們只要找出什麼是對病患最好的即可。因此對摩爾來說,照護清楚明白源自「善意」,即使醫生和護士不是每次都事先知道什麼對病患才是好的。因為把照護和善意連在一起,照護變成跟某種生命主義(vitalism)綁在一起。在摩爾的照護邏輯下,沒人真的想死,也沒有人真的希望他人死。因此,停滯、衰退和任何情緒低落都要加以避免和克服。(即使摩爾一再強調人都會死是唯一可確定的事。然而主張此一事實和活在事實之中畢竟不同。)例如,對摩爾來說,照護的邏輯鼓勵人「一再嘗試。雖然沒有必要太過樂觀,畢竟最後的結果難免會令人失望,但我們也沒有聽天由命的理由。放棄追求完美或控制一切的美夢,但要持續嘗試。但這些話是對誰說的?誰該持續嘗試?誰該採取行動?答案是:每一個人和每一件事」(Mol 2008: 107)。

摩爾強調主動的、以未來為目標的照護。相反地,羅伯特·德斯加萊在他未發表的〈臣服於死亡〉一文中強力主張應該將由牧人(Yolmo)的死亡習俗(死者在死後幾天和幾週從人世解脫)視為一種照護方式(Desjarlais n.d.)。德斯加萊記錄了某些照護方式努力要建立的平靜——「安靜的同在」(quiet withness)。他同時呈現了某些節奏性(而非努力)具有的修復力,也可能是死亡之後照護自己和他人的一種方式。

德斯加萊的論點在南希·舍柏-休斯於《沒有哭泣的死亡》(1993)一書中提出的一個論點有關。她在巴西做調查的貧民窟普遍生活貧困,因此她認為任由某些嬰兒死去其實是一種照護方式。雖然《沒有哭泣的死亡》強烈批評了容許這樣的貧困和做法存在於世的結構性暴力,而且舍柏-休斯也不會把西方醫院採取的類似方式稱為「照護」,但她的論點有效地將「照護」和「不斷設法使人活下來」脫鉤。

同樣地,Clara Han寫到智利新自由主義化的過程,以及聖地牙哥市區的貧窮區域欠債和信用之間令人困惑的動態關係時,借用了史丹利·卡維爾「積極地等待」一詞來形容家人、朋友和鄰居間的照護方式(Han 2012: 31)。Han似乎鼓勵我們超越積極/消極的二元對立思考,從「對可能性抱持耐心,懷著關係會隨時間改變的希望」的角度來重新思考照護(2012: 31)。因此,照護不是積極

地去改變或處理一種狀況，而是任由狀況（和他人的生活）自然開展。

摩爾的照護邏輯當然比她描寫的選擇邏輯更好，但我認為這樣的稱呼方式令人遺憾。身體和人在選擇的邏輯中顯然變得「重要」，因此在我看來這也是一種照護的形式。同樣清楚的是，欲望很少是不複雜的，我們可能希望某人死，同時又無微不至地照顧對方。基本上（我相信摩爾大概也會同意）重點在於復興次要的（但從不天真無知的）照護方式，而不是在有照護和沒照護之間做選擇。

7 人類學常把照護概念化為一種排除的過程（尤其從機構和國家層面來看），亦即與特定個體和族群隔絕的方式（尤其可見Biehl 2005; Briggs and Briggs 2003; Han 2012; Scheper-Hughes 1992）。處理現代西方民族國家和非政府組織提供的照護時，很多人類學家借用了傅柯的「生命政治」概念，或是在人口層面照護「生命自身」的政治，以了解這種排除過程複雜的運作方式（例如Redfield 2005; Fassin 2005; Ticktin 2011）。

舉例來說，近年的人道主義研究成果斐然，揭露了米里亞姆·蒂克廷所謂的「照護的傷亡」，即人道主義援助意外造成的負面結果。在有關人道主義的人類學文獻中，照護常跟某種感受或情緒連在一起（通常跟同情有關），這樣的情緒促使個體和群體衝動地採取行動，並在最後撐起現況。照護因此跟蒂克廷（跟隨弗格森的腳步）所謂的「反政治」有關（尤其著重那些成功激起我們同情心的例外個案的治理模式），而非另一種著重於保障長期政治「權利」（包括健康、個人安全、公共安全）的治理模式。蒂克廷主張，「我們的思考必須超越照護、超越援助，打造一種共同投入的方式。移民等人就是這方面的先鋒，他們根據居住地主張自己的權利，包括在居住地勞動的權利」（Ticktin 2011: 224）。

這些看法不容忽視，其一方面批評了人道主義做法，一方面也漸漸成為一種治理模式（Fassin 2012），卻為了策略上的目的往往必須仰賴一連串疊加的（有時是隱含的）二元對立。這樣的二元對立也被拉進照護v.s. 政治的分裂關係中。初步的二元對立包括：非理性／理性、衝動／策略、排除／包容、被動／主動、女性／男性。每組二元對立中都有一邊被批評，一邊受到青睞。由此把照護跟情緒、衝動和排除連在一起，使照護和相關的字彙失去合法性。

但人類學文獻中也有關於照護的其他看法。艾瑞卡·伯恩斯坦即為一例，她反對忽略某些照護形式之非理性面和衝動面的衝動（Bornstein 2012）。伯恩斯坦質疑我們是否應該**直接貶低**沒有長期政治效應的照護實例。她藉由印度教中dan的概念重新提出自然而然、出於衝動的付出，避開給予者和接受者之間的任何工具性的關係。把這樣的贈與當作合法的照護形式，她採取了兩者兼之而非二擇一的邏輯：照護可以既是衝動的也是策略的，既排斥也包容。

菲麗希緹·奧利諾從另一個方向來處理這種結構對立（Aulino 2012）。她為泰國的長者照護方式做了精彩的研究，並在其中描寫了法尚所謂的「人道理由」入侵泰國的現象。例如，某非政府組織的負責人說泰國人需要學習內化志願服

務「精神」，包括學習把正確（誠懇）的情感跟照顧陌生人的行為相互連結。如奧利諾所指出的，對很多泰國人來說，照護其實是一種儀式性的實踐，而非源於某種「誠懇」的情感而產生的舉動。照護（care）就是照顧（taking care of）別人，無論你對那個人的感受如何。透過細微描寫一對姊妹照顧昏迷的母親身體所需的日常儀式，奧利諾有效地把照護跟常與它連在一起的「脆弱情感」——同情——分開，也跟它的末日色彩分開（照護長者的身體所需往往很累人，甚至是令人反感且感覺永無止境的工作）。

克里斯蒂娜・佐丹奴在著作中探討了義大利的移民、精神醫學和所謂的「人口販運受害者」，強而有力地呈現義大利的法律、精神醫學和宗教機構藉由讓受害女性用自己的語言重述受害經驗，試圖為尋求庇護的女性提供照護的方式。但對佐丹奴來說，問題的答案不在於把這些女人的經驗重新塑造成他者的經驗——亦即把她們的經驗描述成跟義大利根據受害者類型提供的國家照護形式全無共通性的經驗。佐丹奴最後發現照護不是尋找共通性的過程，也不是發現不可能有共通性的過程，而是一個持續不斷的翻譯行動，總是會留下難以消除的殘跡（stubborn remainder）。她以一個女人記錄下對剝削者和人口販子的控訴為例，寫道，「在這些控訴裡匯聚的故事是很多真相體制（regimes of truth）相互交織的結果，從而產生一種既不完全真實但亦非謊言的證詞」（Giordano 2014: 160）。照護在這裡仰賴的不是正當感和政治效力之間的二分法，而是體現在翻譯的行動當中。

安吉拉・賈西亞也大力批判了「照護」往往如何被去掉矛盾立場（並主要跟符合道德的生命維持手段連在一起）（Garcia 2010）。在艾斯帕尼奧拉山谷的海洛因吸食者間，為其他上癮者取得毒品可能是照護他人及鞏固家庭或友誼的方法。賈西亞描述海洛因成癮的一對母女的關係時寫道，「海洛因的分享流通成了某種表現照護的物質，尤金妮雅和伯納黛特也透過這樣的行為鞏固了彼此間的情感連結」（2010: 128）。因此對她來說，照護不是專屬於人道主義者對貧困者、健康的人對病人、應該「掌握」生命者對不掌握生命者的肯定生命方式，反而交織在最後可能害死你的各種行為中（如吸食海洛因）。如此一來就有效地打破了另一種二元論。

8 探討生命政治的論文快速增加，但回到傅柯的論述對我很有幫助：「生命政治引進的機制有預測、統計估計和整體量測。它們的目的不是改變特定個體，或在特定個體還是個體時改變他，而是在這些普遍現象被決定的層面上介入，在它們的普遍性層面上介入」（Foucault 2003: 246）。對我來說有趣的是，在一個個體還是群體一員時（亦即把他者當作群體一分子一樣照護）「改變」她意味著什麼。

9 派翠克・沃爾夫主張，美國的定居殖民主義也是一種種族滅絕（Wolfe 2006；亦可見 Cattelino 2010）。根據他的看法，「土地就是生命——或者至少可以說，土

地對生命是不可或缺的」(Wolfe 2006: 387)。因此(這裡我與沃爾夫看法一致),大規模占領原住民的土地就是一種種族滅絕的形式,而剝奪土地其內在的滅種邏輯,在今日的定居社會依然存在。雖然就加拿大南部的原住民群體而言,稱加拿大為定居殖民國家有其道理,而且它的很多定居殖民政策和態度也都延續至北方政府,但還是有必要指出,加拿大北極區早期的殖民重點並非占領「如生命一般的」土地或「定居」這片土地(Abele 2009: 20-21; Bovey 1967; Grant 1988: 5; Mitchell 1996: 50; Paine 1977: 7; Zaslow 1971: 251-52)。跟加拿大南部比較起來,加拿大北極區的殖民化過程斷斷續續,大致上也發生得晚得多。然而到了17世紀,商人開始在北極區進出(Willaimson 1974;參見Crowe 1991),雖然有些人在很多地點成立了貿易站,他們卻不曾打算像在加拿大南部一樣「定居」這片土地。因為鼓勵因紐特人按照自己習俗在原本的土地上繼續生活,才是最經濟也最有效率的(Abele 2009; Williamson 1974)。事實上,在殖民早期階段,加拿大人並不認為因紐特人的土地特別有價值。所以1874年一名美國礦工想要取得一塊會妨礙加拿大往北擴張的土地時,加拿大當局的反應道盡一切:官員拖拖拉拉。1879年,自由黨政治人物愛德華·布雷克在對殖民局的報告中指稱:「將那些未經探勘的領土併入加拿大,就我所知,不是因為這些土地可能對加拿大有任何價值,而是為了防止美國主張自己擁有它們」(Zaslow 1971: 252)。

儘管如此,此處將加拿大南部所使用的策略做了有趣的翻轉,國家代理人把在這片土地上生活的因紐特人當作加拿大擁有北極區主權的證明(Grant 1988;另見Tester and Kulchyski 1994)。國家為北極區「公民」提供醫療服務後來被視為擺平主權爭議的一種方法。1964年,詹尼斯指出,「現今,」無論是地理發現、地緣或聲明都無法確立主權,想要「獲得國際認同的所有權,就必須要接受兩種責任,一是持續關注該領土,二是**關心其居民的福祉**」(1964: 17;強調為作者所加)。海倫·麥克默奇醫師在1930年致加拿大總理的信中強而有力地表達了這點:「加拿大的愛斯基摩人正在從地表上消失。我們有拯救他們所需的力量和知識,現成的計畫就擺在內政部眼前。計畫要是失敗,後果就是愛斯基摩人將在不久的未來滅絕。若是失去了愛斯基摩人,我們就等於失去了北極區」(Tester and McNicoll 2006: 91)。所以,雖然我同意沃爾夫所說,定居殖民主義「本質上具有消滅性」而且往往(但非一定)導致種族滅絕,我認為北極區的歷史偶然性使殖民地的種族滅絕問題更加複雜。北極區當局設法讓因紐特人活下來(即使很勉強),以此向其他國家展現其統治權。因紐特人沒有從土地上消失(參見Wolfe 2006),或是從此獨立進而動搖加拿大的主權(參見Rifkin 2009),而是重新被納入加拿大人之中,由此在國際上確立加拿大對北極區的主權。

當合併土地的重點不在於保障居民本身的生命,而是國家的生命時,無怪乎之後接手的是生命政治計畫,而非種族滅絕計畫。本書提出的問題是:當情況如羅伯·潘恩所指出的,「白人對因紐特人的所作所為可能……關心色彩大於剝

削色彩、開明大於壓制時」會有什麼差別？（Paine 1977: 3）我們如何可能將生命政治（福利國家加拿大採用的方式）跟謀殺相提並論？本書即嘗試為這個問題提供一個切入點。

10 成立新領地的協商早在二十多年前就開始了，當時北部的石油和天然氣大量被開採，再加上聯邦政府提議在全國實施原住民同化政策，因紐特人才發現自己的土地和命運大半都掌握在別人手中（Marecic 1999: 282）。雖然努納武特常被稱為是因紐特人的領土，但它其實是有一個公共政府的。負責土地權協商的因紐特代表算準因紐特人未來都會占投票人口的多數（目前因紐特人占該區人口85%），因此選擇在新領地協商成立公共政府，而非爭取（很可能會失敗）更徹底的原住民自治。加拿大政府過往不斷嘗試處理魁北克在境內擁有獨特地位的問題，造成彼此殊異的文化、知識或政治體系如何可能和平共處等問題一直都充滿爭議。加拿大的多元文化主義堅持種族差異應該放在一般公民權的基礎上來理解（Taylor 1994; Paine 1999）。這就導致了一些令人不安的矛盾。舉例來說，因紐特人一開始主張在努納武特實行自治要基於族群或因紐特人形式的政府概念（Morin 2001: 10）。但聯邦政府介入協商，認為這樣的要求太激進，因紐特領袖才改變主張，提議在重劃界線（確保因紐特人未來仍占該地區人口多數）的努納武特成立非全由因紐特人組成的公共政府（Morini 2001）。這麼一來，因紐特人也能確保他們版本的自治能被聯邦政府接受——聯邦政府擔心努納武特獨立形式政府將會帶來其他的政治影響（Hicks and White 2000）。

事實上，努納武特政治現況的一個矛盾之處，就是聯邦政府在其日常生活扮演的角色異常重要（White 2009; Abele 2009）。努納武特政府的財政幾乎完全仰賴聯邦政府。一個原因是努納武特的私人企業太弱，但也因為礦業帶來的收入幾乎都由取得土地權的組織所接收。「簡單地說，聯邦政府在努納武特仍是一個掌握大權的角色」（White 2009: 59）。例如在健康服務方面，聯邦政府也為自殺等公認的健康問題提供經費，即使負責該地區健康問題的是努納武特政府（Kral 2012）。然而，即使聯邦政府在因紐特人的日常生活中持續扮演重要角色，土地所有權組織努納武特圖加維克公司（NTI）在治理上也不遑多讓，比方負責很多社會福利工作，以及推廣因紐特文化和促進經濟發展的計畫。因此NTI「在一些重要層面上可以被視為因紐特政府」（White 2009: 60）。

11 雖然目前的努納武特政府是一個公共的、而非基於族群組成的政府，當初的土地協議確實承認有必要「鼓勵政府設計和推動適合因紐特人的社會和文化發展政策和計畫」（Canada 1993: Section 32.3.3）。因此，可以將努納武特的成立視為「一個用面目一新的活力和想像力處理文化存續問題的獨一無二機會」，同時也是「建立一個真正能反映因紐特價值並真誠回應因紐特需求的公共政府」的參與機會（Nunavut Social Development Council 1998: 5）。這個新的政治實體，「努納武特的因紐特人」需要藉由一個概念來想像自己跟加拿大境內其他族群和政

治團體的不同。因此，1998年才會新創Inuit Qaujimajatuqangit（因紐特傳統知識，簡稱IQ）一詞來泛指「所有因紐特傳統文化，包括價值觀、世界觀、語言、社會組織、知識、生活技能、感知和期待」（Nunavut Social Development Council 2000: 79）。2002年，這個詞又被重新定義為「因紐特人做事的方式，包括因紐特社會過去、現在和未來的知識、經驗和價值觀」，使之更具前瞻性（Henderson 2007: 191）。負責將IQ的原則形式化的傑比第．阿那卡克在地區報紙的社論寫道：「Inuit Qaujimajatuqangit。對我來說，這幾個字幾乎就像『明年在耶路撒冷』這句話對猶太復國主義者代表的意義。跟猶太教一樣，IQ概念是凝聚一個民族的力量；跟猶太教不同的是，IQ從來沒有被寫成文字」（Arnakak 2000）。

IQ變成了想像是什麼使因紐特人成為一個獨特政治實體的新途徑。因此，某方面來說，因紐特在治理上的「差異」從族群的概念轉移到「因紐特傳統知識」的領域。2001年2月，努納武特政府成立IQ特別小組，希望能找出將因紐特傳統知識融入政府計畫、政策和服務的最佳方式，以更有利於政府部門保存因紐特人的生活方式。此後IQ就變成努納武特的流行用語，因為因紐特人努力要打造獨特的因紐特治理形式。談到在政府部門保存和使用IQ的必要性，儘管面臨許多挑戰，一位因紐特年輕人寫道：「說我不切實際也罷，但我認為那就是努納武特的一切！」（Inutiq 2001）。

作為一個治理模式，努納武特「燃起了全世界原住民的希望，從紐西蘭的毛利人到紐約的莫霍克人都不例外」（*Baltimore Sun*, March 31, 1999）。有些人甚至認為，努納武特政府作為一個致力於採納因紐特治理形式的公共政府，擴展了「代議政府」的概念，並使它變得更激進（Timpson 2006）。它會成功嗎？努納武特真的代表一種另類的現代性，可能幫助我們重新想像社會的、時間的、空間的認同形式和差異嗎？查爾斯．馬雷西奇早期曾悲觀地說，「因紐特人在努納武特採用公共政府以順應『加拿大體系』，實際上可能為文化同化開了大門」（Marecic 1999: 276）。雖然接受某種政治規範並不必然會導致文化同化，但建立一個因紐特形式政府的可能性如今不是受法律保護，而是仰賴由NTI和努納武特政府簽訂的兩個協議，一個是1999年簽的《克萊德河協議》，一個是2004年簽的《Iqqanaijaqatigiit協議》。從旁敏銳觀察這個過程的葛蘭姆．懷特不禁納悶，「一個以歐洲－加拿大的官僚體系為基礎的治理系統，能夠適應一整套基本上跟韋伯式官僚規範相抵觸的價值到什麼程度，至今仍然是個有待討論的問題」（White 2009: 78）。

2003年，我問努納武特衛生部的IQ協調者安德魯．塔加克對將IQ融入努納武特官僚體制所面臨的挑戰有何看法。「有批評者認為很難甚至不可能把因紐特知識轉譯進現代的工作場合，」我說，「你有什麼看法？」他的回答很微妙。「這方面還有困難……拿因紐特語的『合作』這個字來說。如果我要翻譯這個字，我就得先說一個故事，因為就我所知英文裡頭沒有這樣的字。我是指這

樣的一個單字……這就是為什麼要翻譯或寫下Inuit Qaujimajatuqangit的意思會有困難。」他接著用一個例子說明他把因紐特格言和信仰轉化成政府政策的過程。「因紐特人說如果冰在秋天形成，不要在上面行走，要等到安全再這麼做。現在制訂政策的人或許可以把這個變成一項政策。制訂一個政策時，先檢查、試驗，確保它不會傷害到任何人，然後再實行。這就是我們所謂的把Inuit Qaujimajatuqangit融入新體制。」

不過，儘管落實IQ本身就很有挑戰性，努納武特政府也非全由因紐特人組成，IQ仍然成了努納武特政府的最大特色，濃縮了努納武特政府獨特的因紐特色彩。將IQ化為條例，使它成為可實施的政策，只不過是為了讓因紐特人的知識和記憶橫跨社群，成為共同資產，並進一步標準化所做的明顯嘗試之一。努納武特若想實現創立者當初的宏願，建立一個能將因紐特知識和價值觀（IQ）融入其中的政府至關重要（Henderson 2007; White 2009）。

12 造成因紐特社群肺結核大流行的原因眾說紛紜。疫情爆發當時，廣為流行的理論是種族脆弱性和缺乏抵抗力，但路易斯和惠爾特1946年調查北極東部的X光片後所寫的報告推翻了這兩種說法，指出大規模感染才是疫情爆發的原因。兩位作者指出，調查對象當中有4.7%沒有罹患開放性肺結核卻出現肺部鈣化，「足以證明愛斯基摩人對肺結核有顯著的抵抗力」（Lewis and Wherrett 1947: 358）。

很多社會和環境因素都被拿來解釋疫情為什麼會快速蔓延。有些作者指出，北極的寒冷氣候使因紐特人容易罹患呼吸道疾病（Grygier 1994: 55）。也有人把矛頭指向居住空間擁擠且通風不良（Lewis and Wherrett 1947: 358; Jenness 1962: 86; Moore 1964: 1195, 1202; Canada, Royal Commission on Health Services, and Wherrett 1965: 57; Grzybowski, Styblo, and Dorken 1976: S8; Grygier 1994: 55）。此外，北部缺少醫療資源顯然是疫情蔓延幾年後才開始採取生物醫學措施控制疫情的原因（Wherrett 1977; Grygier 1994）。這本書顯然不是要反對醫療介入那麼簡單。我的論點是，因紐特肺結核大流行期間的醫療介入方式造成了許多不必要的痛苦，同時也揭露加拿大當局對因紐特人根本上的漠視。

13 我在本書按照普遍用法以「卡魯納」表示單數（Qallunaaq）或複數（Qallunaat）的白人，或當英文的形容詞使用（例如卡魯納女性等於白人女性）。有時這個詞指稱的對象更籠統，所有非因紐特人都包括在內。

14 例如可見M. G. Stevenson 1996; *Edmonton Journal* 2007; MacNeil and Guilmette 2004: 344; Kral et al. 2011; Kral 2013.

15 有關努納武特和努納維克自殺潮的重要著作，見Kirmayer, Malus, and Boothroyd 1996; Kirmayer, Boothroyd, and Hodgins 1998; Kirmayer, Fletcher, and Boothroyd 1998; Hicks 2007; 2009; Kral et al. 2011; Kral 2012; 2013.

16 努納武特地區的統計數字呈現的樣貌可能令人灰心。根據加拿大統計局的資料，加拿大因紐特人的生活條件低於加拿大平均水準。在努納武特介於6歲到

14歲的因紐特小孩有39%表示曾經歷過飢餓，其中59%每幾個月就有一次這樣的經驗，甚至更頻繁（Statistics Canada 2006）。努納武特的預期壽命是71.6歲，全國平均壽命則是81.1歲（Statistics Canada 2013）；2009年該區嬰兒死亡率是每1,000人中有12.1人，全國是每1,000人中有5人（Statistics Canada 2013）。無家可歸在努納武特很普遍，但因為氣溫降到零下時得遷入擁擠的公寓而掩蓋了這個事實。愛德華．皮科1999年曾說，「一棟屋裡有15個人就是無家可歸。」當時他是負責處理無家者問題的政府部門首長（Ejesiak 2004）。

17 生命體制（regime of life）顯然跟傅柯所謂的生命政治密切相關。此外，我想強調體制（regime）跟規則（regimen）如何相互呼應，藉此強調生命體制可以從外強加於人的事實——我認為這就是發生在加拿大的因紐特人身上的事。史蒂芬．克里爾和安德魯．拉寇夫用的詞是「生活體制」（regimes of living）（Collier and Lakoff 2005），跟他們不同的是，我感興趣的不是如何按照一種好的概念生活，而是在殖民脈絡下，人被迫接受生命是一種世俗的神聖。

18 華特．班雅明解釋了文字本身可以形成意象，把所有與文字對應的感覺拉進文字裡。例如他寫道，「這隻蝴蝶曾經飛舞其中的空氣如今被一個字浸透了。幾十年來我再也沒聽過或說過這個字。字本身保留了某種深不可測，那是童年的名稱留給成人的感覺。長時間不再提起、隱藏起來改變了它們的形貌。因此，飛滿蝴蝶的空氣顫顫響起了『Brauhausberg』這個字，也就是『釀酒山』」（Benjamin 2006: 52）。

19 班雅明寫道，「我在內心體驗過幾次接種疫苗的好處。在這種情況下我決定如法炮製，刻意回想那些在流亡期間最容易引發鄉愁的畫面：童年的畫面。而我認為思鄉之情不該主宰我的精神，就像疫苗不該主宰健康的身體一樣」（Benjamin 2006: 37）。

20 因此在第五章，我描述了一個朋友如何在對我敘述她做的夢時常穿插「我不知道」這句話；用低沉、彷彿從別處發出的聲音說的這幾個字，其表達的意義超過話語本身。她的聲音質地對我就像一幅畫面。讀了佛洛伊德、班雅明和傅柯之後，畫面（經驗的沉澱物，表達而不闡述）對我來說不再只存在於紙墨或底片上，也存在於我們心裡、對話裡，甚至散文裡。所以我們才可能討論「散文中的浮光掠影」甚或「聲音意象」。而我也發現，儘管我們對畫面表達了恐懼，人類學（或許更勝於其他學科）其實是用畫面來交流。想想史蒂芬妮亞．潘多爾弗的地圖如何沉澱經驗（Pandolfo 1997）、愛德華多．科恩的夢（Kohn 2013）、麥克．陶席格的速寫（Taussig 2011）、納迪亞．塞雷梅塔基斯的桃子（Seremetakis 1994）、伊莉莎白．羅伯茲顯微鏡下的處女（Roberts 2012），以及修．萊佛士的昆蟲（Raffles 2010）。

21 巴特說這種鈍義停留在能指而非所指的領域。「我不知它的所指為何，至少我無法給它一個名稱」（Barthes 1977: 53）。

22 雖然大多數畫面顯然也可以用論證的方式閱讀——它們具有巴特所謂的資訊上和象徵上的意義——但巴特強調影像之所以是影像在於它反抗語言的闡述方式。他說，「電影性就是電影中不可被描述的描述，不可被呈現的呈現。電影性唯有在語言和後設語言的盡頭才會出現」(Barthes 1977: 64)。

23 人類學不遵守學科分野的其他例子可見：Robert Desjarlais's *Biographies* (2003), Veena Das's *Life and Words* (2007), and Michael Taussig's *I Swear I Saw This* (2011).

24 見 Angela Garcia's *The Pastoral Clinic* (2010).

1 事實和意象
Facts and Images

1 北極灣的因紐特語是Ikpiarjuk，位於努納武特地區巴芬島上的博登半島北部。

2 安娜・考那克之所以聯絡我，是因為她聽說我在收集漢密爾頓健康科學中心和位於安大略省的麥克馬斯特大學健康科學院收藏的療養院病患及其家屬的照片和錄音帶。

3 幾年後他在龐德因萊特的高中牆上看到了這張照片，並請人影印一張給他。

4 1964年，加拿大國家衛生福利部發表報告指出，「肺結核對印第安人來說一直是一大禍患，嚴重到一度威脅印第安人的存亡。因此，控制和治療肺結核一直是政府的重要目標」(Albrecht 1965: 154)。將肺結核視為「北部的大患」，可另見Moore 1961; Innis, Wherrett, and Moore 1945。

5 1945年11月之前，原住民的健康、教育和福利都歸礦產及資源部底下的印第安事務局醫療服務處負責，之後才轉到國家衛生福利部的印第安健康服務局。不久之後，渥太華、溫尼伯和愛德蒙頓分別成立北極東部、北極中部和北極西部的地區辦公室(Grzybowki, Styblo, and Dorken 1976)。曾掌管醫療服務機構的P. E.摩爾成了新成立的印第安健康服務局的負責人。

6 回顧二次大戰期間對原住民採取的肺結核控制方案，摩爾說，由於人力不足，「只能採取盡可能把患者隔離的政策，無論他們是否得到適當的治療」(Moore 1961)。很多人同意弗格森1950年的主張：「把病患隔離在療養院接受治療，不僅是為了恢復身體機能，而且是為了在可能的情況下隔絕和治癒，已證明是消滅傳染病最有效的方法」(Ferguson 1950: 132)。然而，科琳・霍奇森很有後見之明地指出，「1950年代引進有效的化學療法和疫苗之後，住進療養院就不像一般認為的那樣是加拿大政府唯一的選擇」(Hodgson 1982: 508)。霍奇森也把加拿大採用的方法跟世界衛生組織當時在非洲著重的居家治療和訓練原住民醫護人員的做法加以比較(Hodgson 1982)。即便在當時，西北地區官員就唯恐撤離會對因紐特人的傳統生活方式造成衝擊(Nixon 1988)。很多北方官員其實都支持加強補助離因紐特聚落較近的教會醫院，而不是將因紐特病患撤離(Wherrett

1945; Nixon 1988)。

7 尤其可見Grygier 1994; Nixon 1988; Tester, McNicholl, and Irniq 2001; Wenzel 1981，對於其導致因紐特人的斷裂的探討。在加拿大，病患通常會在療養院住六個月到兩年，但正如惠爾特的觀察，因紐特人住的時間比大多數人更久(Wherrett 1977)。他們的整個療程都在院內進行，包括平常會歸入居家照護的項目，因為當局認為在北極區難以實行。1950年代，因紐特人住院的平均時間是二十八個月(Grygier 1994: 83)。來自劍橋灣的肺結核病患詹姆斯·特吉帕克在查爾斯·卡姆塞爾醫院從1952年住到1963年10月17日，長達十一年(Charles Camsell History Committee 1985: 106)。

8 很難確定究竟有多少因紐特人在南部醫院病逝。根據對死亡證明的調查，1950到1960年有258名因紐特人死於肺結核。其中多半應該是在醫院病逝，因為在院外過世的因紐特人多半不會找醫生處理(Grygier 1994: 84-85)。當時加拿大的因紐特人口介於9,000到11,000人之間(Wherrett 1969: 8)。1980年代末和1990年代初，很多因紐特家庭齊心協力挖掘消失在南部醫院的親友的下落(*Ottawa Citizen* 1988; *Inuktitut* 1990: 30-35; Grygier 1994)。

9 史泰伯等人認為，加拿大政府之所以決心控制原住民社群中的肺結核疫情，部分原因是戰時派駐加拿大北極區的英美軍官傳回的報告，讓國際社會得知因紐特人惡劣的生活環境和肺結核大流行使加拿大政府感到不安(Staples et al. 1993)。

10 在這個脈絡下，我們很快看出這跟亞倫·瑟庫拉對監控系統的觀察之間的相關性：「個體唯有透過被認出才能作為一個個體存在。個體本身沒有任何意義」(Sekula 1986: 34)。

11 如我們所知，身體的客體化(部分經由序列化發生)對於生物醫學獲得前所未有的治癒力功不可沒，但同時也可以稱為它最大的困境(aporia)(見Kleinman 1995; Gordon 1988)。我們也知道統計和統計分析在某些簡單的方面並沒有「不好」。事實上，在當代原住民社群的受苦很多都是「平凡的、長期的、汙穢的，而非慘烈的、充滿危機的、崇高的」的情況下(Povinelli 2011: 3)，統計可以把平淡的受苦聚集成為事件，讓人看見。這裡我要強調的是，因紐特人實際上變成殖民地代理人(及後來的加拿大當代社會)腦中的統計數字時，會造成的毀滅性效果。

12 格茲博夫斯基、斯蒂布洛和多爾肯在1976年一篇文章的前言中稱西北地區1950和60年代對抗肺結核的計畫是「一個成功的故事」(Grzybowski, Styblo, and Dorken 1976)。1961年，印第安健康服務局局長摩爾相信政府控制原住民肺結核疫情卓然有成，因此肺結核「不再宰制」原住民社群。1969、1970和1971年，因紐特人死於肺結核的統計數字是零(Wherrett 1977: 118)。

13 因為如此，很難用任何一種有意義的方式去思考因紐特人是誰。事實上，我在

第三章探討的身分牌制度是加拿大政府實施的「匿名照護」最顯著的例子之一。

14 亞德蓮娜．卡瓦雷羅認為，哲學就像權利論述（這裡則是官僚體系），問的是人是**什麼**。傳記是在政治中另一種理解自我的方式，問的則是一個人是**誰**。對卡瓦雷羅來說，一個人透過被捲入他人的故事才得以成為個體。也就是說，自我本質上是對他人暴露的，政治生活並不是既定的事實，而是一再出現的敘事禮物（Cavarero 2000）。

15 誠如菲利普斯所說，1953年，加拿大政府面臨重大抉擇：是該在北部建立一個擁有自己的法規、政府、刑法的「特別區」，還是該把北部（及那裡的因紐特居民）視為加拿大的一分子？（Phillips 1967: 161-76）1953年，加拿大總理路易．聖洛朗在下議院為一個法案辯護，日後該法案將促成北部事務及國家資源部的成立，正式將北部納入加拿大的民族國家體制下。

16 從二次大戰前到1960年代初，因紐特人獲得的最低限度的醫療照護多半來自宗教團體，主要是聖公會和天主教教會。1922到1969年，北極東部巡邏船把物資和一支巡迴醫療隊帶往停靠港（Tester 2002: 201）。正如總理聖洛朗1953年在國會上所承認的：「我們顯然幾乎一直用心不在焉的態度在管理北部的廣大領土」（Phillips 1967: 161）。

17 被當作實驗對象是什麼感覺？最近一部電影《被拿來實驗的愛斯基摩人》（Greenwald 2009）就是以此為主題。片中記錄了1960年代初三個因紐特男孩跟家人分開，被送去南部接受南方教育，這整個社會工程實驗進行的過程。

18 因此對戴蒙德來說，把受傷的身體當作事實，就是對在**這裡**跟你面對面的現實別過頭的方式（Diamond 2008）。

19 2011年11月，因紐特團結組織（Inuit Tapirit Kanatami, ITK，1971年為因紐特人的權利進行遊說而成立的組織）舉辦了名為「從愛斯基摩到因紐特的四十年」的研討會。根據他們的說法，「因紐特是愛斯基摩的現代稱呼。」雖然加拿大在1978年正式採用「因紐特」這個稱呼，以回應原住民權利運動（Collignon 2006: 5），會議指出的「四十年」歷史似乎表示ITK認為被認定為因紐特人是一個過程——原住民獲得認可及自決權的過程。在本書中，引用歷史文獻及進行歷史相關討論時，因為試圖捕捉些許殖民主義的異化現象，我會保留「愛斯基摩人」一詞。例如，當某個北極區官員納悶手中掌握一個「有點不滿的愛斯基摩人」會不會比一個「死去的」愛斯基摩人更好時，我保留了「愛斯基摩人」這個稱呼，藉此凸顯殖民代理人把因紐特人召喚進一個異質身分的各種方式。這種時候若把「愛斯基摩」改成「因紐特」，似乎會抹掉殖民主義內含的某些暴力。

20 愛斯基摩住宅計畫小組委員會1964年的報告指出，擔心現代住宅會破壞因紐特特色的恐懼毫無根據，「現代愛斯基摩人若有機會選擇，都會欣然放棄過去生活的不舒適。」為了支持自己的論點，他們形容傳統愛斯基摩住宅普遍「欠缺性交和排泄的隱私、全家人睡一張床、沒有家具、收納空間不足、狹窄、寒冷、

光線昏暗且通風不佳」(Subcommittee on Eskimo Housing Programs 1964: 8)。實際上，二戰之後北極地區當局對於要不要把因紐特人遷到聚居地搖擺不定。他們預見這麼做將是一種生活方式的終結，以及因紐特人依賴加拿大政府的開端。但那一代的官僚經常強調另採他法要付出的代價。為了把因紐特人帶往固定聚居地所做的努力，尤其可見Tester 2006; Thomas and Thompson 1972。後者指出，「加拿大政府發起的(愛斯基摩)住宅計畫尤其令人關注，因為它是任何政府推動的類似計畫中最有野心的一個。可以把它看作涵化一個價值觀殊異的民族，使之融入加拿大主流社會所進行的大規模計畫的一部分」(1972: 9)。

21 這是義大利哲學家喬吉歐．阿岡本所謂的「裸命的政治化」(Agamben 1998: 4)的清楚實例，而這已成為現代西方民主的一大特徵。

22 我在這裡玩弄了propriety的兩種意義，一是「符合公認的行為或道德標準，尤其是跟禮儀有關的標準」，二是「歸屬於特定的人或物，或與之有特殊關聯；所有權或使用權」(*OED Online*, s.v. "propriety")。

23 但我們如何面對這樣的反事實對想像力的牽引？更進一步說，因紐特人如何感受到「掌握」一個死去的因紐特人，這種被否認的殖民欲望？這同樣是生命政治的精神生命層面的問題。

24 龐德因萊特離北極灣騎雪上摩托車兩天的距離。

25 這並不是說我們總是思考／描繪得適切或正確，而是說，為了感覺自己好像已經理解了某件事，我們往往會渴望某個畫面或意象。陷進對世界、對關係或對自己形成的某個畫面中是完全有可能的。因此，我認為加拿大的政府代理人「陷進」了某種想像生命——乃至於死亡——的方式，而且無法承認他們對消滅因紐特人的想像也跟欲望有關。這不表示畫面簡單來說就是「好的」，而「事實」就是壞的，只是畫面牽扯層面甚廣，但因為我們受的訓練不足，所以無法察覺或吸收。

26 例如班雅明寫道：「站在門簾後面的孩子，自己也變成了飄動的白色東西，一縷幽魂。他鑽進的餐桌底下把他變成寺廟裡的木頭神像，木雕桌腳就是四根柱子。躲在門後他自己就變成了門，門就像一個笨重的面具戴在他身上，誰要突然闖進來他就會像巫師一樣對他們施咒」(Benjamin 2006: 99)。

27 在朱迪斯．巴特勒的《權力的精神生命》中，她問：「權力的精神形式為何？」(Butler 1997b: 2)我所謂的「生命政治的精神生命」，要問的是生命政治採用的精神形式——跟巴特勒所說的類似，但更加具體。對巴特勒來說，精神是禁制(prohibition)的結果。亦即權力透過壓抑主體欲望的禁制過程在精神上被感受到。精神並非先於壓抑而存在。巴特勒認為，我們所知的精神的內在世界是透過禁制而形成的。換句話說，被允許和被禁止的區別，產生了主體的外在性和內在性的區別。巴特勒關心的是權力的問題和精神如何成形，但我感興趣的是說明生命政治作為一種特別的權力例證在精神中存在的具體方式。其中的差別

有部分就是哲學和民族誌的差別。

28 維根斯坦是另一個相信思考和言說不一定相連，而「去思考、去理解，首先就是去想像」的哲學家（Monk 2012）。根據維根斯坦的說法，「假如佛洛伊德提出的夢的解析有任何價值的話，那就是證明人類心智用畫面呈現事實的方式有多複雜。它呈現的方式如此的複雜、如此的不規則，甚至難以再稱之為呈現」（引自 Monk 2012）。

29 尤其可見 Temple Grandin (2006), *Thinking in Pictures: My Life with Autism.*

30 或更進一步，如史蒂芬妮亞．潘多爾弗在〈拉姆茲：伊利亞斯的激情〉所說，我們可以探索存在和意象之間的根本關係，情感飽滿的意象或許能帶我們超越個體的主體性，前往存在的本質顯露之處（Pandolfo n.d.）。這麼一來，精神的意象除了揭露存在的個人風格，依據賓斯萬格的理解也一定包含跟不存在、跟死亡的關係（Binswanger 1993）。這樣的意象把我們連向世界，也可能把我們連向形成世界的物質，即我們終究會回歸的物質。

31 在這裡我用「我們」是為了反對這種輕率地理解和感受他人（這裡是考雅克）的舉動，伊麗莎白．波維內利名之為「自由的同理心」（liberal empathy）（Povinelli 2011）。波維內利批評「自由的同理心」假設自我和他人的身體實質是分開的，因此他人的痛苦屬於他人的肉體，因此感受他人的痛苦就可以確定那個痛苦不是我的痛苦。

2 配合
Cooperating

1 「本書的第一部分，」手冊上寫道，「談如何保持健康和開心。當我們擁有好的食物、保暖的衣服、有益的朋友，並且遠離疾病時就會開心……第二部分談如何變富有，國王如何幫助愛斯基摩兒童，如何讓步槍和船隻經久不壞，如何避免食用動物變稀少，以及如何為物資缺乏時期做規畫」（Bureau Northwest Terrirories and Yukon Services 1947: 1）。《智慧之書》中說，國王「立法規定讓所有母親得到幫助，確保他們的小孩都能長得健康強壯。」並接著解釋如何用奶粉調配嬰兒麥片（1947: 28）。

2 只舉幾個持類似看法的例子。1921年，北極探險家維爾加爾默．史蒂芬森說大多數人仍把北極看作「永恆死寂的枯槁荒野」，裡頭住著少數「愛斯基摩人，世界上最骯髒最無知的民族，被南邊勢力更強的民族趕到那裡辛苦度日，勉強過活」（Stefansson 1921: 7）。1955年，北極東部巡邏船上的約翰．威里斯在他寫給印第安健康服務局上司的報告中提到：「我對目前為止看到的愛斯基摩人展現的好客、開朗、誠實、知足、原住民的知識和常識感到欣喜。他們多半又髒又臭是毫無疑問的，但我在中國聞過更臭的味道。反正在愛斯基摩人的環境待上

十分鐘，你的嗅覺就會變鈍」(Willis 1955)。給霍爾號上的因紐特人住髒亂的空間，或許就是因為認定因紐特人不介意髒。莉亞．伊魯特．達珍庫特形容過給因紐特肺結核患者的床鋪有多髒，床單聞起來像從沒洗過，好幾個月無法洗澡導致蝨子大量滋生(d'Argencourt 1977)。

3 葛拉本指出，「愛斯基摩人把所有『史前民族』都叫Tuniit，考古學家則是『尋找Tuniit』的人」(Graburn 1969: 31)。或者如霍克斯所說，「根據傳統，Tuniit(巴芬島是Tornit)是一個巨大的種族，以前住在拉布拉多地區的東北岸、哈德遜海峽和巴芬島南部。現今的愛斯基摩人認為古老石屋和墳墓就是他們留下來的遺跡，全區皆有發現這些遺跡，但延伸到昂加瓦灣的只有一點點」(Hawkes 1916: 143)。

4 見露辛達．拉姆伯格的文章〈如垢的魔髮〉，文中描述印度政府發送洗髮精給某南印度女神的信徒，試圖改正這些女性的性向(Ramberg 2009)。

5 Yatsushiro是在夏威夷長大的日裔美國人，二戰期間在波士頓一個專門拘禁日裔美國人的拘留營時第一次接觸到人類學。從康乃爾大學畢業後(在亞歷山大．雷頓的指導下完成研究波士頓社會組織及治理的論文)，他第一份工作在麥基爾大學任教，在那裡才轉向研究因紐特人。他的研究主題嚴格說來是採用薪資雇用制度後的社會轉變，但更廣泛來說是加拿大的「人民治理」問題。
2004年我跟尼爾森．葛拉本到他在夏威夷的住處探望他，當時他已高齡94歲。他問葛拉本能不能把他的北極資料交給他保管，裡頭包括一箱箱信件、田野筆記、照片、影片和跟他在加拿大北極區做的研究的其他相關資料。庫維亞那圖克的信也在裡面。

6 例如，澳洲政府1911年的出版品就警告，「每個肺病患者(都是)危險來源」(Bashford 2003: 137)。

7 波西．摩爾「從1946年聯邦的衛生福利部印第安及北部健康服務計畫啟動，到他1965年退休，一直都是該計畫的負責人」(Nixon 1989: 166)。他的首要之務就是為他照顧的原住民提供肺結核治療。若未能控制原住民社群的肺結核傳染病將對白人造成「威脅」，這個看法也與史都華的觀點一致，他認為「印第安人這類肺結核猖獗的族群若跟西部省分居民往來，會對一般大眾的健康和生命造成莫大威脅」(Stewart 1936: 675)。

8 「療養院提供的露天療法目的是要把肺病患者改造成負責任、自制、無感染性(「安全」)又衛生的公民」(Bashford 2003: 135)。這就表示要全面翻新病患的自我感覺。「理想的療養院管訓目標是要徹底改造肺結核病患，自願接受改造的病患不少」(139)。20世紀初的肺結核療養院中，病患一整天的時間都被規畫好。澳洲療養院的一名病患寫道，「我就像住在感化院裡……被重重規定綁住，一天分成休養時間和運動時間，中間空檔量體溫和進食。醫生的話就是法律」(引自Bashford 2003: 141)。病患被期望遵守休養、進食和運動的嚴格規定。同

一名澳洲病患還寫道，「用餐前我們靜靜躺在躺椅上一小時……餐後，我們像塞了很多食物的大蟒蛇又繼續躺半小時，之後若有人下令，再以蝸牛般的速度走出去。第一次看見病患走路慢吞吞時，我覺得這些虛弱的人好可憐，後來發現那是規定的速度，我常因為步伐太輕快被攔住」（引自 Bashford 2003: 141）。新鮮空氣的益處也被強調，早期的療養院還有單人小木屋，好讓患者可以睡在戶外，呼吸自由流通的空氣。

9 如威廉・巴克萊醫師所指出的，儘管其效力缺乏科學實證，仍照樣使用這些方法（Grygier 1994: 109）。

10 鏈黴素和對氨基水楊酸鈉在1948年獲得廣泛使用，異煙肼（INH）在1952年推出，合併使用可有效治療及預防肺結核，而且病患可免費取得（Grzybowski and Allen 1999）。
引進藥物治療後，住院不再是1950年代的肺結核患者唯一的選擇。例如，世界衛生組織就在非洲推動居家治療和訓練原住民醫護人員的計畫（Hodgson 1982）。

11 在因紐維克的聖公會會議的演說中，印第安及北部健康服務局的地區負責人福爾科納醫生解釋了撤離患者的理由：「有人說原住民，尤其是愛斯基摩人，應該留在北部治療，這樣離自己家和親友比較近。根據本局的政策，大多都應該撤離到市區的療養院，例如卡姆塞爾……因為有稅收補助，送愛德蒙頓市區的大醫院比送北部好幾個甚至一個小機構還省錢。為一名病患運送一年物資的費用，比把病患送到愛德蒙頓的交通費用還高」（引自 Staples et al. 1993: 6）。

12 這段時期病患通常在加拿大療養院待六個月到兩年，但如惠爾特所觀察的，因紐特人通常比非因紐特人待更久（Wherrett 1977）。他們所有的治療都在院內進行，包括一些後來變成居家照護的項目，因為院方認為這在北極區並不可行。1953年底，共有2,627名原住民和348名因紐特人住在療養院裡（Gzybowski and Allen 1999）。1953到64年間，因紐特人待在南部療養院的平均時間是二十八個月（Nixon 1988: 67）。

13 衛生和政府官員把療養院視為「教育和教化」原住民的機會（Staples et al. 1993）。

14 1952年，曼寧加入資源及發展部北極分部（1950到1953年負責因紐特行政事務的單位），擔任筆譯和口譯，特別是協助北極東部巡邏船的翻譯工作（Grygier 1994: 32）。

15 加拿大政府負責照護因紐特人的部門多次更名和重組。1950年由資源及發展部底下的北部事務計畫負責（Bonesteel 2008），但1953年之後，因紐特行政事務納入北部事務及國家資源部管轄。1945到1955年間，因紐特人的健康問題由國家衛生福利部的印第安健康服務局負責。1955年，印第安健康服務局改名為印第安及北部健康服務局（Grygier 1994）。

16 1957年，加拿大北部事務部北極分部部長菲利普斯，在回應關於他的部門對南

部療養院的因紐特肺結核患者面臨的困境不夠敏感的指控時提到：「目前我們讓病患跟家屬保持聯絡的方法是透過信件、錄音和照片。」之前他曾說，「我們希望能把所有愛斯基摩患者的錄音和留言送回他們的聚落和居住地區。」菲利普斯對於只有霍爾號停靠的規模較大的因紐特聚落才能收到留言感到不滿（Eskimo Economy and Welfare 1957）。

17 駝鹿工廠醫院的院長抱怨，皇家騎警一年只巡邏這些地方一次，但肯定不會帶著錄音機，就算有，沒有電也無法操作（Eskimo Economy and Welfare 1956a）。

18 號碼經過更改。

19 有關這些信件，見Tester 2002: 202; Tester, McNicoll, and Irniq 2001; and Grygier 1994: 129.

20 泰斯特等人也質疑，1952年開始使用鏈黴素和異煙肼後，臥床休養和動手術的需求減少，是否仍有大批撤離因紐特病患的必要（Tester, McNicoll and Irniq 2001: 137）。

21 庫維亞那圖克的論點呼應了瑪麗亞・彭多爾菲的主張。後者認為人道介入的醫護人員對「細微層面做法」的關注，往往「掩蓋了人道介入造成的大範圍影響招來的批判，導致一般人多半支持對人道介入不予批判的意見」（Pandolfi 2008: 160）。

22 這裡我尤其感興趣的是官僚和冷漠之間的關係。在《經濟和社會》中，馬克斯・韋伯解釋官僚體制時將它描寫成（用典型的詞彙）受規則約束、階層式，並根據理性法律規範運作的體制。冷漠之所以出現，是因為官僚必須根據抽象概念運作，因而「不尊重個人」（Weber 1968: 975）。對漢娜・鄂蘭來說，官僚體制作為一種「無人的統治」（Arendt 1970: 38），透過把官僚體制跟它代為決策的人民拉開距離而產生了冷漠（尤其可見Arendt 1964）。

人類學近來試圖把韋伯理想中的官僚體制類型複雜化，證明它未能描述真實經驗的複雜性。此外，邁克爾・赫茲菲爾德也認為官僚體制促成了冷漠的發生，但不是直接了當的發生，而是把冷漠留給那些被視為社會局外人的成員（Herzfeld 1992）。

也有人認為官僚體制會形成自己的神奇力量，不像表面看起來那麼令人幻滅（Das 2004; Taussig 1997）。或是官僚體制雖然能夠運作，卻無法以意料之外甚至任意的方式運作（Scherz 2011; Gupta 2012; Fassin 2012）。有些人聲稱官僚體制的「理性」或「透明性」指的是意識形態，而非啟發性的（如Heyman 1995; Ballestero 2012）。沿著這些思路，克雷格・哈斯靈頓指出，對於跟他合作的巴拉圭「游擊隊稽查員」來說，官僚紀錄從來不是透明的資料來源，而是獲取權力的工具（Hetherington 2011）。霍格的看法很有趣（Hoag 2011），他認為這樣切入（從日常運作層面去看官僚體制）跟唐娜・哈洛威的批評一致：我們應該關心「處境知識」（situated knowledge）提供的連結和入口，抗拒接納「來源不明

的意見」的誘惑（Haraway 1998）。

我同意這些人類學家對官僚體制的看法，也認為事情「當場」總是更混亂、更複雜、更有趣，而且官僚體制無法簡化成它的理想類型。我同時也贊成哈洛威的批評，我們的確需要持續解構來源不明的意見，不要把它們當作整體世界的真實呈現。然而，我在本書想主張的是，把某物（這裡是官僚體制）簡化為理想類型，跟認清它的效力是不同的（Kohn 2013），這裡指的是複製和傳播一個來源不明的意見。在這一章裡我想認清這個官僚體制的效力，還有該體制對人民的影響，例如因紐特人，他們也是加拿大這個官僚國家的一部分。我希望在這本書中逐漸清楚表明以下這個論點：官僚體制把生命變成一種無差別的價值，對被殖民者的精神生命造成了影響。

23 審判紀錄已經佚失，但法官吉布森的筆記保留了下來，法官對陪審團的發言中複製的審判紀錄片段也是。

24 法官的筆記將第一人稱的報告改為第二人稱記錄。我做了一些修改。

25 無論看來可能會有多矛盾，不令人驚訝的是，在加拿大協助自殺的刑罰一開始是死刑。多死一個人顯然不是問題，問題是誰或是什麼致人於死。

26 吉布森後來在演說中清楚解釋了自殺跟主權之間的關係：

> 至於對愛斯基摩習俗的看法，或許該提另一件事。毫無疑問，如果管理這些人居住的地區內部大小事的政府有意推動更好的生活，實行更好的人道政策，尤其如果他們決心或希望對這些人採取嚴厲的懲罰或任何懲罰，那麼或許——甚至你可能相當確定——政府的責任是打造另一種選擇，如此一來原住民或許就能說「我不需要按照部落習俗幫我母親或親戚安樂死，政府已經提供這樣的人能得到照顧的地方。」（Stipendiary Magistrate of the Northwest Territories 1949b）

27 另見Brody 1975: 26-29; van den Steenhoven 1962: 123-25.

28 反覆思考這個問題時，菲麗希緹．奧利諾提醒我索馬利詩人阿里．杜克斯的詩句，這些句子在對人道主義的批評中曾被引用：「有個人努力要幫你找回走失的駱駝／甚至比你還賣力／但事實上他希望你找不到，永遠都找不到」（引自Maren 1997: 116）。

29 帕梅拉．史特恩在為防治研究中心和加州大學柏克萊分校公共衛生學院撰寫的研究報告中，道出了酒精和加拿大北部地區政府之間的驚人關係。她指出，1960年代「酒精顯然被（北部政府）視為對印第安人有害的飲品，對因紐特人經常也是，但他們同時也認為酒精是北方建立文明的重要元素，也是吸引合格的非原住民專業人員到北方工作的一個誘因」（Stern n.d.: 9）。所以為了變文明，原住民要會喝酒，但卻又很難想像他們喝酒能對自己負責。難道他們喝酒也注定失敗嗎？史特恩接著說，1960年代為北部事務及國家資源部撰寫多份報告的「人類學家約翰．霍尼曼和伊爾瑪．霍尼曼似乎把喝酒視為另一種文化公民權，

就像在社區委員會上投票或任職一樣，這方面因紐特人還需要教導」(Stern n.d.: 13)。

30 北部事務部代表聯邦政府陸續在切斯特菲爾水灣(1955)、黃刀鎮(1958)、因紐維克(1959)，和邱吉爾鎮(1964)成立寄宿學校。伊魁特有「青年旅社」之前，伊魁特周圍社群的高中生都被送到切斯特菲爾水灣的寄宿學校(King 1999: 10)。

31 如我在前言所說，我用「後殖民」一詞來強調殖民仍以我們不完全明瞭的方式糾纏著當代世界(參見Good et al. 2008)。引用柯慈的同時，我也含蓄地接受了用單數來指稱「後殖民」常是合理的概念，藉此指向各種歷史脈絡下的「後殖民」分析的吸引力。然而，這不表示我認為南非和加拿大經驗是相同的或兩者的差異微不足道，而是匿名的力量，以及把個體和群體互換的做法，在醫療官僚和殖民主義相交時發揮了不容忽視的作用。見古德等人對學者如何探討殖民計畫之多樣性的討論(Good et al. 2008: 13-14)。另見史托勒深入探討在(後)殖民脈絡下進行比較工作的可能性，包括北美州，尤其是她針對後殖民比較歷史中的分析類型之互通性的討論(Stoler 2001)。

32 當我談到欲望的問題時，聽眾往往以為我指的是狹隘的性的欲望。這令我感到驚訝，但或許我不該忘了傅柯認為任何個體的「真相」都可溯及性的欲望。事實上，我指的是更廣義的欲望，例如推動我們超越自身(至少超越目前狀態)的力量。所以舉例來說，佛洛伊德所說的死亡驅力(death drive)也是一種欲望。說話、對這世界發出聲音，也是一種欲望。我猜使用「欲望」二字有把事情複雜化的好處；在性的欲望層面中特別明顯的矛盾欲望會跟其他種欲望連在一起，包括想要掌握一個「死去的愛斯基摩人」的欲望，而這只是其中一個例子。傅柯談到貫穿現代社會的「二元結構」時，其實是在說現代生命政治國家在本質上，甚至在結構上都是種族主義者。具體來說，傅柯1976年在法蘭西學院的講座有次談到，殺人的至高權利在現代社會透過種族主義的「策略」重現，這種二元思考方式把(被生命政治建構的)社會分成兩邊：值得活的(並使其生命受到保護、延長和放大)和該死的(Stoler 1995)。種族主義「主要是一種為權力掌控下的生命帶來斷裂的方法：必須活的和必須死的之間的斷裂」(Foucault 2003: 254)。更重要的是，它建立了殺人權利和保障生命之間的正向關係。它假定「殺得愈多，就會引發愈多死亡」或是「讓愈多人死去允許你活更久」(Foucault 2003: 255)。傅柯認為這種二元論內在於(而非外在於)生命政治。事實上，它解決了生命政治根本的矛盾：生命政治國家如何能表面上致力於保護和孕育生命，同時卻又大開殺戒？他寫道，「(戰爭)代表每個人的存在發動；整個群體以生命必要性之名動員起來展開大規模殺戮：大屠殺變成維持生命之所需。為了管理生命，為了人和種族的存活，很多政權才能發動那麼多場戰爭，導致那麼多人喪命……危在旦夕的是一個群體的存活」(Foucault 1990: 137)。因此，雖然生命政治國家的明確欲望是維持公民(整體人民)的生命，卻被二

元邏輯的另一面糾纏——有些人沒有資格成為公民。我說「糾纏」是因為生命政治的生命主義、肯定生命的生命政治邏輯滲透到政策、報導和法律各層面，形成它自己的精神生命，二元論在其中絲毫不需學術分析也展露無遺。也就是說，殺人的至高欲望即使在最被壓抑的地方也會**顯現出來**。(阿岡本的切入點則是指出，二元邏輯描述了**我們所有人**所處的例外狀態，不只是那些因透過種族主義而被排除在生命維持措施之外的人。見Agamben 1998。)然而，如同很多學者指出的，在生命政治政權下，我們有多麼可能被殺或被允許活下來，是根據我們熟悉的、悲劇性的社會政治分野。兩者對我來說都是很重要的觀察。阿岡本指向二元論根本的任意性，其他學者指出其社會政治歷史和現實。
當我們拒絕把佛洛伊德歸類為「性驅力的水利理論」時，我們可以發現他其實給了我們另一種工具去想像生命政治欲望的複雜性。目睹第一次世界大戰爆發之後，佛洛伊德聲稱我們再一次「用心理上透支的方式活著」，意思是我們拒絕承認自己的殺人欲望或自己有天也會死的事實(Freud 2005: 193)。這正是阿岡本多年後才理解的事：當社會被視為必須防範生物他者之存在(可能毒害人民的他者)時，必須死和必須活的分界線隨時可以改變。因此，現代西方社會孕育自特定壓抑手段的偶然「真理」就是：它**就是**一部殺人機器。生命政治的精神生命能為我們揭開這點。

33 漢娜・鄂蘭如此形容這種困境：「當代歷史創造出一種新人類——被敵人抓進集中營，被朋友抓進居留營的人類」(Arendt 1978)。

34 希克斯認為，從「因紐特人過往的自殺模式」(即主要由老一輩人建立的模式)轉變成「因紐特人當今的自殺模式」(年輕人為大宗)，始於1980年代的加拿大北極東部(Hicks 2007: 31)。

35 見李誠和凱博文對自殺在中國作為一種抵抗方式的重要討論(Lee and Kleinman 2003)。見尼岑針對成群自殺作為一種集體抗拒康復的方式之討論(Niezen 2009)。

36 皇家騎警射殺雪橇犬的用意和雪橇犬實際上構成什麼威脅，現在仍充滿爭議。對很多因紐特人來說，問題在於殺狗會不會是當局為了把因紐特人趕到聚落定居的預謀行動，目的是要終結他們以打獵和設陷阱捕捉動物為主的生活方式。因紐特耆老在2005年到原住民事務及北部發展常務委員會作證時表示，當時雪橇犬是他們「唯一的交通工具」，少了牠們「獵人別無選擇，只能丟掉他們的漁網和陷阱線」(Standing Committee on Aboriginal Affairs and Northern Development 2005: 2)。後來「大家愈來愈依賴政府，成天等著社會福利支票寄來。在那之前，他們至少還能靠土地維生，去打獵、捕魚、到林木線撿撿木頭之類的」(3)。
2006年，皇家騎警發表這起事件的最終報告，堅稱指控政府或皇家騎警屠殺因紐特雪橇犬不符事實，但承認他們確實偶而會射殺雪橇犬，但是基於健康和安全理由，為了控制犬類疾病、遵守犬隻法規，以及應飼主的要求(Royal

Canadian Mounted Police 2006）。皇家騎警用很多說法回應預謀屠殺因紐特雪橇犬的爭議，最有趣的一個或許是已經退休的皇家騎警出面作證，說他們跟因紐特人關係友好，為什麼要這麼做呢？尤其可見 Interim Report—RCMP Review of Allegations Concerning Inuit Sled Dogs (Royal Canadian Mounted Police 2005: 16)。因紐特人和皇家騎警對事件的認知差距如此之大，一個原因是因紐特人回應的有部分是未說出／不可說的殖民欲望，不一定是明確的政策。見下文我針對傑姆西回應 Yatsushiro 提出的問題的討論。狗在因紐特社會中的地位，見 Laugrand and Oosten 2002。關於射殺事件深入詳細的討論，見法蘭西斯・勒維克的文章（Lévesque 2010）。

37 一名皇家騎警代表在原住民事務及北部發展常務委員會前作證時聲稱：

> 其他歷史資料顯示，1959到60年巴芬島南部有九成的犬隻死於傳染病。弗羅比舍灣約有兩百隻狗在一個半月內死亡。皇家騎警隊的狗太過虛弱，六隻尚未死亡的被人道撲殺。這些是統計上的事實。統計上看不出來的是染病犬隻的攻擊行為構成的威脅，以及社群因此面臨的危險。（Standing Committee on Aboriginal Affairs and Northern Development 2005: 8）

特別有趣的一點是，使用暴力的權利是建立在保護人民健康的基礎上。

38 尤其可見 Taylor 2007; Younger-Lewis 2005.

39 傑姆西可以從想像中理解加拿大北部的生命政治制度中什麼是不可說的。不過，他不是唯一感受到一股不言而喻或許也不可說的殖民欲望——擺脫原住民——的因紐特人。來自北魁北克的耆老喬治・科尼克在原住民事務及北部發展常務委員會前作證時說，「為了減少我們的數量，所以才殺我們的狗」（Standing Committee on Aboriginal Affairs and Northern Development 2005: 2）。在馬基維克公司推出的紀錄片《最後長嘷的回音》中，一名耆老也說，「看來他們是想藉由毀掉因紐特人的生計來消滅因紐特人」（Grenier and Fradette 2004）。

40 如凱瑟琳・米爾斯所指出的，這種情感知識有時並不容易化為字語。她寫道，「專注於情感性代表倫理性不能也實在不該被論述可理解性的範圍侷限」（Mills 2005: 208）。

41 見古德等人對不可說的跟主體性之關係的討論（Good et al. 2008: 14-17）。

3 匿名照護
Anonymous Care

1 對頁的文字寫著：「國王為其統轄領土的所有兒童提供幫助。除了協助愛斯基摩兒童，也命令旗下警察比照辦理……必要時警察會確保每位兒童都得到商船的幫助」（Bureau of Northwest Terrirories and Yukon Services 1947: 19）。

2 查爾斯・泰勒認為專業化是西方現代性的一大特徵：「個體從豐富的社群生活

中被抽離，如今進入一連串變動不定、可解除，而且往往只為了高度特定目標而存在的關係裡。於是我們透過一連串的部分角色（partial role）跟彼此產生關係」（Taylor 1989: 502）。在喬那西的敘述中，皇家騎警的警官所受的訓練就是根據對方的「部分角色」（如歹徒或罪犯）跟轄區內的人互動，而非兄弟、兒子、父親、獵人或家族傳承的成員這類比個體生命延續更久的身分。

3 例如1999年，即努納武特地區成立那年，一個小聚落的首長在努納武特的報紙上登出聲明，指責某媒體搶走減少自殺人數的功勞。為了矯正視聽，她對在第一線（強調非媒體人員）工作的人表達支持，「我要對這些無私的照護者說：或許你們並未得到媒體注目……但你們才是真正的生命捍衛者和眾人的良師，你們提供的服務才是很多因為你們而挽回的生命仰賴的力量」（Panimera 1999）。在努納武特，判定誰才是真正的生命捍衛者變成爭議不斷的話題。

4 這個說法其實源自凱．傑米森，再由馬許做了詳細的引用。傑米森大力主張，「忽略自殺行為的生物和精神病理起因及治療方式，在臨床上和倫理上都站不住腳」（引自Marsh 2013: 749）。

5 麗莎．韋克斯勒和約瑟夫．戈恩認為，「自殺表達了潛在的心理問題」這個看法是一種未經檢視（最終搞錯方向）的標準推論，而原住民社群的自殺防治對策就建構在這個推論之上。然而，原住民社群常把自殺視為「歷史、文化、社群和家族瓦解」的表現（Wexler and Gone 2012: 800）。邁克．克拉爾特別描寫了努納武特當代「精神病學和原住民／社群治療和介入方式的兩極化」（Kral 2012: 308）。雖然這種分裂明確存在，病理學概念在努納武特被接受的方式（部分因為缺少心理健康服務的基礎設施〔Hood et al. 1991; Hood et al. 1993; Kassam 2006〕）通常是透過自殺因應方法的官僚化（即應該建立固定的後續處理流程），而非透過對自殺患者的密集精神治療。

6 韋克斯勒和戈恩認為，「雖然剝奪自殺傾向者（及其家人）的公民權或許可立即保證其安全，卻也可能被視為文化宰制和殖民入侵的延伸。此外，這種標準做法也違反了很多美洲印第安人／阿拉斯加原住民社群對自殺提供社會支援的現有認知，可能使自殺傾向者與最可能提供有效資源的社會和文化脈絡更加疏遠」（Wexler and Gone 2012: 804）。

7 基蒂克美奧特區是努納武特的一個行政區。

8 見第一章對科拉．戴蒙德〈現實的困難和哲學的困難〉一文的討論（Diamond 2008）。

9 使用「再教育」一詞時，我再度想到了柯慈的《麥可．K的生命與時代》（Coetzee 1998），我在第二章有更完整的討論。

10 要寫下這些文字很難，但我認為還是有必要寫下來。韋克斯勒和戈恩指出，即使是自殺的想法或舉動應該馬上交由專業的心理健康服務機構來處理，這種認知也有其特定文化歷史背景，不一定為原住民社群所共有。「原住民社群常把

自殺視為歷史壓迫、目前的不公義和持續的社會苦難造成的終極結果」(Wexler and Gone 2012: 801),這些力量或許不是個別諮商足以解決的。

11 這並不表示自殺發生時不會令人感到莫大的痛苦和震驚。只不過它同時也變成了「另一起自殺」。

12 不令人意外的是,為努納武特提出的自殺防治對策中,官方的青年菸害顧問團被列入政府既有的「直接及間接對抗自殺的措施」中(Government of Nunavut 2007: 20)。

13 這裡要記住的是,在生命政治體制內,統治權跟生命與死亡的關係會轉變。它變成了「要你活」和「讓你死」的權力,而非「要你死和讓你活」的權力(Foucault 2003: 241)。

14 Kamatsiaqtut的字面意義是「用心照顧你的人」,這裡的「照顧」指的是維護保存(Nelson Graburn,私人交流)。

15 這個不斷擴大的照護圈也可從Kamatsiaqtut最近(且微妙的)更名中看得出來。它不再是**危機**專線,而是**求助**專線。因此,根據計畫簡章所說,它是「為所有人而設,而非只是陷入危機者。只要覺得需要找人談談,無論是因為寂寞、痛苦或悲傷,或需要有人與你分享喜悅,都歡迎來電。」

16 見彼得·庫奇斯基對非因紐特社群利用匿名性來迴避責任的嚴厲批評(Kulchyski 2006)。

17 想知道有哪些計畫和措施,尤其可見Ajunnginiq Center 2006; Alianait Inuit- Specific Mental Wellness Task Group 2007; Bobet 2009; Chachamovich and Tomlinson 2010; National Inuit Youth Council 2004; Government of Nunavut 2007; Health Canada 2008; Inuit Tapirit Kanatami n.d.; Tgalik and Joyce 2006.

18 卡維爾說,恐怖「是我給人類身分認同的危險性、這樣的身分認同可以消失或被侵犯,以及我們可能是或可能成為另一種人或把自己當作另一種人,我們身為人類的由來需要解釋卻又無法解釋的種種感受的一個名稱」(Cavell 1979: 418-19)。

19 當時電話是透過交換台系統運作,而非現在的區域號碼。瓦拉知道自己那區的交換台是「市長官邸」(Mansion House),因此要求使用「MAN 9000」這個號碼,以喚起人命關天的緊急感受。

為了應付來電量,瓦拉很快開始招募志工幫忙他接電話。招募和訓練志工開啟了瓦拉之後所謂的「一場扶助自殺傾向者的業餘運動」(Varah 1985: 24)。瓦拉稱他剛成立的組織為「撒馬利亞會」,他說「撒馬利亞人沒有專業技能可以提供,只能奉獻他自己,而這就是大多數來電者最想要的,那就是有人發自內心地關心他們,站在人的立場當他們的知心好友(這對精神科醫師或牧師來說不可能,就算可能也不令人嚮往)」(引自Dublin 1963: 182)。

20 撒馬利亞會在英國成立之後,美國的自殺防治專線也開始如繁花盛開。1960到

1971年間，二十四小時生命線的數目從4個激增到253個（France 1975; McCord and Packwood 1973）。加拿大歷史上的第一個自殺專線「Telecare National」1964年在安大略省薩德伯里市成立（Twine and Barraclough 1998: 345）。英國和北美的生命線出現的時間跟心理健康服務產生巨變的時刻重疊。1960年代的正常化（反精神醫學）運動促使健康服務從機構轉向「社區發展、去機構化以及自助」（Twine and Barraclough 1998）。

21 匿名性是當代生命線的特徵之一，但其實早期很多生命線並非一定要匿名。撒馬利亞會在英國剛成立時，工作包括帶來電者就醫（如果對方想），甚至在危機過後進行家訪。但後來很快發現，大量的來電者拒絕提供詳細身分資訊（Litman et al. 1965; Tabachnic and Klugman 1965; Waltzer and Hankoff 1965: 312）。學者開始對「無名」來電者和其他來電者之間可能的差異感興趣（Tabachnick and Klugman 1965; Wilkins 1969; Nelson et al. 1975），但這方面的研究仍未有定論。久而久之，匿名性不再被視為一個需要研究的問題，反而變成了危機專線的最大特點。1973年在一項針對全美危機中心所做的調查中，兩名愛荷華大學的教授指出匿名性乃生命線受到歡迎和「驚人暴增」的原因（McCord and Packwood 1973: 723；參見Hornblow 1986）。接著，1976年對加拿大危機中心所做的調查中，匿名性被列為危機中心的「原則」之一，其他還包括「保密和當事人（或來電者）採取主動」（Twine and Barraclough 1998: 344）。很多觀察家指出，是電話使求助者能夠在匿名或保密照護之間做選擇。保密當然會引發很多倫理問題，例如當對方有致命的自殺計畫時如何介入（Twine and Barraclough 1998: 348）。1998年，特恩和巴拉克拉夫甚至稱匿名性是危機專線工作「根深蒂固」的原則（348），還說匿名性是1960年代電話專線興起的一大原因，多少有點顛倒歷史（344）。

22 基本上若一個人只是需要跟另一個人建立聯繫，那麼對方是誰或具有什麼資格並不重要。

23 杜布林是大都會人壽保險公司的副總裁兼統計員，花費多年研究調查自殺問題，著作包括1933年出版的《生死之間：自殺研究》和1963年出版的《自殺：社會學及統計學研究》。這些評論發表於1958年在芝加哥舉辦的美國自殺學協會第一屆年會（Shneidman 1969）。

24 舉例來說，羅森鮑姆和卡爾霍恩用「治療的一大力量」這類熱烈讚揚的字眼來形容危機專線的興起，但其「價值和效力從未經過實證」（Rosenbaum and Calhoun 1977: 325）。然而，他們認為生命線的獨特之處（特別是它為當事人和治療師提供的匿名性，以及它縮短距離的能力〔328〕）允許他們從「理論和實用層面上」為它辯護，就算不是實證層面上。「因為毫無相反的鐵證，」他們寫道，「大多數人（包括筆者）樂於假設它提供的服務確實有效」（337）。對羅森鮑姆和卡爾霍恩來說，來電數和眾人的熱烈反應清楚顯示生命線提供了一項重要的服務。有關缺乏實證證明生命線之效力，另見Hornblow 1986; Stein and

Lambert 1984; Lester 1997.

25 他們想提出的論點其實核心在於如何評估一個危機中心的效力。若把危機中心視為一種社會運動，那麼「對危機中心的評估就不能只限於危機介入程序，或對計畫的架構、政策和服務的描述」(Echterling and Wylie 1981: 346)。也應該把生命線的歷史和社會層面納入考量。

26 自殺防治工作明顯帶有宗教色彩。查德・瓦拉認為撒馬利亞會提供的關心「不只是讓得到關心的人減少尋死念頭的方法，也是一種哲學和生活方式。有些志工甚至說『撒馬利亞主義』是他們的信仰，但不需要到這種程度，在中心以外的生活也會因為這個概念深受影響」(Varah 1985: 34)。這種想法至今仍有爭議，且不常被挑明了說，但在生命線運動內部，關心——能夠也願意關心他人，證明自己關心（另一個人類）——幾乎變得比這樣的關心是否有效更重要。即使是堅稱生命線的唯一目的是拯救生命的瓦拉也承認，「我們拯救免於毀滅的生命，也包括我們自己」(1985: 60)。

27 麗莎・韋克斯勒會說這種疏離是在原住民社群持續存在的殖民主義的特徵：「原住民以一種隱微卻無所不在的方式被迫接受西方典範。因為隱微而使得現代殖民化過程變得隱而不顯或曖昧不清」(Wexler 2006: 2945)。

28 約瑟夫・戈恩描寫一種「致力於監視和管理美洲原住民『心理健康』的家庭工業」在「美國和加拿大快速增加，毫無減少跡象」(Gone 2008: 310)。他更促使我們質疑，當代的心理健康服務會不會其實是西方進行文化改造的形式。他也寫下某些北美原住民清楚拒絕使用這類服務或採納其論述的過程，並引用其中一段發人省思的對話：

> 訪談者：在什麼情況下你會帶自己的孫子去，比方說（印第安健康服務診所的）接受行為健康或心理健康治療？
>
> 原住民受訪者：我會說那就像一種禁忌。我們才不做那種事，從來不會⋯⋯我猜那就像戰爭，只是他們不再使用子彈⋯⋯（嘆氣）就像種族清洗，大概可以這麼說。他們想消滅我們，想消滅印第安保留區，這樣他們就能加入現代白人社會的大熔爐。這麼一來印第安問題就會永遠消失⋯⋯但他們現在使用的是比過去的子彈更狡猾的手段。(310)

29 見考弗特和歐尼爾探討數據如何使因紐特婦女的生育風險變得如此真實，導致遷往南部醫院變成因紐特婦女唯一「合理」的選項（Kaufert and O'Neil 1990）。

30 生命政治肯定透過某種方式讓人感覺像一種謀殺。殖民代理人和後殖民官僚是不是有可能也想要一個死去的愛斯基摩人，或想要愛斯基摩人死去？

31 奧德拉・辛普森用「隱蔽邏輯」(shadow logics)來形容移民者的殖民欲望。因此，爭取原住民土地的隱蔽邏輯就是「『白人移民者』想變成印第安人的欲望（即使在印第安人起而反抗的地方也一樣）」(Simpson 2008b: 253)。預期因紐特人會持續尋死，也可以被稱作是自殺防治工作的隱蔽邏輯。

32 見伊麗莎白・波維內利提出的「類事件」(quasi-event)概念，即「從未完全達到發生狀態」的事件(Povinelli 2011: 13)。當唯有對一個事件或危機的回應才算是符合倫理的回應，那些「平凡的、長期的、汙穢的，而非慘烈的、充滿危機的、崇高的」痛苦(2011: 3)就得不到符合倫理的回應。

4 名字的生命
Life-of-the-Name

1 沿用同個名字並不表示就會抹除死亡帶來的痛苦。以下是參與伊魁特的努納武特北極學院的因紐特研究計畫的學生對這個主題的想法。

> 在我們去採訪耆老有關薩滿教和取名的事的那段期間，很多人陸續過世。對Tikisaq、Suvinai、Joanasie、Tommy、Carlie、Ellie、Nutaulaaq、Little Leah、Pitsiulaaq和Fred Coman這幾個家庭來說，那幾個禮拜很傷心。雖然我們埋葬了死者，但透過延續他們名字的新生兒的生命，他們仍然與我們同在。最近失去親人的家庭也會因為心愛的人重新與他們同在而感到欣喜。這就是因紐特人的生命循環。確實，太陽終究會再回來孕育新生命。(Saladin d'Anglure 2001: 206)

2 各式各樣的神靈附身跟因紐特人的命名習慣之間有些有趣的相似處。例如，附身也打破了獨立單一自我的概念，使自我和生命得以在「自身之外」被理解。「附身」同時也「加深了人際連結」(Boddy 1994: 423)。人類學家如何將附身從工具化和理性化轉而承認它在某些時空的力量，見珍妮絲・波帝在文獻回顧中的精彩討論(Boddy 1994)。

3 見Arendt 1958; Cavarero 2000; Fassin 2000.

4 另見Balicki 1970; Guemple 1965; Nuttall 1992; Willaimson 1988.

5 或許在加拿大和美國這樣的西方高度開發國家，最難理解這種「我們的生命仰賴他人而存在」的觀念。在〈存在於眾人之助下：一本關於厄瓜多生命的民族誌〉一文中，伊莉莎白・羅伯茲動人地呈現了在厄瓜多做試管嬰兒的人如何理解自己能活著(甚至存在)，是因為「得到眾人的幫助」，也就是依賴家人、朋友和醫護人員，在情感上、經濟上和專業上的介入(Roberts 2013)。她認為在這樣的脈絡下，生育過程「得到眾人幫助」的概念就不會在文化上引起過度的異議。然而，在她的另一個研究地點北加州的脈絡下，很多工作(Obeyesekere〔1990〕認知下的「文化工作」)都在使生育「得到眾人幫助」的概念與主流論述的獨立自主個體的彼此相容。羅伯茲果斷地把個體自主性的可能，跟在美國相對來說較可信賴也較堅固的基礎建設連在一起。當我們一直以來都如此天衣無縫且理所當然地仰賴社會的支持，甚至變得習而不察，當然會否認自己必須依靠他人而存在。但厄瓜多人所謂的nuestra realidad(我們的現實)卻不是這麼

一回事。所以她主張,「落後地區的生活或許能教我們現實是如何打造的。」換句話說,落後地區的生活或許能教我們,我們的存在一直受到眾人的幫助。

6 因紐特人弒嬰問題在人口統計學文獻上扮演重要角色(Damas 1994)。不過,民族誌學家對於弒嬰實際上有多普遍(儘管大多數人都承認它確實存在),以及它盛行的原因眾說紛紜(Damas 1994; Graburn 1994; Remie 1985)。

在我的論述裡,我感興趣的不是弒嬰有多常發生,而是弒嬰跟命名習慣之間的關係。帕比翁的故事刊登在《愛斯基摩人》上(該期刊由獻主會發行,目的是要在北美和歐洲為教會募款〔Remie and Ooster 2002〕),其內容跟民族誌文獻相互呼應,後者也指出得不到照顧、之後會被「丟下」或「任憑風吹雨打」的嬰兒不會被取名。詹尼斯說的更明確:嬰兒出生兩、三天後,家人更確定孩子能活下來,並且決定不任他自生自滅之後,才會為這個孩子取名(Jenness 1922: 167)。維耶對於命名和弒嬰之間的關係不那麼肯定,但承認「然而自然而然的推測是,這種獨特的命名習俗透過對鬼魂的恐懼,對弒嬰產生了約束力量」(Weyer 1932: 133)。

巴利基更斷言:「命名對弒嬰有約束作用……弒嬰必定發生在命名之前,因為殺死一個已經命名的小孩可能會觸怒轉生者的靈魂,所以替尚未出生的胎兒命名,期望藉此緩和分娩過程,確實能避免母親弒嬰」(Balicki 1970: 148-49)。持同樣看法的還有Guemple 1965; Burch 1994; Alia1994。如甘普爾所說,「嬰兒出生才會命名,而且唯有順利出生、能活下來、不會被殺掉,才會為其命名」(Guemple 1965: 324)。傳教士圖克維托還說,「對愛斯基摩人來說(名字)代表一切。假如嬰兒在命名之前死亡,就不會有哀悼儀式」(Turquetil 1968: 43)。

7 在這個故事裡,帕比翁奮力要解釋名字和存活如何相連。故事強調了肉體存活的可能性(雖然並非一定能存活的保證)取決於是否被賦予名字——也就是召喚進社群之中。沒有名字,肉體就沒有存活的可能。身為基督教徒,帕比翁雖然想跟弒嬰和墮胎拉開距離,但「文明」的種族也有很多其他拒絕命名和承認他人,最後把人阻擋在人類社群之外的方式。

如南希・舍柏-休斯描述她在巴西貧民窟生活的那本書中所言,「人的存在永遠以他人的存在為前提。我之所以『被丟進』人類存在裡,先決條件是我跟最初的他者(母親)之間存在著一種特定的道德關係」(Scheper-Hughes 1993: 23)。我所謂的「被喚進語言裡」的一個代表,或許是一個母親(他者)認出自己小孩的方式。對因紐特人,以及對舍柏-休斯描寫的巴西女性來說,一個嬰兒是被喚進了社群裡。這樣的「召喚」可能發生在出生前,甚至死去後,也有可能被遏止,就像巴西貧民窟有些「天使寶寶」被認為注定要死去一樣。

8 名字如何超越死亡,在薩拉丁・東格呂講述的Iquallijuq的故事中尤其明顯(Saladin d'Anglure 1977)。

9 醫療人類學曾經偏好用本體論(勝過用認識論)來探討人類學的利害關係,尤

其是在其跟科學研究以及拉圖關於物質性的重要論述的交叉領域。雖然我對這個轉向很感興趣，尤其是它承認了重要事物「在那裡」(thereness)，但我卻對物質性直接了當取代本體論，而身體開始用跟過去我們替它們說話的方式沒有太大不同的方式「說話」感到遲疑。意思是說，這裡似乎產生了腹語效應，我們的言說方式直接移轉到身體（或物質上）。另一種說法是，我們抱著物（things）也是共同建構者的可能性，重寫了過去版本的社會建構主義。「本體論」於是成了用來形容這些互相建構的實體世界的字眼。（我也對這個轉向的強烈基督教色彩感到驚訝，因為它呼應了上帝用肉體來代表耶穌基督。）因為如此，當定義我們學科的字眼變得太過武斷，導致我們不再知道如何理解它時，「本體論」就取代了文化：我們討論的不再是不同的文化，而是不同的本體論。這達到了讓人類學家把物質（和身體）當作研究主題的預期效果，但我認為這也產生了非預期效果：取代了超越各種本體論的「存在」或「在那裡」的問題，或以某種方式超越了這些不同的本體論的某種真實（a real）。或許這純粹是規模問題——這些新本體論能使我們更仔細檢視是什麼組成了我們的特定世界。但我同時也認為，為了這些特定世界廢除「本體論」一詞，會阻擋我們對他種意義的本體論進行人類學研究。

我認為我的作品就是他種意義的本體論。我感興趣的是召喚他人成為存在對我們的意義，以及存在不只是肉體方式的存在。我認為這不只是從共同建構特定世界的意義上來說的「本體論」，也有更寬廣的意義，因為它描述了人類生活之所以可能的先決條件。我在這本書中處理的不確定性也是本體論的，跟存在相關的。我關心的不是我們如何知道我們所知道的事，而是我們對於世界是什麼的不確定性。

10 伊莉莎白·羅伯茲用另一種方式表達了相同的論點，即認為所有生命都是得到眾人幫助的生命（Roberts 2013）。

11 加拿大最早的原住民兒童寄宿學校在1870年代成立。1920年，鄧肯·坎貝爾·史考特代表一項法案發表談話，該法案強制規定7到15歲的印第安兒童必須入學，當時他就表明了這個教育計畫的目標：「我們的目標是持續努力，直到加拿大的所有印第安人都被納入國家體制，印第安問題和印第安部門從此消失，這就是這個法案的整體目標」(引自Watson 2013: 5)。

對因紐特人來說，這些「再教育」計畫到更後來才開始有系統地強制實施。第一家為因紐特兒童所設的聯邦「宿舍」1951年在切斯特菲爾水灣開辦（King 2006）。1955年一項新的教育政策鼓吹把因紐特兒童從四散的聚落帶往集中管理的學校（Rea 1968）。

教育和同化的雙重目標形成一種充滿了日常暴力的處境（見Scheper-Hughes and Bourgois 2004）。1998年，加拿大史上最大的集體訴訟《印第安寄宿學校和解協定》簽訂後不久，加拿大總理史蒂芬·哈伯代表加拿大政府正式為寄宿學校對

原住民社群造成的傷害及相關的錯誤政策向原住民致歉。該協定提出的一個條件即是成立「印第安寄宿學校真相與和解委員會」(Niezen 2013; Gadoua 2010)。

12 到了20世紀，因紐特人在加拿大國內的地位是個備受爭議的問題。他們究竟是加拿大公民，還是「受國家保護的人」(例如當時不具選舉權的第一民族)(Bonesteel et al. 2008: v-vi)?然而，泰斯特指出,「有段時間，不同方向的因紐特政策互相拉扯，但到了1960年代初方向已定:『給予愛斯基摩人跟其他加拿大人一樣的權利、特別待遇、機會和責任。簡單的說，使他們能夠跟上加拿大的常態生活』」(Tester 1994: 170)。

13 根據凱恩斯的說法,「主動追求公民權的人很少，導致的挫敗促成1920年的修正案，從此允許強制取得公民權。該條款在1922年刪除，1933年又恢復，1951年仍留在法案中，但似乎從未派上用場」(Cairns 2000: 49)。

14 詹尼斯發表時，該委員會已經成立一年，聽過來自印第安事務官員、醫生、教師和皇家騎警的意見(Kulchyski 1993: 28)。

15 這裡的取得公民權指的是成為加拿大公民，不再是印第安人(或愛斯基摩人),見Lawrence 2003。庫奇斯基指出，1869年的《取得公民權法案》通過後,「每年印第安事務分局都會公布有多少印第安人取得公民權，並把該數字視為國家成功解決『原住民問題』的指標」(Kulchyski 1993: 25)。約翰·托比亞斯則認為，從1815年起，加拿大的目標一直都是透過教育或「教化」程序消滅印第安認同和文化(Tobias 1983)。

16 庫奇斯基指出，1940年之後,「政府變得難以忽略受過西方教育的原住民領袖愈來愈受到大眾矚目，這些領袖能夠用非原住民大眾理解的方式表達原住民的需求」(Kulchyski 1993: 25)。

17 在加拿大的定居-殖民歷史中，熟悉前殖民文化習慣的人，往往會變成一個種族的代理人(Lawrence 2003: 10; Simpson 2008b)。

18 An Act to Amend and Consolidate the Laws Respecting Indians, S.C. 1876, c.18, § 3.3 c, e.

19 1869年加拿大通過《漸進取得公民權法案》之後，唯一有資格被視為印第安人的是至少有四分之一印第安血統的人(Lawrence 2003: 9)。1876年通過的《印第安法案》訂得更嚴格:「一家的印白混血(除了印第安人的遺孀或已經被納入協定的印白混血)不得……被視為印第安人，也無權加入任何印第安協定」(An Act to Amend and Consolidate the Laws Respecting Indians, S.C. 1876, c. 18, § 3e)。
見奧德拉·辛普森探討美國和加拿大原住民身分種族化的歷史，以及它在當代原住民主權爭議上如何呈現(Simpson 2008b)。

20 把納粹種族政治奇特地翻轉之後，再也沒有純種這種東西，取而代之的是一條生命的大河，你若不在河裡，就是被隔絕在外。

21 某聯合委員會成員簡短批評加拿大對原住民的隔離和不公平對待之後，主席明快地說,「我想只能說，加拿大人民透過政府迫切地想要採取跟這件事有關的

行動，所以才會成立這個委員會」(Government of Canada 1947: 313)。

22 「一旦國家以生命權力模式運作，光是種族主義就能合理化國家的殺人功能」(Foucault 2003: 256)。另見 Stoler 1995.

23 「無可否認，」詹尼斯指出，「政府努力要在北極尋找替代或替補的根據地，卻未能如願。根據我們所知，除了礦藏以外，偏遠北部對我們來說幾乎沒有任何價值」(Jenness 1964: 176)。

24 詹尼斯接著提議：

> 我們應該把他們舉家遷往小聚落定居，就像陸軍中士照看交由他負責的「其他隊伍」一樣照看他們。這樣的聚落不應該太大，也不應該太小。不要太大，這樣這些愛斯基摩移民才能過自己的生活，而不會跟白人鄰居有太多牽扯……地點應該位在城市的郊區，而非城市裡面，這樣這些愛斯基摩移民才能享有更多隱私和活動的自由。但更重要的是要接近教育、就業和娛樂場所，這樣愛斯基摩人就不得不融入一般大眾。小孩在學校和遊樂園跟白人小孩在一起，大人跟白人成人在一起，後者跟他們有很多相同的興趣，也從事類似的工作。(Jenness 1964: 176)

25 這篇文章讀來像是對現代個人力量和意志力的歌頌。現實會得到尊重，跟哀悼對象的聯繫會被切斷，自我將會如作者所說「不受約束，自由自在」(Freud 2005: 205)。

26 消失的他者跟夢的意象有很重要的相似點。跟夢的形成一樣，想法和情感都透過佛洛伊德所謂的濃縮和置換轉變成畫面(Freud 2010: 296)。

27 根據溫尼考特的說法，小孩「除了藉由看、摸和聞進行確認」，也會學習把「活著的人帶到內在精神現實裡」(Winnicott 1971: 29)。

28 也就是，假如所愛對象去世之後，其畫面還存留下來，那麼對方的畫面必定有種獨立的存在。

29 事實上，蘭格認為「名字是神話符號的精髓；世界上沒有任何東西比那微小的、轉瞬的、隱形的呼吸吐出的一個字，濃縮了更多純粹的意義。從物質上來說它幾乎什麼都不是，但它卻比任何永恆聖物承載了更多明確且重要的含意」(Langer 1949: 390)。

30 有必要說明的是，本書對匿名照護的批評並不是在批評其不能使用個體本名。充滿愛的言說也可能沒有使用對方的本名，而本名也可能被用在「消失」名單中。當名字被用來把言說的對象徹底固定在他或她的位置上，例如仇恨言論或消失手段時，名字實際上是根據統治權或神權的有害幻想在運作(見 Butler 1997a)。因為因紐特人跟名字和命名的關係複雜，我發現(或想像)匿名照護之外的另一種選擇，就是類似因紐特社會的命名系統。因紐特人的命名習慣幫助我們想像芭芭拉·波登宏恩所謂的「名字屬於誰」(Bodenhorn 2006)。對她來說，「誰」跟一個人的鑲嵌性(imbeddedness)有關——得到一個名字，進入名

字本身產生的不斷擴大的關係網絡中。漢娜・鄂蘭稱這個不斷擴大的網絡是人類關係「羅網」，人類以「誰」（世界上獨一無二的存在）而非「什麼」（對性質的描述）的形式無法挽回地被捕進羅網裡（Arendt 1958）。消失在生命政治的照護體制中，以及國家主導的消失和仇恨言論中的，就是名字中的「誰」。它將在每首歌中重新浮現（見第六章），只要我們把歌理解為一種召喚他人而不將對方固定在一個地方的方式。

5 為什麼放兩個鐘？
Why Two Clocks?

1 瑪格麗特・葳瑟告訴我們，bored這個字1766年首次在英語中出現，字面上的意義是指「受到頭被鑽孔一般的攻擊」（Visser 2002: 140）。因紐特青少年通常會用這個英文單字，但若是想用因紐特語說無聊就會用kipingujunga這個字。艾力克斯・史伯丁和托馬斯・庫蘇加克的因紐特語字典對kipingujuq（形容詞）的定義是「寂寞，無聊，心情低落」，kipingunaktuq則是「導致寂寞或無聊的事，如壞天氣、令人感到疏離的情境」（Spalding and Kusugaq 1998）。

2 克莉斯蒂和哈本認為，「藉由線性時間的計算，我們把他人的過往納入自己的過往中，按照順序吸收，就像藉由征服領土在空間上吸收它們一樣」（Christie and Halpern 1990: 742）。

3 見班雅明對「同質的、空洞的時間」的看法（Benjamin 1968a: 261）。

4 我跟傑比第・阿那卡克討論伊魁特的照護服務是否太機械性，她說，「我真正想讚揚的是活過的生命（我的兒女的生命）的有機發展，不是活著期間使用社會福利的次數。」

5 說話的人為這個因紐特字加上英語的複數。

6 這也證明懷舊是對「權力被削弱的後殖民生活」的積極抵抗（Battaglia 1995: 77）。透過懷舊，過去和現在得以同時存在。

7 渴望當然跟懷舊密切相關，是務實的、往前看的現代性主體的心頭大患。懷舊被認為隱含了對現在的反感，這種態度受到波特萊爾的強烈譴責。對懷舊（作為一種文化形式或批評工具）的批評是它沒有未來（Hutcheon 1988; Robertson 1992）。也有人說，懷舊用徒勞的方式把我們跟過去綁在一起。這樣的結盟（自我與已經消失的過去）終究會洩露不應該公諸於世的衰退——假如一個人想變得有生產力，更重要的是往上爬的話。現今，唯有被現在遺留下來的人，才有能耐懷舊，因為已經沒什麼可失去。

目前也有人試圖找回懷舊，證明它的可能性、它的生產空間（Battaglia 1995; Stewart 1998; Strathern 1995）。為了達到這個目的，梅若琳・史翠珊把懷舊分成人為創造的懷舊（synthetic）和實質的懷舊（substantive）兩種。人為創造的懷舊

想像過去和現在之間存在不可挽回的斷裂，因此渴望失去的伊甸園。

相反地，實質的懷舊對生者永遠具有影響力：它揭露了「對過去的依戀，直到現在才（也才可能）實現。最初的行動可以說唯有當（懷舊的）行動完成時才會存在」（Strathern 1995: 111-12）。史翠珊用親屬關係當作實質的懷舊的最佳例證。「實質的懷舊來自於把親屬關係當作是在現在建構過去，責任義務的建立是因為之前的關係存在；隸屬於一個家庭是因為一個人的名姓，身為一個小孩是因為父母生養小孩」（112；強調為原文）。這樣的懷舊方式有賴過去和現在之間的關係，這種關係持續在重建中，而不是跟過去一刀兩斷，如此促成「個人在現代世界裡成形」（113）。按照這個脈絡，我在第四章探討的命名習慣可以理解成一種懷舊——承認過去在現在的建構本質，以及現在背負了重新為過去提供例證的責任。

8 自從約翰．博爾曼在那篇重要的文章中主張照護（而非親屬關係）在人類學分析中應該是人類存在的「根基」時，照護就成了民族誌學者的分析核心（Borneman 2001）。博爾曼在文中感興趣的不是國家照護人民的方法，而是個體如何持續關心（意思就是照護）那些跟自己不一定有血緣或姻親關係的人。

珍妮爾．泰勒就失智症脈絡下的照護特色提出相關的論點：或許使我們成為人（因而產生人性）的不是我們的認知能力，而是我們被捲進照護網絡的方式（Taylor 2008）。對泰勒來說，照護一個人就是認定對方是人，而當牽扯到失智症時，那表示願意在看似無意義的話語中找到意義。

回應泰勒的文章時，勞倫斯．柯恩同時指出她的論點的美妙之處，以及無人照護的人（指無人認可他們說的話仍有某種非標準意義）還是可能再度被排除在「人之所以為人」（personhood）的遊戲之外（Cohen 2008）。他主張一種更激進的照護——一種他稱為「出乎意料的」（ironic）的傾聽，這種傾聽不需要言語來遵守有意義／無意義——在這裡是知道／不知道——的二元論。我在這章的論點很大部分建立在柯恩提出的出乎意料的傾聽上，以及我們可能照護死者、死者也照護我們的可能性上。

9 傅柯在他早期發表的文章中說了類似的話：「更加肯定的是，一種意指（signification）的行動，即使是受到最多阻礙、最基礎、跟某些感知內容最牽扯不清的意指，都會通往新的天地」（Foucault 1993: 40）。

10 如傅柯的觀察，「當某人說話時，我們不只透過抓住他選用的字詞的意義和他組成的句子結構來理解他說的話，我們也讓自己被那聲音的旋律引導，隨之高低起伏和發抖，跟著變得強硬，跟著發熱，並從中認出憤怒的情緒」（Foucault 1993: 38-39）。

11 史蒂芬妮亞．潘多爾弗提醒我們，對阿比．瓦堡來說，圖像的療癒力來自於可以同時是：

肉體和心靈，遺跡／寫作和活生生的現在、未來跟過去。這點（對瓦堡來說）

在一段（霍皮族的）蛇儀式中特別生動：在沙漠中捕到的蛇被丟進畫有蛇閃電圖案的沙畫裡；畫被抹掉，蛇身上覆滿沙，變成沙像在地上旋繞，從圖像變活物，再從活物變圖像，圖像藉此「活起來」，而活生生的爬蟲動物變成一個標誌，呈現了生與死、在與不在、接近與無限遠、未來和遙遠的過去之間的轉移互換。（Pandolfo .n.d.）

12 政府變來變去的因紐特住宅政策，以及鐘面時間跟框架房子之間的關係，相關的精彩討論見泰斯特的〈從冰屋到因紐特石堆〉一文（Tester 2006）。

13 尼爾森・葛拉本描寫電視的引進同樣統一了聚落的時間（Graburn 1982）。

14 對佛洛伊德來說，徹底現代就表示承認引發詭異感（uncanny）的經驗（如當無生命之物彷彿有生命時）只是我們前現代思考方式的遺跡。克服這種思考方式「純粹是一種『現實檢驗』」，即認清該現象的物理現實」（Freud 1955: 248）。艾弗利・高登問的問題是：佛洛伊德若拒絕藉由解釋使問題消失，可能會從詭異的經驗學到什麼（Gordon 1997: 50-58）。我在本章也問了一個類似的問題。

15 在南巴芬島，皈依始於19世紀晚期並延續至今。作為努納武特的薩滿教和現代五旬節運動之間的連結，皈依很少是徹底拋棄一個世界（Flecher and Kirmayer 1997; Laugrand and Oosten 2007, 2010）。

16 凱瑟琳・德格南對於當代鄉村生活對西哈秀保留區的因紐族具有的療癒力提出了類似的論點：「社區生活和鄉村生活不是兩個極端，反而能在西哈秀保留區的現代生活中彼此互補。兩邊都有人住，人們也在兩邊來回移動，但當他們談起鄉村生活時，口中的時間和空間跟社區生活截然不同」（Degnen 2001: 373）。

17 我試著思考我們西方社會認知的「生活」如何支撐一種思考未來的特定方式（和被支撐），但這並非因紐特人唯一能用來遵守時間的方式。在這裡我視為理所當然的是韋伯描寫的資本主義精神，以及它對人類欲望的影響至今不滅，更重要的是它仍為加拿大福利國家內部的主要存在模式提供了貼切的描寫。若在福利國家的官僚理性下，生命本身成了一種「資源」，那麼我們就有責任保護它，好好**利用**它——就像韋伯所說的「清教徒藉由增加其財富的價值而成為財富的認真管理者」的律令。因紐特跟其他官僚體制下的人民一樣，並不總是完全接納這種生命態度。

18 米里亞姆・蒂克廷在《照護造成的傷亡》中很有說服力地點出「為了減輕痛苦的道德律令」使「照護制度」造成非預期的結果（Ticktin 2011: 3）。蒂克廷描述了這些照護制度（包括人道主義、某些人權運動，以及反對暴力對待女性的社會網絡）如何將照護對象從人民轉移到病患。以法國移民的例子來說，這實際上表示唯有生活面臨危險的移民才值得獲得照護。如蒂克廷所說，「生物學給人活得更好的希望，但這種照護政治卻拒絕平等條件下的接納或認可，這裡是指承認所有人都可能是自我進取的主體，能夠自我鍛鍊，自我打造，實現他們的抱負和渴望。反而是照護制度針對的受害者和非現代者才能得到認可」

（Ticktin 217）。

蒂克廷接著說，「一個人一旦被證實是人類的一員，受照護體制保護，他就失去他的政治和社會權利」（219）。對蒂克廷來說，解決方法是爭取政治而非生物形式的認可。她寫道，「雖然他們或許能從某種痛苦形式解脫……卻沒有因為解放而成為完整公民」（218）。對原住民社群來說，問題永遠是公民權和政治認可使人「解放」到什麼程度。

如格倫・庫爾薩德提醒我們的，根據弗朗茲・法農對黑格爾的主奴辯證的詮釋，來自「主人」的認可其實不會解放奴隸，只會讓被殖民者成為「被解放的奴隸」（Turner 1996: 146，引自 Coulthard 2007: 449）。也就是說，以極度不平等的兩方之間的認可為前提的自由主義認可方式，並未大幅改變原住民和政府或殖民強權之間的殖民關係（Coulthard 2007: 438）。庫爾薩德指出，雖然法農鼓吹一種掙脫殖民主義特有的系統性壓迫的暴力，它在阿爾及利亞是否真的有效並不明確（455）。探討加拿大原住民自決問題的庫爾薩德提倡的則是自我認可——從背向殖民國和社會中找到解放，同時「認知到我們的文化能教西方世界很多在族群之內或之間建立關係的智慧，以及自然世界絕非帝國主義世界」（456）。這似乎是詹姆士・克里弗德寫下 indigènitude（自豪原住民）具有「解放和文化差異的願景，致力於挑戰（或至少是重新導向）民族國家和跨國性資本主義的現代化議程表」（Clifford 2013: 16）時想表達的事。

伊莉莎白・波維內利的《遺棄的經濟》（2011）巧妙地將這些原住民認可的問題跟照護的問題連接起來，並強調庫爾薩德的觀點：自由主義政治的認可並不夠。乍看之下或許會覺得本書可以當作蒂克廷記錄的「照護造成的傷亡」的入門讀物。描述了原住民社群在澳洲霍華德政府下面臨的致命遺棄方式後，波維內利問，「照護包含了什麼，導致一種對他人造成傷害的方式，在他人的認知和經驗中卻是一種照護他人的方式？」（Povinelli 2011: 58）但事實上，這樣的照護——波維內利視為造成傷害的照護——正是國家支持的（非人道主義的）照護方式，它也在某方面認可原住民為澳洲的政治主體（或公民）。

晚期的自由主義假定他者屬於另一個時間或時態（「非現代」相對於「現代」，「隸屬於系譜社會」相對於「獨立主體」）。波維內利雖然會同意這樣的假設，但仍詳細寫下「認可的狡詐」——即蒂克廷要求的政治認可的主體「被召來呈現差異的方式感覺起來像是差異，其實不允許任何真正的差異對抗符合規範的世界」（2011: 31）。波維內利在相關的論述中說明新自由主義政治造成的結果是：獲得公民身分的政治認可（有權主張權利）也無法避免被殺，有時是慢慢地被沒收維生工具，有時是戲劇化地透過國家批准的恐怖行動、拘留或處決。波維內利甚至大膽地說，「在新自由主義中，照護他人就是若生命掉出市場價值就拒絕延續生命」（159）。某方面來說，波維內利呈現了當這些政治不得不在新自由主義層面上運作時，把希望壓在政治認可上的危險。雖然她也大大批評了自

由主義的同理心（激起例外人道主義舉動的情感），波維內利同時擴展了我們對照護可能包含什麼的概念。

那麼，對波維內利來說，問題變成如何把大家的目光拉向對另一種社群世界的照護和延續，甚至建立一套理論，因為這些社群在目前的世界裡缺乏權利，也得不到規範性秩序的認可。如此一來，行動範圍便從政治學移向倫理學。她說，「或許照護的藝術應該朝向實際層面的潛在性，朝向移除妨礙族群努力的實際障礙，無論他們是要努力透過社會計畫改變世界，還是在不斷改變的世界裡維持現狀。那麼的話，照護的藝術就會聚焦在『從容應對』（ease of coping）的差別化分配上。照護便會滲入日常的、平凡的、單調的內在深處」（160）。

19 自殺是否可能像某種瘋狂片段一樣，「被理解成痛苦的和無法言說的結，把不一致但被並置的用語綁在一起？」（Pandolfo 2000: 118）

6 歌
Song

1 本章的人名和人物特徵皆經過更改。

2 見瑪格麗特・烏尤佩爾克・阿尼克薩克探討喉音唱法使用的字詞（引自 Bennett and Rowley 2004: 108）。

3 聲音作為一種表示不會總是凌駕或取消沉默。

4 當我開始認真思考我們在語言中的生命時（即巴特勒所謂的語言生命），這本書幫助我理解，對我們來說，死者和缺席者如何持續地活著。她的作品也幫助我嚴謹地思考瓜地馬拉內戰的暴力，早期我曾到那裡做過一些田野調查（見第四章）。

5 那麼似乎可以說，這就是巴特勒版本的身為一個人類（human *being*）意味著什麼——仰賴召喚而存在（to be）。

6 巴特勒列出了各種可能不經實際的口頭呼喚而被召喚的方式，包括經由官僚體制、人口普查、收養文件、就業申請等（Butler 1997a: 34），但她沒有明確地將「傾聽」視為一種召喚的方式。

7 重點是，召喚——這裡我再度偏離巴特勒——不只關心什麼可能被說或被寫下。它也關心什麼可能被說或沒被說，以及被說出口的如何可能被聽見。一個人的身分被「固定」可能使他說不出話。

8 藉由從頭到尾使用第二人稱來說這個故事，卡爾維諾暗示國王並非獨一無二的，某方面他代表了現代生活的主權主體（sovereign subject）。

9 這篇文章是對科拉・戴蒙德的〈現實的困難和哲學的困難〉（Diamond 2008）一文的回應。

10 在向我們介紹維根斯坦的「看到特定面向」概念之後，卡維爾質疑「說我們看

待他人或自己為人類（相對於什麼？）」的說法是否說得通。「如果說得通，那麼認為我們可能未能這樣看待自己或他人也就說得通」（Cavell 2008: 93）。我認為卡維爾是在問：鴨／兔矛盾是否適用於我們「看見」或「傾聽」人類同胞的方式。如果適用，把未能把人看作人稱為一種人盲說不說得通？正因為巴特勒談的**不是**人，而是主體，我的問題是：我們能不能把人盲的概念延伸到巴特勒詳細列出的（充滿仇恨的）召喚方式？我們是不是因為把某人**看作**什麼或把某人聽作什麼而嚴重盲目（或耳聾），就像卡爾維諾筆下的國王？假如就像巴特勒所說，我們都是「被召喚的存在」（我接受這個論點），而且這就是身為人的意義，那麼區別不同形式的召喚難道不重要嗎？有些召喚的作用是把主體固定在一個位置上，有些是對可能的同伴發出呼喚。有了區別，才不會有把人盲的狀況普遍化的危險。

11 巴特描述的影像的「第三意」跟這裡的要表達的意思一致：當我們看著眼前的人時，要緊的不是可理解性（一個人是什麼）。第三意對巴特來說是當影像資訊上和象徵上的意義耗盡後剩餘的東西。描寫特定影像的資訊和象徵層面時，他問：「就這樣嗎？」要說的真的可能只有這樣？巴特的第三意指的是影像抓住我們的東西，那個讓你一看再看的東西。第三意是抓住你的目光卻沒有清楚的所指，因此無法被輕易翻譯成文字或文本的東西。巴特在一個註腳中把第三意跟傳統五感中的第三感連在一起，那就是聽覺。「這是個美好的巧合，」他說，「因為這裡探討的問題的確就是**傾聽**」（Barthes 1977: 53）。

12 當然了，身為人類學家我們感興趣的往往不是「主體」本身的生命力，而是特定個體的生活、愛，和充滿生命力的對話。

13 巴特勒對召喚的闡釋跟可理解性密切相關，不足以容納我指出的歌代表的行為。如我所說，在別人的話語裡找到生命，或**住在**別人的話語中，是一個我覺得極具啟發性的概念。事實上，我自己對活著（即使肉體已死）的想法很長時間建立在巴特勒的召喚概念上。雖然她的想法應該可以往那個方向延伸，但巴特勒談的跟個體活在經驗他者（empricial other）的語言中無關，更何況是承認他人擁有靈魂的可能性。她談的是個體在特定的**主體**位置中找到可理解性或生命力的過程。

14 對卡瓦雷羅來說我們都是「可敘述的自我」，擁有**唯有**他人能訴說或見證的獨特生命故事，因此卡瓦雷羅（跟巴特勒一樣）把我們視為本體上依賴他者的存在。另可參考巴特勒的說法：「一個人因為根本地依賴他者的訴說，所以才得以『存在』」（Butler 1997a: 5）。但跟巴特勒不同的是，卡瓦雷羅最關心的是她所謂的利他手勢——敘述他者的故事。

對卡瓦雷羅來說，獨特的個體並不是現代政治教條下的孤立個體。相反地，個體之所以獨特「不是因為她與他人隔絕。剛好相反，跟他人的關係是認定自己獨一無二的必要條件」（Cavarero 2000: 89）。根據卡瓦雷羅的詮釋，個體「根本

上與他人脫離不了關係」(Kottman 2000: x)。

15 亞德蓮娜・卡瓦雷羅寫道,「說這個動作是關聯性的:它最主要傳達的除了話語表達的特定內容,還有個別聲音中聽覺的、經驗的、物質的關係性」(Cavarero 2005: 13)。

16 就像茱莉亞・克莉斯蒂娃清楚指出的,這種舉動的重要性和可能性在面對特殊小孩——具有認知或肢體障礙,因此被放在「有吸引力的」的範疇和身分以外的小孩——時尤其明顯。母親身分(作為一種結構上而非生物上的可能性)可以代表愛的可能性,也代表了對所有結果感到驚訝的可能性。但克莉斯蒂娃懷疑,產前檢查和選擇的存在,是否「還有為驚喜的瞬間或生命之初的恩典留下空間的可能」(Kristeva 2001: 45)。她希望這種科技生命主義不會完全抹除呼喚在現代世界具有的可能性,是這樣的呼喚使他者得以存在——無論他者現在或未來是什麼,其身分都不會事先被固定。然而,這樣的舉動在勞動和生命安全變得令人質疑的危險狀況下也很重要。安妮・艾莉森把日本三一一大地震後瀰漫的危險狀況形容成一個「開啟社會關係網絡,讓那些無人能提供他們認可(沒有家人、公司、家園)的生命,死亡時也可被哀悼」的機會(Allison 2013: 20)。我們至今仍然要面對的問題是,這樣的舉動如何在「科技打造的生死邊界中」運作(Kaufman 2003: 2249),這些邊界在現代醫院使用的呼吸器和延續昏迷病患生命的其他科技周圍快速形成。

17 我認為我想表達的論點與阿岡本在《將來的共同體》所說的「如其所是」(whatever being)一致。對阿岡本來說,「如其所是」就是「永遠重要的如此存在」(Agamben 1993: 1)。「如其所是」跟「屬於這一群或那一群、這一類或那一類無關(紅色的、法國人、穆斯林),而且它被教化(reclaimed)不是為了歸於另一類,也不是因為不屬於任何一類,而是為了如此存在,為了屬於它自己」(1993: 1)。他接著說,「愛從來不指向所愛對象的這個或那個特質(金髮、嬌小、溫柔、不良於行),也不忽略這些特質以成全枯燥無味的普遍性(普世皆有的愛):愛人想要他愛的對象具備所有這些描述,希望他如其所是地存在」(1993: 2)。這樣的歸屬——聚焦於依附,而非固定被依附者的身分,是我這一章要指出的重點。

18 關於拒絕可理解性的要求,我從班雅明那裡獲得啟發。他在探討譯者的「任務」這篇文章中提出一個令人驚訝的說法:譯者努力傳達的資訊其實對譯者的任務是「無關緊要的」。「因為一部文學作品『說了』什麼?它傳達了什麼?它其實對了解它的人『說』的很少。它的重要特質不是陳述或傳達資訊。但任何意在執行傳達功能的翻譯都只能夠傳達資訊——因此是無關緊要的」(Benjamin 1968b: 69)。

班雅明也對說故事有相關的觀察。他指出分享「資訊」(按照定義應該「本身是可理解的」)其實「跟說故事的精神不相容」(1968a: 89)。對班雅明而言,說故

事「不是以傳達純粹的事情為目標，像是資訊或報告。它把事情滲入說故事者的生命中，為的是要把故事再從他心裡取出來。因此說故事的人的痕跡附著在故事上，就像陶工的手印附著在陶器上」(91-92)。
我想要借用班雅明的洞察——在某些情況下（翻譯文學作品和說故事只是其中兩個），傳達資訊不是最重要的事。所以班雅明沒把重點放在翻譯以一種語言轉換成另一種語言傳達事實或資訊的能力上，反而堅持翻譯是一種「模式」(mode)。我認為，他的意思是翻譯是一種面對、看見，甚至聽見事情的方式，而對譯者來說最重要的不該是呈現了什麼訊息，而是如何呈現（用什麼形式或模式）。有趣的是，《牛津英語詞典》給mode的一個定義是：「一種旋律，一段音樂，一種節奏。」
19 維娜・達斯認為，「維根斯坦把語言塑造成為話語賦予形體（bodying forth of words）」(Das 1996: 70)。

後記 寫在保麗龍上
Epilogue: Writing on Styrofoam

1 參見尼岑談自殺作為一種歸屬模式（Niezen 2009），以及賈西亞談自殺作為一種生活形式（Garcia 2010）。
2 對勞倫斯・柯恩來說，描述交出身體——獻身——用作器官移植的過程時，恐怖在於「有種辯論或呈現方式堅持某種獻身形式（交出身體）與保護正規制度背道而馳，並把所有其他獻身方式都拉向自己。恐怖作為一種普世的威脅，破壞國家代表的普世秩序」(Cohen n.d.)。當自殺只能被當作至高生命的墮落時，其他不同的想法都會被解釋成一種恐怖。自殺再也無法與虛耗、對自己和他人的仇恨、無意義的暴力區隔開。
3 路德維希・賓斯萬格的《艾倫・衛斯特個案》就是一個例證。賓斯萬格在敘述該個案時說，「從存在分析的角度來看，艾倫・衛斯特自殺既是一種『任意的行為』，也是一個『必要的事件』」(Binswanger 1958: 295)。此個案用英語發表之後引起軒然大波。如納馬・阿卡維亞指出的，裡頭的個案描述往往「情緒飽滿到跟其他文章比起來極不尋常」(Akavia 2008: 121)。一方面，賓斯萬格被控把衛斯特工具化和客體化（Laing 1982）以擴展他對存在心理學的主張（Lester 1971: 251; Minuchin 1984: 196）。另一方面，艾倫・衛斯特的自殺案以各種方式被重新詮釋，例如她丈夫和分析師認為她是「精神失常殺人」(Lester 1971)，或是飲食失調的結果（尤其可見Jackson et al, 1990），以及父權壓抑的結果（Chernin 1981; Bordo 1993）。在這裡我感興趣的不是衡量不同主張或判定「真正」的原因，而是我想記下思考想像和自殺之間的關係時，圍繞在四周的禁忌。上文傅柯對自殺和想像之關係的看法，部分來自於他對此一個案的閱讀，其寫作時間早於賓

斯萬格這個惡名昭彰的個案譯成英語、引起轟動之前。傅柯寫道，「對她來說，生命唯有藉由逃往那個又高又遠的光輝之地才變得可能，而這世界，如此的漆黑逼近，只裝了即將到來的死亡」(Foucault 1993: 62-63)。連賓斯萬格都說，「艾倫・衛斯特自殺案到底命中注定要發生，還是她其實有可能逃過，愛也不知道答案」(Binswanger 1958: 293)。但除非我們能看見自殺與自由和想像可能連結的方法，我們就只會一再重複陳腔濫調。

4 傅柯寫道，「自殺不是一種取消世界或自己，或是一起取消兩者的方法，而是重新發現我打造自身世界最初時刻的方法，那裡的空間仍然不過是存在的導向，那裡的時間則是自身歷史的移動」(Foucault 1993: 69)。此外，「想像不是一種非真實模式，而是一種現實性模式，一種斜向地接近存在以展露其原始面向的方法」(1993: 70)。

參考書目
References

Abele, Frances

2009 "Northern Development: Past, Present and Future." In *Northern Exposure: Peoples, Powers and Prospects in Canada's North.* F. Abele, ed. Pp. 19–65. Montreal: Institute for Research on Public Policy.

Aboriginal Healing Foundation

2004 *Historic Trauma and Aboriginal Healing.* Aboriginal Healing Foundation.

Agamben, Giorgio

1993 *The Coming Community.* M. Hardt, trans. Minneapolis: University of Minnesota Press.

1998 *Homo Sacer: Sovereign Power and Bare Life.* Stanford, CA: Stanford University Press.

Ajunnginiq Centre

2006 *Suicide Prevention: Inuit Traditional Practices That Encouraged Resilience and Coping.* Ottawa: National Aboriginal Health Organization.

Akavia, Naamah

2008 "Writing 'The Case of Ellen West': Clinical Knowledge and Historical Representation." *Science in Context* 21(1): 119–44.

Albrecht, C. Earl

1965 *Observations on Arctic and Subarctic Health.* Calgary: Arctic Institute of North America.

Alia, Valerie

1994 *Names, Numbers, and Northern Policy: Inuit, Project Surname, and the Politics of Identity.* Halifax, NS: Fernwood.

2007 *Names and Nunavut: Culture and Identity in Arctic Canada.* New York: Berghahn Books.

Alianait Inuit-Specifi c Mental Wellness Task Group

2007 "Alianait Inuit Mental Wellness Action Plan." Ottawa: Inuit Tapiriit Kanatami.

Allison, Anne

2013 *Precarious Japan.* Durham, NC: Duke University Press.

Althusser, Louis

1971 "Ideology and Ideological State Apparatuses (Notes Towards an Investigation)." *In Lenin and Philosophy and Other Essays.* B. Brewster, trans. Pp. 127–86. New York: Monthly Review Press.

Amagoalik, John

2000 "Wasteland of Nobodies." In *Nunavut: Inuit Regain Control of Their Lands and Their Lives.* J. Dahl, J. Hicks, and P. Jull, eds. Pp. 138–39. Copenhagen: International Work Group for Indigenous Affairs.

Anderson, Benedict

1991 *Imagined Communities.* London: Verso.

Arctic

1949 "The Death of Nukashook." *Arctic* 2(3): 201–2.

Arctic Hospital Ship

1968 *Across this Land Series.* Originally broadcast September 20, 1968. Canadian Broadcasting Corporation Archives, accession #680920-8, DAT# 980524-19(12).

Arendt, Hannah

1958 *The Human Condition.* Chicago: University of Chicago Press.

1964 *Eichmann in Jerusalem: A Report on the Banality of Evil.* New York: Penguin Books.

1970 *On Violence.* New York: Harcourt, Brace, Jovanovich.

1978 *The Jew as Pariah: Jewish Identity and Politics in the Modern Age.* New York: Random House.

Arnakak, Jaypetee

2000 "Commentary: What Is Inuit Qaujimajatuqangit?" *Nunatsiaq News* (Iqaluit), August 25.

Asad, Talal

2007 *On Suicide Bombing.* New York: Columbia University Press.

Aulino, Felicity

2012 "Senses and Sensibilities: The Practice of Care in Everyday Life in Northern Thailand." Ph.D. dissertation, Department of Anthropology, Harvard University.

Balicki, Asen

1970 *The Netsilik Eskimo.* New York: American Museum of Natural History.

Ballestero S., Andrea

2012 "Transparency in Triads." *PoLAR: Political and Legal Anthropology Review* 35(2):

160–66.

Barraclough, B. M., and M. Shea

1970 "Suicide and Samaritan Clients." *Lancet* 2(7678): 868–70.

Barry, Keith, producer

1961 *North on the C. D. Howe, part 1.* Originally broadcast October 8,

1961. Canadian Broadcasting Corporation Archives, accession #611008-7D, DAT# 611030-2

Barthes, Roland

1977 *Image, Music, Text.* New York: Hill and Wang.

Bashford, Alison

2003 "Cultures of Confi nement: Tuberculosis, Isolation and the Sanatorium." In *Isolation: Places and Practices of Exclusion.* C. Strange and A. Bashford, eds. Pp. 125–40. London: Routledge.

Battaglia, Debbora

1995 "On Practical Nostalgia: Self-Prospecting Among Urban Trobrianders." In *Rhetorics of Self Making.* D. Battaglia, ed. Pp. 77–96. Berkeley: University of California Press.

Benjamin, Walter

1968a "The Storyteller: Refl ections on the Work of Nicolai Leskov." In *Illuminations.* 1st edition. Pp. 83–110. New York: Harcourt Brace & World.

1968b "The Task of the Translator: An Introduction to the Translation of Baudelaire's *Tableaux Parisiens.*" In *Illuminations.* 1st edition. Pp. 69–82. New York: Harcourt Brace & World.

2005 "The Handkerchief." In *Selected Writings: Volume 2, Part 2, 1931–1934.* W. Jennings, H. Eiland, and G. Smith, eds. Pp. 658–61. Cambridge, MA: Harvard University Press.

2006 *Berlin Childhood around 1900.* Cambridge, MA: Belknap.

2008 "*The* Work of Art in the Age of Its Technological Reproducibility." In *The Work of Art in the Age of Its Technological Reproducibility, and Other Writings on Media.* M. W. Jennings, B. Doherty, and T. Y. Levin, eds. Pp. 19–55. Cambridge, MA: Belknap.

Bennett, John, and Susan Diana Mary Rowley

2004 *Uqalurait: An Oral History of Nunavut.* Montreal: McGill-Queen's University Press.

Betancourt-Serrano, Alex

2006 "Living Politics by Awakening History: A Critical Approach to Walter Benjamin through Sigmund Freud." Ph.D. dissertation, Political Science, University of Massachusetts Amherst.

Biehl, Joao Guilherme

2005 *Vita: Life in a Zone of Social Abandonment.* Berkeley: University of California Press.

Binswanger, Ludwig

1958 "The Case of Ellen West." In *Existence: A New Dimension in Psychiatry and Psychology.* R. May, ed. New York: Basic Books.

1993 *Dream and Existence.* Atlantic Highlands, NJ: Humanities Press International.

Bobet, Ellen

2009 "Towards the Development of a Nunavut Suicide Prevention Strategy: A Summary Report on the 2009 Community Consultations." Working Group for a Nunavut Suicide Prevention Strategy.

Boddy, Janice

1994 "Spirit Possession Revisited: Beyond Instrumentality." *Annual Review of Anthropology* 23(1): 407–34.

Bodenhorn, Barbara

2006 "Calling into Being: Naming and Speaking Names on Alaska's North Slope." In *The Anthropology of Names and Naming.* Pp. 140–55. Cambridge: Cambridge University Press.

Bonesteel, Sarah, et al.

2008 *Canada's Relationship with Inuit: A History of Policy and Program Development.* Ottawa: Indian and Northern Affairs Canada.

Bordo, Susan R.

2003 *Unbearable Weight: Feminism, Western Culture, and the Body.* Berkeley: University of California Press.

Borneman, John

2001 "Caring and Being Cared For: Displacing Marriage, Kinship, Gender, and Sexuality." In *The Ethics of Kinship: Ethnographic Inquiries.* J. D. Faubion, ed. Pp. 29–46. Lanham, MD: Rowman and Littlefi eld.

Bornstein, Erica

2012 *Disquieting Gifts: Humanitarianism in New Delhi.* Stanford, CA: Stanford University Press.

Bourdieu, Pierre

1991 *Language and Symbolic Power.* Cambridge, MA: Harvard University Press.

Bovey, John A.

1967 "The Attitudes and Policies of the Federal Government towards Canada's Northern Territories: 1870–1930." M.A. thesis, University of British Columbia, Department of History.

Briggs, Charles L., and Clara Mantini-Briggs

2003 *Stories in the Time of Cholera: Racial Profi ling during a Medical Nightmare.* Berkeley:

University of California Press.
Briggs, Jean L.
1998 *Inuit Morality Play: The Emotional Education of a Three-Year-Old.* New Haven, CT: Yale University Press.
Brody, Hugh
1975 *The People's Land: Eskimos and Whites in the Eastern Arctic.* Harmondsworth: Penguin.
1987 *Living Arctic: Hunters of the Canadian North.* Vancouver: Douglas & McIntyre.
Brown, DeNeen L.
2001 "Culture Corrosion in Canada's North: Forced into the Modern World, Indigenous Inuit Struggle to Cope." *Washington Post,* July 16.
Brown, Wendy
2005 *Edgework: Critical Essays on Knowledge and Politics.* Princeton, NJ: Princeton University Press.
Burch, Ernest S.
1994 "Comment on Smith and Smith: Inuit Sex-Ratio Variation: Population Control, Ethnographic Error, or Parental Manipulation." *Current Anthropology* 35(5): 616.
Bureau of Northwest Territories and Yukon Services
1947 *The Book of Wisdom for Eskimo.* Ottawa: Bureau of Northwest Territories and Yukon Affairs, Department of Mines and Resources, Lands, Parks and Forest Branch.
Butler, Judith
1997a *Excitable Speech: A Politics of the Performative.* New York: Routledge.
1997b *The Psychic Life of Power: Theories in Subjection.* Stanford, CA: Stanford University Press.
2004 *Precarious Life: The Powers of Mourning and Violence.* London: Verso.
Cadava, Eduardo
1997 *Words of Light: Theses on the Photography of History.* Princeton, NJ: Princeton University Press.
Cairns, Alan C.
2000 *Citizens Plus: Aboriginal Peoples and the Canadian State.* Vancouver: University of British Columbia Press.
Calvino, Italo
1986 "A King Listens." In *Under the Jaguar Sun.* Pp. 31–64. San Diego: Harcourt Brace Jovanovich.
Canada
1993 "Nunavut Land Claims Agreement: Agreement between the Inuit of the Nunavut

Settlement Area and Her Majesty the Queen in Right of Canada." *http://nlca.tunngavik.com.*

Canada, Department of National Health and Welfare

1960 "Eskimo Mortality and Housing." Canada. Department of National Health and Welfare, Indian and Northern Health Services Directorate Canada, Northern Administration Branch.

Canada, Royal Commission on Health Services and George Jasper Wherrett

1965 "Tuberculosis in Canada." Ottawa: Queen's Printer.

Canadian Broadcasting Corporation

1948 Interview with Mr. Paul Martin Sr., Minister of National Health and Welfare. Canadian Broadcasting Corporation Archives, accession no. 480115-01/01, location no. 500320-02, box no. 990424-21(09). Toronto.

Cassirer, Ernst

1946 *Language and Myth.* New York: Dover.

Cattelino, Jessica R.

2010 "Anthropologies of the United States." *Annual Review of Anthropology* 39(1): 275–92.

Cavarero, Adriana

2000 *Relating Narratives: Storytelling and Selfhood.* London: Routledge.

2005 *For More Than One Voice: Toward a Philosophy of Vocal Expression.* Stanford, CA: Stanford University Press.

Cavell, Stanley

1979 *The Claim of Reason: Wittgenstein, Skepticism, Morality, and Tragedy.* Oxford: Oxford University Press.

2008 "Companionable Thinking." In *Philosophy and Animal Life.* S. Cavell, C. Diamond, J. McDowell, I. Hacking, and C. Wolfe, eds. Pp. 92–126. New York: Columbia University Press.

Chachamovich, Eduardo, and Monica Tomlinson

2010 "*Qaujivallianiq Inuusirijauvalauqtunik* (Learning from Lives That Have Been Lived): Nunavut Suicide Follow-Back Study: Identifying the Risk Factors for Inuit Suicide in Nunavut." McGill University and Douglas Mental Health University Institute.

Charles Camsell History Committee

1985 *The Camsell Mosaic: The Charles Camsell Hospital, 1945–1985.* Edmonton: Charles Camsell History Committee.

Chernin, Kim

1981 *The Obsession: Refl ections on the Tyranny of Slenderness.* New York: Harper Perennial.

Christie, Laird, and Joel M. Halpern

1990 "Temporal Constructs and Inuit Mental Health." *Social Science and Medicine* 30(6): 739–49.

Clewell, Tammy

2004 "Mourning Beyond Melancholia: Freud's Psychoanalysis of Loss." *Journal of the American Psychoanalytic Association* 52(1): 43–67.

Clifford, James

2013 *Returns: Becoming Indigenous in the Twenty-First Century.* Cambridge, MA: Harvard University Press.

Coetzee, J. M.

1998 *Life and Times of Michael K.* London: Vintage.

2005 *Slow Man.* London: Secker & Warburg.

Cohen, Lawrence

2003 "Senility and Irony's Age." *Social Analysis* 47(2): 122–34.

2007 "Song for Pushkin." *Daedalus* 136(2): 103–15.

2008 "Politics of Care: Commentary on Janelle S. Taylor, On Recognition, Caring, and Dementia." *Medical Anthropology Quarterly* 22(4): 336–39.

n.d. "Commitment." Unpublished MS, Department of Anthropology, University of California, Berkeley.

Collier, Stephen J., and Andrew Lakoff

2005 "On Regimes of Living." In *Global Assemblages: Technology, Politics, and Ethics as Anthropological Problems.* A. Ong and S. J. Collier, eds. Pp. 22–39. Malden, MA: Blackwell.

Collignon, Beatrice

2006 *Knowing Places: The Inuinnait, Landscapes, and the Environment.* L. Muller-Wille, trans. Edmonton, AB: Canadian Circumpolar Institute Press.

Collins, Henry B., and William E. Taylor Jr.

1970 "Diamond Jenness (1886–1969)." *Arctic* 23(2): 71–81.

Coulthard, Glen S.

2007 "Subjects of Empire: Indigenous Peoples and the 'Politics of Recognition' in Canada." *Contemporary Political Theory* 6(4): 437–60.

Cousineau, Marie-Helene

1999 "For the Sake of Inusiq: Igloolik Youth Battle Suicide." *www.nunatsiaq.com/archives/nunavut990131/nvt90115_08.html.*

Crowe, Keith J.

1991 *A History of the Original Peoples of Northern Canada.* Montreal: McGill-Queen's University Press for the Arctic Institute of North America.

Damas, David

1994 "Comment on Smith and Smith: Inuit Sex-Ratio Variation: Population Control, Ethnographic Error, or Parental Manipulation." *Current Anthropology* 35(5): 595–624.

D'Argencourt, L. I.

1977 "The *C.D. Howe.*" *Inuit Today* 6(5): 30–45.

Das, Veena

1996 *Critical Events: An Anthropological Perspective on the Contemporary India.* New York: Oxford University Press.

1997 "Language and Body: Transactions in the Construction of Pain." In *Social Suffering.* A. Kleinman, V. Das, and M. M. Lock, eds. Pp. 67–91. Berkeley: University of California Press.

2004 "The Signature of the State: The Paradox of Illegibility." In *Anthropology in the Margins of the State.* Veena Das and Deborah Poole, eds. Pp. 225–52. Oxford: James Currey.

2007 *Life and Words: Violence and the Descent into the Ordinary.* Berkeley: University of California Press.

Degnen, Cathrine

2001 "Country Space as a Healing Place: Community Healing at Sheshatshiu." In *Aboriginal Autonomy and Development in Northern Quebec and Labrador.* C. H. Scott, ed. Pp. 357–78. Vancouver: University of British Columbia Press.

Desjarlais, Robert

n.d. "Subject to Death." Unpublished MS, Department of Anthropology, Sarah Lawrence College.

2003 *Sensory Biographies: Lives and Deaths among Nepal's Yolmo Buddhists.* Berkeley: University of California Press.

Diamond, Cora

2008 "The Diffi culty of Reality and the Diffi culty of Philosophy." In *Philosophy and Animal Life.* S. Cavell, C. Diamond, J. McDowell, I. Hacking, and C. Wolfe, eds. Pp. 43–89. New York: Columbia University Press.

Didion, Joan

2005 *The Year of Magical Thinking.* New York: A. A. Knopf.

Dreyfus, Hubert L., Paul Rabinow, and Michel Foucault

1983 *Michel Foucault: Beyond Structuralism and Hermeneutics.* Chicago: University of Chicago Press.

Dublin, Louis I.

1963 *Suicide: A Sociological and Statistical Study.* New York: A. .A Knopf.

1969 "Suicide Prevention." In *On the Nature of Suicide.* E. Shneidman, ed. Pp. 43–47. San

Francisco: Jossey-Bass.
Duttlinger, Carolin
2008 "Imaginary Encounters: Walter Benjamin and the Aura of Photography." *Poetics Today* 29(1): 79–101.
Dyck, Noel
1991 *What Is the Indian "Problem": Tutelage and Resistance in Canadian Indian Administration.* St. John's, NL: Institute of Social and Economic Research, Memorial University of Newfoundland.
Eastern Arctic Patrol
1961 Messages to Patients in Mountain San. Hamilton, ON, McMaster University's Faculty of Health Sciences Archives, domain CMH, James Sylvia, Series: Inuit patients, Box 1.
Echterling, Lennis, and Mary Lou Wylie
1981 "Crisis Centers: A Social Movement Perspective." *Journal of Community Psychology* 9(4): 342–46.
Edmonton Journal
2007 "Aboriginal Suicide Rate 'Epidemic.'" *Edmonton Journal,* April 21, 2007.
Ejesiak, Kirt
2004 "Homelessness Inequality among Aboriginal Peoples of Canada: A Case for the Inuit of Nunavut." M.A. thesis, Kennedy School of Government, Harvard University.
Elias, B., et al.
2012 "Trauma and Suicide Behaviour Histories among a Canadian Indigenous Population: An Empirical Exploration of the Potential Role of Canada's Residential School System." *Social Science and Medicine* 74(10): 1560–69.
Eskimo Economy and Welfare General Policy File
1956a G. W. J Fiddes, Moose Factory, letter to R. A. J. Phillips, June 13. National Archives of Canada, Record Group 85, Vol. 1473, File 251-1, pt. 5.
1956b W. McAtchison, Administrative Assistant of the Montreal General Hospital, letter to R. A. J. Phillips, June 13. National Archives of Canada, Record Group 85, Vol. 1473, File 251-1, pt. 5.
1956c F. J. G. Cunningham, Memorandum for Mr. We. Nason, Chief, Legal Division, re: Child Welfare. National Archives of Canada, Record Group 85, Vol. 1473, File 251-1, pt. 5.
1957 Memorandum for the Director, Welfare of Permanently Hospitalized Eskimos, Ottawa, September 20. National Archives of Canada, Record Group 85, Vol. 1473, File 251-1, pt. 5.
Fanon, Frantz

1966 *The Wretched of the Earth.* Constance Farrington, trans. New York: Grove Press.
1967 *Black Skin, White Masks.* C. L. Markmann, trans. New York: Grove Press.

Fassin, Didier
2005 "Compassion and Repression: The Moral Economy of Immigration Policies in France." *Cultural Anthropology* 20(3): 362–87.
2012 *Humanitarian Reason: A Moral History of the Present.* Berkeley: University of California Press.

Feitlowitz, Marguerite
1998 *A Lexicon of Terror: Argentina and the Legacies of Torture.* New York: Oxford University Press.

Ferguson, R. G.
1950 "Provisions for Prevention and Care of Tuberculosis in Canada." *Canadian Medical Association Journal* 62: 131–35.

Fletcher, Christopher M, and Laurence J Kirmayer
1997 "Spirit Work: Nunavimmiut Experiences of Affl iction and Healing." *Etudes/Inuit/Studies* 21(1–2): 189–208.

Forster, E. M.
2000 *Howards End.* New York: Penguin Books.

Foucault, Michel
1977 *Discipline and Punish: The Birth of the Prison.* New York: Pantheon.
1990 *The History of Sexuality, Volume 1: An Introduction.* New York: Vintage.
1991 "Politics and the Study of Discourse." In *The Foucault Effect: Studies in Governmentality.* G. Burchell, C. Gordon, and P. Miller, eds. Pp. 53–72. Chicago: University of Chicago Press.
1993 "Dream, Imagination and Existence: An Introduction to Ludwig Binswanger's 'Dream and Existence.' " In *Dream and Existence.* K. Hoeller, ed. Pp. 29–78. Atlantic Highlands, NJ: Humanities Press International.
2003 *Society Must Be Defended: Lectures at the College de France, 1975–76.* New York: Picador.

Fox, Richard
1962 "Help for the Despairing: The Work of the Samaritans." Lancet 280(7265): 1102–5.

France, Kenneth
1975 "Evaluation of Lay Volunteer Crisis Telephone Workers." *American Journal of Community Psychology* 3(3): 197–220.

Frazer, James George
2009 *The Golden Bough.* New York: Cosimo.

Freeman, Minnie Aodla
1978 *Life among the Qallunaat.* Edmonton, AB: Hurtig.
Freud, Sigmund
1955 "The 'Uncanny.' " In *The Standard Edition of the Complete Psychological* [1919] *Works of Sigmund Freud,* vol. 17 (1917–19), *An Infantile Neurosis and Other Works.* J. Strachey, ed. Pp. 217–52. London: Hogarth Press and the Institute of Psychoanalysis.
1960 "Slips of the Tongue." In *The Standard Edition of the Complete* [1901] *Psychological Works of Sigmund Freud,* vol. 6 (1901), *The Psychopathology of Everyday Life.* J. Strachey, ed. Pp. 53–106. London: Hogarth Press and the Institute of Psychoanalysis.
1961 "The Ego and the Id." In *The Standard Edition of the Complete* [1923] *Psychological Works of Sigmund Freud,* vol. 19 (1923–25), *The Ego and the Id and Other Works.* J. Strachey, ed. Pp. 19–27. London: Hogarth Press and the Institute of Psychoanalysis.
2005 "Mourning and Melancholia" In *On Murder, Mourning, and Melancholia.* Pp. 201–18. Shaun Whiteside, trans. London: Penguin.
2010 *The Interpretation of Dreams.* J. Strachey, trans. New York: Basic Books.
Gadoua, Marie-Pierre
2010 "La presence inuit au premier evenement national de la Commission de temoignage et reconciliation du Canada." *Etudes/Inuit/Studies* 34(2): 167.
Garcia, Angela
2010 *The Pastoral Clinic: Addiction and Dispossession along the Rio Grande.* Berkeley: University of California Press.
Giordano, Cristiana
2014 *Migrants in Translation: Caring and Logics of Difference in Contemporary Italy.* Berkeley: University of California Press.
Goehring, Brian, and John K. Stager
1991 "The Intrusion of Industrial Time and Space into the Inuit Lifeworld: Changing Perceptions and Behavior." *Environment and Behavior* 23(6): 666–79.
Gone, Joseph P.
2008 "Introduction: Mental Health Discourse as Western Cultural Proselytization." *Ethos* 36(3): 310–15.
Good, Byron J., et al.
2008 "Postcolonial Disorders: Refl ections on Subjectivity in the Contemporary World." In *Postcolonial Disorders.* M.-J. DelVecchio Good, S. T. Hyde, S. Pinto, and B. J. Good, eds. Pp. 1–42. Berkeley: University of California Press.
Gordon, Avery
1997 *Ghostly Matters: Haunting and the Sociological Imagination.* Minneapolis: University of

Minnesota Press.

Gordon, Deborah R.

1988 "Tenacious Assumptions in Western Medicine." In *Biomedicine Examined*. M. M. Lock and D. R. Gordon, eds. Pp. 19–56. Norwell, MA: Kluwer.

Gordon, Lewis R.

2006 "Through the Zone of Non-being: A Reading of *Black Skin, White Masks* in Celebration of Fanon's Eightieth Birthday." *Worlds and Knowledge Otherwise* 1(3): 1–29.

Government of Canada

1947 Special Joint Committee of the Senate and the House of Commons appointed to continue and complete the examination and consideration of the Indian Act. Minutes of Proceedings and Evidence. March 25. Ottawa.

Government of Nunavut

2007 "Annirusuktugut: A Suicide Intervention and Prevention Strategy for the Government of Nunavut."

Graburn, Nelson H. H.

1969 *Eskimos without Igloos: Social and Economic Development in Sugluk*. Boston: Little, Brown.

1982 "Television and the Canadian Inuit." *Etudes/Inuit/Studies* 6(1): 7–17.

1994 "Comment on Smith and Smith: Inuit Sex-Ratio Variation: Population Control, Ethnographic Error, or Parental Manipulation." *Current Anthropology* 35(5): 595–624.

Graburn, Nelson, and Pamela Stern

1999 "Ce qui est bien est beau: un regard sur la beaute chez les Inuit du Canada" (Goodness, it's beautiful: A look at beauty among the Canadian Inuit). *Terrain* 32: 21–36.

Grandin, Temple

2006 *Thinking in Pictures: My Life with Autism*. New York: Vintage Books.

Grant, Shelagh D.

1988 *Sovereignty or Security? Government Policy in the Canadian North, 1936–1950*. Vancouver: University of British Columbia Press.

Greenwald, Barry, dir.

2009 *The Experimental Eskimos*. Toronto: White Pine Pictures.

Grenier, Claude, and Guy Fradette, dir.

2004 *Echo of the Last Howl*. National Archives of Canada, Record Group 85, Vol.1129, File 252-3, pt 3.

Grygier, Pat Sandiford

1994 *A Long Way from Home: The Tuberculosis Epidemic among the Inuit*. Montreal: McGill-

Queen's University Press.
Grzybowski, Stefan, and Edward A. Allen
1999 "Tuberculosis: 2. History of the Disease in Canada." *Canadian Medical Association Journal* 160(7): 1025–28.
Grzybowski, Stefan, Karel Styblo, and Elaine Dorken
1976 "Tuberculosis in Eskimos." *Tubercle* 57(4 suppl): S1–S58.
Guemple, D. L.
1965 "Saunik: Name Sharing as a Factor Governing Eskimo Kinship Terms." *Ethnology* 4(3): 323–35.
Gupta, Akhil
2012 *Red Tape: Bureaucracy, Structural Violence, and Poverty in India.* Durham, NC: Duke University Press.
Han, Clara
2012 *Life in Debt: Times of Care and Violence in Neoliberal Chile.* Berkeley: University of California Press.
Hanson, Ann Meekitjuk
1999 "What's in a Name?" *Nunavut '99. www.nunavut.com/nunavut99/english/name.html.*
Haraway, Donna
1988 "Situated Knowledges: The Science Question in Feminism and the Privilege of Partial Perspective." *Feminist Studies* 14(3): 575–99.
Harrison, Phyllis
1962 "Eskimos in Transition." *North* 9(5): 14–16.
Hawkes, Ernest William
1916 *The Labrador Eskimo.* Ottawa: Government Printing Bureau.
Health Canada
2008 "Inuusiqatsiarniq Strategy—Guide to Implementing the National Aboriginal Youth Suicide Prevention Strategy, 2008." Ottawa: Health Canada.
Helmer, James
1983 "Diamond Jenness (1886–1969)." *Arctic* 36(1): 108–9.
Henderson, Ailsa
2007 "Transforming Political Culture in Nunavut." In *Nunavut: Rethinking Political Culture.* Pp. 190–212. Vancouver: University of British Columbia Press.
Herzfeld, Michael
1992 *The Social Production of Indifference: Exploring the Symbolic Roots of Western Bureaucracy.* New York: Berg.
Hetherington, Kregg

2011 *Guerrilla Auditors: The Politics of Transparency in Neoliberal Paraguay.* Durham NC: Duke University Press.

Heyman, Josiah McC.

1995 "Putting Power into the Anthropology of Bureaucracy: The Immigration and Naturalization Service at the Mexico-United States Border." *Current Anthropology* 36: 261–87.

Hicks, Jack

2007 "The Social Determinants of Elevated Rates of Suicide among Inuit Youth." *Indigenous Affairs* 4: 30–37.

2009 "Toward More Effective, Evidence-Based Suicide Prevention in Nunavut." In *Northern Exposure: Peoples, Powers and Prospects in Canada's North.* F. Abele, ed. Pp. 467–98. Montreal: Institute for Research on Public Policy.

Hicks, Jack, Peter Bjerregaard, and Matt Berman

2007 "The Transition from the Historical Inuit Suicide Pattern to the Present Inuit Suicide Pattern." In *Aboriginal Policy Research Moving Forward, Making a Difference, vol IV.* J. White, S. Wingert, D. Beacon and P. Maxim, eds. Pp. 39–53. Toronto: Thompson Educational Publishing.

Hicks, Jack, and Graham White

2000 "Nunavut: Inuit Self-Determination through a Land Claim and Public Government." In *Nunavut: Inuit Regain Control of Their Lands and Their Lives.* J. Dahl, J. Hicks, and P. Jull, eds. Pp. 30–115. Copenhagen: International Work Group for Indigenous Affairs.

Hoag, Colin

2011 "Assembling Partial Perspectives: Thoughts on the Anthropology of Bureaucracy." *PoLAR: Political and Legal Anthropology Review* 34(1): 81–94.

Hodgson, Corinne

1982 "The Social and Political Implications of Tuberculosis among Native Canadians." *Canadian Review of Sociology and Anthropology* 19(4): 502–12.

Hood, E., et al.

1991 "Psychiatric Service Delivery in the Eastern Canadian Arctic." *Arctic Medical Research* Suppl: 288–89.

1993 "Psychiatric Consultation in the Eastern Canadian Arctic: I. Development and Evolution of the Baffi n Psychiatric Consultation Service." *Canadian Journal of Psychiatry* 38(1): 23–27.

Hornblow, Andrew R.

1986 The Evolution and Effectiveness of Telephone Counseling Services. *Hospital and Community Psychiatry* 37(7): 731–33.

Hutcheon, Linda
1988 *A Poetics of Postmodernism: History, Theory, Fiction.* New York: Routledge.
Innis, H. A., G. J. Wherrett, and Andrew Moore
1945 "Arctic Survey." *Canadian Journal of Economics and Political Science* 11(1): 48–82.
Inuit Tapiriit Kanatami
n.d. "Inuit Approaches to Suicide Prevention." Ottawa: Inuit Tapiriit Kanatami. https://www.itk.ca/inuit-approaches-suicide-prevention
Inuktitut
1990 "Tuberculosis Victims Buried in Hamilton Ontario." *Inuktitut* 71: 30–35.
Inutiq, Sandra Kunuk
2001 "Inuit Knowledge Different Than Western Knowledge." *Nunatsiaq News* (Iqaluit), June 22.
Jackson, Craig, et al.
1990 "Ellen West Revisited: The Theme of Death in Eating Disorders." *EAT: International Journal of Eating Disorders* 9(5): 529–36.
Jain, Sarah S. Lochlann
2007 "Living in Prognosis: Toward an Elegiac Politics." *Representations* 98: 77–92.
Jenness, Diamond
1922 *The Life of the Copper Eskimos: Canadian Arctic Expedition 1913–1918.* Ottawa: F. A. Ackland.
1962 *Eskimo Administration. Canada.* Montreal: Arctic Institute of North America.
1964 *Eskimo Administration: II. Canada.* Montreal: Arctic Institute of North America.
Kassam, A.
2006 "Encounters with the North: Psychiatric Consultation with Inuit Youth." *Journal of the Canadian Academy of Child and Adolescent Psychiatry* 15(4): 174–78.
Kaufert, Patricia A., and John D. O'Neil
1990 "Cooptation and Control: The Reconstruction of Inuit Birth." *Medical Anthropology Quarterly* 4(4): 427–42.
Kaufman, Sharon R.
2003 "Hidden Places, Uncommon Persons." *Social Science & Medicine* 56(11): 2249–61.
King, David
1999 "The History of the Federal Residential Schools for the Inuit Located in Chesterfi eld Inlet, Yellowknife, Inuvik and Churchill, 1955–1970." M.A. thesis, Trent University.
2006 *A Brief Report of the Federal Government of Canada's Residential School System for Inuit.* Ottawa, Aboriginal Healing Foundation.
Kirmayer, Laurence J., Lucy J. Boothroyd, and S. Hodgins

1998 "Attempted Suicide among Inuit Youth: Psychosocial Correlates and Implications for Prevention." *Canadian Journal of Psychiatry* 43: 816–27.

Kirmayer, Laurence J., Christopher Fletcher, and Lucy J. Boothroyd

1998 "Suicide among the Inuit of Canada." In *Suicide in Canada.* A. A. Leenaars, ed. Pp. 189–211. Toronto: University of Toronto Press.

Kirmayer, Laurence J., M. Malus, and L. J. Boothroyd

1996 "Suicide Attempts among Inuit Youth: A Community Survey of Prevalence and Risk Factors." *Acta Psychiatrica Scandinavica* 94(1) (July 1996): 8–17.

Kleinman, Arthur

1995 "What Is Specifi c to Biomedicine?" In *Writing at the Margin: Discourse between Anthropology and Medicine.* Pp. 21–40. Berkeley: University of California Press.

Kohn, Eduardo

2013 *How Forests Think: Toward an Anthropology Beyond the Human.* Berkeley: University of California Press.

Kottman, Paul A.

2000 "Translator's Introduction." In *Relating Narratives: Storytelling and Selfhood.* A. Cavarero, Pp. vii–xxxi. ed. London: Routledge.

Kral, Michael J.

2012 "Postcolonial Suicide among Inuit in Arctic Canada." *Culture, Medicine, and Psychiatry* 36: 306–25.

2013 "The Weight on Our Shoulders Is Too Much, and We Are Falling: Suicide among Inuit Male Youth in Nunavut, Canada." *Medical Anthropology Quarterly 27*(1): 63–83.

Kral, Michael, et al.

2011 "Unikkaartuit: Meanings of Well-Being, Unhappiness, Health, and Community Change Among Inuit in Nunavut, Canada." *American Journal of Community Psychology* 48(3): 426–38.

Kristeva, Julia

2001 *Hannah Arendt.* R. Guberman, trans. New York: Columbia University Press.

Kublu, Sulaa

1978 "Harsh Reality." *Inuit Today* 7(3): 56–65, 75.

Kulchyski, Peter

1993 "Anthropology in the Service of the State: Diamond Jenness and Canadian Indian Policy." *Journal of Canadian Studies* 28(2): 21–50.

2006 "six gestures." In *Critical Inuit Studies: An Anthology of Contemporary Arctic Ethnography.* P. R. Stern and L. Stevenson, eds. Pp. 155–67. Lincoln: University of Nebraska Press.

Laing, R. D.
1982 *The Voice of Experience.* London: Allen Lane.
Langer, Susanne K.
1949 "On Cassirer's Theory of Language and Myth." In *The Philosophy of Ernst Cassirer.* P. A. Schilpp, ed. Pp. 379–400. Evanston, IL: Library of Living Philosophers.
Laugrand, Frederic, and Jarich Oosten
2002 "Canicide and Healing: The Position of the Dog in the Inuit Cultures of the Canadian Arctic." *Anthropos* 97: 89–105.
2007 "Reconnecting People and Healing the Land: Inuit Pentecostal and Evangelical Movements in the Canadian Eastern Arctic." *Numen* 54(3): 229–69.
2010 *Inuit Shamanism and Christianity: Transitions and Transformations in the Twentieth Century.* Montreal: McGill-Queen's Press.
Lawrence, Bonita
2003 "Gender, Race, and the Regulation of Native Identity in Canada and the United States: An Overview." *Hypatia* 18(2): 3–31.
Lee, Sing, and Arthur Kleinman
2003 "Suicide as Resistance in Chinese Society." In *Chinese Society: Change, Confl ict and Resistance.* E. J. Perry and M. Selden, eds. Pp. 294–317. London: RoutledgeCurzon.
Leenhardt, Maurice
1979 *Do Kamo: Person and Myth in the Melanesian World.* Chicago: University of Chicago Press.
Lester, David
1971 "Ellen West's Suicide as a Case of Psychic Homicide." *Psychoanalytic Review* 58(2): 251–63.
1997 "The Effectiveness of Suicide Prevention Centers: A Review." *Suicide and Life-Threatening Behavior* 27(3): 304–10.
Levesque, Francis
2010 "Le controle des chiens dans trois communautes du Nunavik au milieu du 20e siecle." *Etudes/Inuit/Studies* 34(2): 149–66.
Levy, Sheila, and Errol Fletcher
1998 "Kamatsiaqtut, Baffi n Crisis Line: Community Ownership of Support in a Small Town." In *Suicide in Canada.* A. A. Leenaars, ed. Pp. 353–68. Toronto: University of Toronto Press.
Lewis, H. W., and G. J. Wherrett
1947 "An X-ray Survey of Eskimos." *Canadian Medical Association Journal* 57: 1–3.
Litman, Robert E., et al.

1965 "Suicide-Prevention Telephone Service." *Journal of the American Medical Association* 192(1): 21–25.

Lock, Margaret

2002 *Twice Dead: Organ Transplants and the Reinvention of Death.* Berkeley: University of California Press.

Long, David

1995 "On Violence and Healing." In *Violence in Canada: Socio-political Perspectives.* J. I. Ross, ed. Pp. 40–77. Toronto: Oxford University Press.

MacNeil, M. S., and A. M. Guilmette

2004 "Preventing Youth Suicide: Developing a Protocol for Early Intervention in First Nations Communities." *Canadian Journal of Native Studies* 24(2): 343–55.

Manning, Leo

1952 Memo to Mr. Cantley, National Archives of Canada, Record Group 85, Vol.1129, File 252-3, pt 3.

Marcus, Alan Rudolf

1995 *Relocating Eden: The Image and Politics of Inuit Exile in the Canadian Arctic.* Hanover, NH: University Press of New England.

Marecic, Charles J.

1999 "Nunavut Territory: Aboriginal Governing in the Canadian Regime of Governance." *American Indian Law Review* 24(2): 275–95.

Maren, Michael

1997 *The Road to Hell: The Ravaging Effects of Foreign Aid and International Charity.* New York: Free Press.

Marsh, Donald B.

1991 *Echoes into Tomorrow.* Newmarket, ON: W. Marsh.

Marsh, Ian

2013 "The Uses of History in the Unmaking of Modern Suicide." *Journal of Social History* 46(3): 744–56.

Mauss, Marcel

1985 "A Category of the Human Mind: The Notion of Person; the Notion [1938] of the Self." In *The Category of the Person: Anthropology, Philosophy, History.* M. Carrithers, S. Collins, and S. Lukes, eds. Pp. 1–25. Cambridge: Cambridge University Press.

McCord, James B., and William T. Packwood

1973 "Crisis Centers and Hotlines: A Survey." *Personnel and Guidance Journal* 51(10): 723–28.

McLean, Stuart

2007 " 'To Dream Profoundly': Irish Boglands and the Imagination of Matter." *Irish Journal of Anthropology* 10(2): 61–69.

McNicoll, Paule, Frank Tester, and Peter Kulchyski

1999 "Arctic Abstersion: *The Book of Wisdom for Eskimo,* Modernism and Inuit Assimilation." *Etudes/Inuit/Studies* 23(1–2): 199–220.

Mills, Catherine

2005 "Linguistic Survival and Ethicality: Biopolitics, Subjectifi cation, and Testimony in Remnants of Auschwitz." In *Politics, Metaphysics, and Death: Essays on Giorgio Agamben's Homo Sacer.* A. Norris, ed. Pp. 198–221. Durham, NC: Duke University Press.

Minuchin, Salvador

1984 "The Triumph of Ellen West: An Ecological Perspective." In *Family Kaleidoscope.* Pp. 195–246. Cambridge, MA: Harvard University Press.

Mitchell, Marybelle

1996 *From Talking Chiefs to a Native Corporate Elite: The Birth of Class and Nationalism among Canadian Inuit.* Montreal: McGill-Queen's University Press.

Mol, Annemarie

2008 *The Logic of Care: Health and the Problem of Patient Choice.* London: Routledge.

Monk, Ray

2012 "Ludwig Wittgenstein's Passion for Looking, Not Thinking." *New Statesman, www.newstatesman.com/culture/art-and-design/2012/08/ludwig-wittgenstein's-passion-looking-not-thinking.*

Moore, P. E.

1946 "Indian Health Services." *Canadian Journal of Public Health* 37: 140–42.

1956 "Medical Care of Canada's Indians and Eskimos." *Canadian Journal of Public Health* 47(6): 227–33.

1961 "No Longer Captain: A History of Tuberculosis and its Control amongst Canadian Indians." *Canadian Medical Association Journal* 84 (May 6): 1012–16.

1964 "Puvalluttuq: An Epidemic of Tuberculosis at Eskimo Point, Northwest Territories." *Canadian Medical Association Journal* 90(21): 1193–1202.

1966 "The Modern Medicine Man." In *People of Light and Dark.* M. van Steensel, ed. Pp. 132–36. Ottawa: Department of Indian Affairs and Northern Development.

Morin, Francoise

2001 "La construction de nouveaux espaces politiques inuits a l'heure de la mondialisation." *Recherches Amerindiennes Au Quebec* 31(3).

Murray, Stuart J.

2006 "Thanatopolitics: On the Use of Death for Mobilizing Political Life." *Polygraph* 18: 191–215.

National Inuit Youth Council

2004 "Inuusiqatsiarniq Youth Suicide Prevention Strategy." Iqaluit, NU: National Inuit Youth Council.

Nelson, Geoffrey, et al.

1975 The Role of Anonymity in Suicidal Contacts with a Crisis Intervention Centre. *Canadian Psychiatric Association Journal* 20(6): 455–59.

Niezen, Ronald

2009 *The Rediscovered Self: Indigenous Identity and Cultural Justice.*

Montreal: McGill-Queen's University Press.

2013 *Truth and Indignation: Canada's Truth and Reconciliation Commission on Indian Residential Schools.* Toronto: University of Toronto Press.

Nixon, P. G.

1988 "Early Administrative Developments in Fighting Tuberculosis among Canadian Inuit: Bringing State Institutions Back In." *Northern Review* 2 (Winter 1998): 67–84.

1989 "Percy Elmer Moore (1899–1987)." *Arctic* 42 (January): 166–67.

Northwest Territories

2009 Mental Health Act, RSNWT 1988, c M-10. Yellowknife, NWT.

Northwest Territories Health and Social Services

2005 "NWT Suicide Intervention Protocol." In *Community Counselling: Program Standards and Resources Toolkit, as Department of Health and Social Services, Government of the Northwest Territories.* www.hss.gov.nt.ca/sites/default/fi les/ccpmanual.pdf.

Nunavut Department of Education

2001 "The Nunavut Department of Education Suicide Response/Postvention Protocol for Schools." Draft Document, November 18, 2001.

Nunavut Legislative Assembly

2003 Hansard. 1st Assembly, 6th Session. March 5. Iqaluit.

Nunavut Social Development Council

1998 *Report of the Nunavut Traditional Knowledge Conference.* Igloolik:

Nunavut Social Development Council.

2000 *Ihumaliurhimajaptingnik: On Our Own Terms: The State of Inuit Culture and Society.* Iqaluit: Nunavut Social Development Council.

Nuttall, Mark

1992 *Arctic Homeland: Kinship, Community and Development in Northwest Greenland.* London: Belhaven Press.

Obeyesekere, Gananath
1990 *The Work of Culture: Symbolic Transformation in Psychoanalysis and Anthropology.* Chicago: University of Chicago Press.
Ottawa Citizen
1988 "Epp Vows to Help Find Long-lost TB Patients." *Ottawa Citizen,* December 13.
Oz, Amos
2005 *A Tale of Love and Darkness.* Nicholas de Lange, trans. Orlando: Harcourt.
Paine, Robert
1977 "The Path to Welfare Colonialism." In *The White Arctic: Anthropological Essays on Tutlelage and Ethnicity.* R. Paine, ed. Pp. 7–28. St. John's, NL: Memorial University of Newfoundland.
1999 "Aboriginality, Multiculturalism, and Liberal Rights Philosophy." *Ethnos* 64(3): 325–49.
Pandolfi, Mariella
2008 "Laboratory of Intervention: The Humanitarian Governance of the Postcommunist Balkan Territories." In *Postcolonial Disorders.* M. J. D. Good, S. T. Hyde, S. Pinto, and B. J. Good, eds. Pp. 157–86. Berkeley: University of California Press.
Pandolfo, Stefania
1997 *Impasse of the Angels: Scenes from a Moroccan Space of Memory.* Chicago: University of Chicago Press.
2000 "The Thin Line of Modernity: Some Moroccan Debates on Subjectivity." In *Questions of Modernity.* T. Mitchell, ed. Pp. 115–47. Minneapolis: University of Minnesota Press.
2006 "Bg ıt nganni hnaya" (Je veux chanter ici): Voix et temoignage en marge d'une rencontre psychiatrique." *Arabica* 53(2): 232–80.
n.d. "Ramz: The Passion of Illyas." Unpublished MS, Department of Anthropology, University of California, Berkeley.
Panimera, Aime
1999 "Igloolik Mayor Clarifi es Suicide Situation." *Nunatsiaq News* (Iqaluit), November 5.
Phillips, R. A. J.
1957 "The Eastern Arctic Patrol." *Canadian Geographic Journal* 54(5): 191–201.
1967 *Canada's North.* Toronto: MacMillan.
Papion, Rogatien.
1990 "Importance of the Name in Eskimo Tradition." *Eskimo* 38(9): 24–25.
Povinelli, Elizabeth
2002 *The Cunning of Recognition: Indigenous Alterities and the Making of Australian Multiculturalism.* Durham, NC: Duke University Press.

2011 *Economies of Abandonment: Social Belonging and Endurance in Late Liberalism.* Durham, NC: Duke University Press.

Rabinow, Paul

1989 *French Modern: Norms and Forms of the Social Environment.* Cambridge: MIT Press.

Raffles, Hugh

2010 *Insectopedia.* New York: Pantheon Books.

Ramberg, Lucinda

2009 "Magical Hair as Dirt: Ecstatic Bodies and Postcolonial Reform in South India." *Culture, Medicine and Psychiatry* 33(4): 501–22.

Rasmussen, Knud

1931 *The Netsilik Eskimos: Social Life and Spiritual Culture.* Copenhagen: Gyldendal.

Rea, K. J.

1968 *The Political Economy of the Canadian North: An Interpretation of the Course of Development in the Northern Territories of Canada to the Early 1960s.* Toronto: University of Toronto Press.

Redfield, Peter

2005 "Doctors, Borders, and Life in Crisis." *Cultural Anthropology* 20(3): 328–61.

Remie, Cornelius H. W.

1985 "Towards a New Perspective on Netjilik Inuit Female Infanticide." *Etudes/Inuit/Studies* 9(1): 67–76.

Remie, Cornelius H. W., and Jarich Oosten

2002 "The Birth of a Catholic Inuit Community: The Transition to Christianity in Pelly Bay, Nunavut, 1935–1950." *Etudes/Inuit/Studies* 26(1): 109–41.

Rifkin, Mark

2009 "Indigenizing Agamben: Rethinking Sovereignty in Light of the 'Peculiar' Status of Native Peoples." *Cultural Critique* 73(1): 88–124.

Roberts, Barry

1975 "Eskimo Identifi cation and Disc Numbers, A Brief History." Ottawa: Department of Indian and Northern Affairs.

Roberts, Elizabeth F. S.

2012 *God's Laboratory: Assisted Reproduction in the Andes.* Berkeley: University of California Press.

2013 "Assisted Existence: An Ethnography of Being in Ecuador." *Journal of the Royal Anthropological Institute* 19(3): 562–80.

Robertson, Roland

1992 *Globalization: Social Theory and Global Culture.* London: Sage.

Rosenbaum, A., and J. F. Calhoun
1977 "The Use of the Telephone Hotline in Crisis Intervention: A Review." *Journal of Community Psychology* 5(4): 325–39.
Royal Canadian Mounted Police
2005 "Interim Report—RCMP Review of Allegations Concerning Inuit Sled Dogs." Royal Canadian Mounted Police: Operational Policy Section, National Contract Policing Branch Community, Contract and Aboriginal Policing Services.
2006 "Final Report—RCMP Review of Allegations Concerning Inuit Sled Dogs." Royal Canadian Mounted Police: Operational Policy Section, National Contract Policing Branch Community, Contract and Aboriginal Policing Services.
Saladin d'Anglure, Bernard
1977 "Iqallijuq ou les reminiscences d'une ame-nom inuit." *Etudes/Inuit/Studies* 1(1): 33–63.
1978 "Entre cri et chant: Les Katajjait, un genre musical feminin." *Etudes/Inuit/Studies* 2(1): 85–94.
Saladin d'Anglure, Bernard, ed.
2001 *Cosmology and Shamanism.* Volume 4. Iqaluit: Language and Culture Program of Nunavut Arctic College.
Schaefer, Otto
1959 "Medical Observations and Problems in the Canadian Arctic, Part II." *Canadian Medical Association Journal* 81: 386–93.
Scheper-Hughes, Nancy
1993 *Death without Weeping: The Violence of Everyday Life in Brazil.* Berkeley: University of California Press.
Scheper-Hughes, Nancy, and Philippe Bourgois
2004 "Introduction: Making Sense of Violence." In *Violence in War and Peace: An Anthology.* N. Scheper-Hughes and P. Bourgois, eds. Pp. 1–31. Malden, MA: Blackwell Publishing.
Scherz, China
2011 "Protecting Children, Preserving Families: Moral Confl ict and Actuarial Science in a Problem of Contemporary Governance." *PoLAR: Political and Legal Anthropology Review* 34(1): 33–50.
Sekula, Allan
1986 "The Body and the Archive." *October* 39: 3–64.
Seremetakis, C. Nadia
1994 *The Senses Still: Perception and Memory as Material Culture in Modernity.* Boulder, CO: Westview Press.
Shneidman, Edwin S.

1969 *On the Nature of Suicide.* San Francisco: Jossey-Bass.

Shneidman, Edwin S., and Norman L. Farberow

1965 "The Los Angeles Suicide Prevention Center: A Demonstration of Public Health Feasibilities." *American Journal of Public Health* 55(1): 21–26

Simpson, Audra

2008a "Commentary: The 'Problem' of Mental Health in Native North America: Liberalism, Multiculturalism, and the (Non)Effi cacy of Tears." *Ethos* 36(3): 376–79.

2008b "From White into Red: Captivity Narratives as Alchemies of Race and Citizenship." *American Quarterly* 60(2): 251–57.

Smith, Derek G.

1993 "The Emergence of 'Eskimo Status': An Examination of the Eskimo Disk List System and Its Social Consequences, 1925–1970." In *Anthropology, Public Policy and Native Peoples in Canada.* N. Dyck and J. B. Waldram, eds. Pp. 41–74. Montreal: McGill-Queen's University Press.

Soubrier, Jean-Pierre

2002 "Suicide Prevention as a Mission." In *Suicide Prevention: The Global Context.* R. J. Kosky, H. S. Eshkevari, R. D. Goldney, and R. Hassan, eds. Pp. 3–6. New York: Kluwer Academic Publishers.

Spalding, Alex, and Thomas Kusugaq

1998 *Inuktitut: A Multi-Dialectal Outline Dictionary (with an Aivilingmiutaq Base).* Iqaluit, NT: Nunavut Arctic College.

Standing Committee on Aboriginal Affairs and Northern Development

2005 Evidence. Tuesday, March 8. Canada House of Commons, 1st Session, 38th Parliament.

Staples, Annalisa R., et al.

1993 *Soapstone and Seed Beads: Arts and Crafts at the Charles Camsell Hospital, a Tuberculosis Sanatorium.* Edmonton, AB: Provincial Museum of Alberta.

Statistics Canada

2006 "Inuit Children Aged 6 to 14 Who Experienced Hunger and How Often They Experienced Hunger, Nunavut, 2006 (Table 6–5)." *Aboriginal People's Survey, 2006.* Statistics Canada Catalogue no. 89-637-X. Ottawa: Statistics Canada.

2008 "Aboriginal Peoples in Canada in 2006: Inuit, Metis and First Nations, 2006 Census." Statistics Canada Catalogue no. 97-558-X IE. Ottawa: Statistics Canada.

2013 "Nunavut" (table). *Health Profi le.* Statistics Canada Catalogue no. 82-228-XWE. Ottawa. Released December 12, 2013. *www12.statcan.gc.ca/health-sante/82–228/index.cfm?Lang=E.*

Steenhoven, G. van den

1962 *Leadership and Law among the Eskimos of the Keewatin District, Northwest Territories.* Rijswijk, Netherlands: Excelsior.

Steensel, Maja van

1966 *People of Light and Dark.* Ottawa: Department of Indian Affairs and Northern Development.

Stefansson, Vilhjalmur

1921 *The Friendly Arctic: The Story of Five Years in Polar Regions.* New York: Macmillan.

Stein, D. M., and M. J. Lambert

1984 "Telephone Counseling and Crisis Intervention: A Review." *American Journal of Community Psychology* 12(1): 101–26.

Stern, Pamela

2003 "Upside-down and Backwards: Time Discipline in a Canadian Inuit Town." *Anthropologica* 45(1): 147–62.

n.d. "Alcohol Control Policy and the Discourse on Drinking and Citizenship in the Canadian North." Unpublished MS, Department of Sociology and Anthropology: Simon Fraser University. Prepared for the Prevention Research Center and School of Public Health, University of California, Berkeley.

Stevenson, Lisa

2006 "The Ethical Injunction to Remember." In *Critical Inuit Studies.* P. Stern and L. Stevenson, eds. Pp. 168–83. Lincoln: University of Nebraska Press.

Stevenson, M. G.

1996 "Inuit Suicide and Economic Reality." Inuit Tapirisat of Canada.

Stewart, David A.

1936 "The Red Man and the White Plague." *Canadian Medical Association Journal* 35: 674–76.

Stewart, Kathleen

1998 "Nostalgia—A Polemic." *Cultural Anthropology* 3(3): 227–41.

2007 *Ordinary Affects.* Durham, NC: Duke University Press.

Stipendiary Magistrate of the Northwest Territories

1949a The King vs. Eerkiyoot. In Court File #53 regarding R. v. Eerkiyoot (September 3, 1949) of the Stipendiary Magistrate of the Northwest Territories, Canada. Housed in the archives of the NWT Court Registries.

1949b The King vs. Ishakak. In Court File #53 regarding R. v. Eerkiyoot (September 3, 1949) of the Stipendiary Magistrate of the Northwest Territories, Canada. Housed in the archives of the NWT Court Registries.

Stoler, Ann Laura

1995 *Race and the Education of Desire: Foucault's History of Sexuality and the Colonial Order of Things.* Durham, NC: Duke University Press.

2001 "Tense and Tender Ties: The Politics of Comparison in North American History and (Post) Colonial Studies." *Journal of American History* 88(3): 829–65.

Strathern, Marilyn

1995 "Nostalgia and the New Genetics." In *Rhetorics of Self-Making.* D. Battaglia, ed. Pp. 77–96. Berkeley: University of California Press.

Subcommittee on Eskimo Housing Programs

1964 "Report of Subcommittee on Eskimo Housing Programs." June 26. National Archives of Canada, Record Group 85, Vol. 1911, File NR4/2-8.

Tabachnick, Norman, and David J. Klugman

1965 "No Name: A Study of Anonymous Suicidal Telephone Calls." *Psychiatry* 28(1): 79–87.

Tagalik, Shirley, and Margaret Joyce

2006 "The Feasibility and Applicability of the Australian (WASC-Y) Model of Suicide Prevention/Intervention for Use in Nunavut." Mental Health Task Force: Government of Nunavut.

Tan, Josephine C. H., et al.

2012 "Caller Characteristics, Call Contents, and Types of Assistance Provided By Caller Sex and Age Group in a Canadian Inuit Crisis Line in Nunavut, 1991–2001." *Suicide and Life-Threatening Behavior* 42(2): 210–16.

Taussig, Michael

1991 "Tactility and Distraction." *Cultural Anthropology* 6(2): 147–53.

1997 *The Magic of the State.* New York: Routledge.

2009 "What Do Drawings Want?" *Culture, Theory and Critique* 50(2–3): 263–74.

2011 *I Swear I Saw This: Drawings in Fieldwork Notebooks, Namely My Own.* Chicago: University of Chicago Press.

Taylor, Charles

1989 *Sources of the Self: The Making of Modern Identity.* Cambridge, MA: Harvard University Press.

1994 "Philosophical Refl ections on Caring Practices." In *The Crisis of Care: Affirming and Restoring Caring Practices in the Helping Professions.* S. S. Phillips and P. E. Benner, eds. Pp. 174–87. Washington, DC: Georgetown University Press.

Taylor, Janelle S.

2008 "On Recognition, Caring, and Dementia." *Medical Anthropology Quarterly* 22(4):

313–35.
Taylor, Lucien
1996 "Iconophobia." *Transition* (69): 64–88.
Taylor, Peter Shawn
2007 "The Myth of the Sled Dog Killings." *Macleans,* January 1–8, 21.
Tester, Frank James
1993 "Serializing Inuit Culture: The Administration of 'Relief' in the Eastern Arctic 1940–1953." *Canadian Social Work Review* 10(1): 109–23.
1994 "Integrating The Inuit: Social Work Practice in the Eastern Arctic, 1955–1963." *Canadian Social Work Review / Revue canadienne de service social* 11(2): 168–83.
2002 "The Evolution of Health and Social Services for Nunavut: Class, Ethnicity and Public versus Private Provision." *Canadian Review of Social Policy* (49–50): 199–225.
2006 "Iglu to Iglurjuaq." In *Critical Inuit Studies.* P. Stern and L. Stevenson, eds. Pp. 230–52. Lincoln: University of Nebraska Press.
Tester, Frank James, and Paule McNicoll
2006 " Why Don't They Get It?' Talk of Medicine as Science." St Luke's Hospital, Panniqtuuq, Baffi n Island. *Social History of Medicine* 19(1): 87–106.
Tester, Frank J., and Peter Keith Kulchyski
1994 *Tammarniit (Mistakes): Inuit Relocation in the Eastern Arctic, 1939–63.* Vancouver: University of British Columbia Press.
Tester, Frank James, Paule McNicoll, and Peter Irniq
2001 "Writing for our Lives: The Language of Homesickness, Self-Esteem and the Inuit TB 'Epidemic.' " *Etudes/Inuit/Studies* 25(1–2):121–40.
Thomas, D. K., and C. T. Thompson
1972 *Eskimo Housing as Planned Culture Change.* Ottawa: Northern Science Research Group, Department of Indian Affairs and Northern Development.
Ticktin, Miriam Iris
2011 *Casualties of Care: Immigration and the Politics of Humanitarianism in France.* Berkeley: University of California Press.
Timpson, Annis May
2006 "Stretching the Concept of Representative Bureaucracy: The Case of Nunavut." *International Review of Administrative Sciences* 72(4): 517–30.
Tli Cho Suicide Prevention Team
2004 "Suicide Is Not Our Culture." Northwest Territories.
Tobias, John L.
1983 "Protection, Civilization, Assimilation: An Outline History of Canada's Indian

Policy." In *As Long as the Sun Shines and Water Flows.* Ian A. L. Getty and Antoine S. Lussier, eds. Pp. 39–55. Vancouver: University of British Columbia Press.

Turner, Lou
1996 "On the Difference between the Hegelian and Fanonian Dialectic of Lordship and Bondage." In *Fanon: A Critical Reader.* L. Gordon, D. Sharpley-Whiting, and R. White, eds. Pp. 134–51. Oxford: Blackwell.

Turquetil, Arsene
1968 "Religious Rituals and Beliefs." In *Eskimo of the Canadian Arctic.* V. F. Valentine and F. G. Vallee, eds. Pp. 43–48. Toronto: McClelland and Stewart.

Twine, Neville, and Nada Barraclough.
1998 "Crisis Lines, Telephone Technology, and Confi dentiality." In *Suicide in Canada.* A. A. Leenaars, ed. Pp. 342–52. Toronto: University of Toronto Press.

Varah, Chad
1985 *The Samaritans: Befriending the Suicidal.* London: Constable.

Visser, Margaret
2002 *Beyond Fate.* Toronto: House of Anansi.

Waltzer, Herbert, and Leon D. Hankoff
1965 "One Year's Experience with a Suicide Prevention Telephone Service." *Community Mental Health Journal* 1(4): 309–15.

Ward, Kenneth A.
1952 "Arctic Interlude." *Canadian Medical Association Journal* 67 (October): 292–98.

Watson, Scott
2013 "Introduction." In *Witness: Art and Canada's Indian Residential Schools.* S. Watson, K. Wallace, and J. Tyner, eds. Pp. 5–7. Vancouver: Morris and Helen Belkin Art Gallery, University of British Columbia.

Weber, Max
1968 *Economy and Society: An Outline of Interpretive Sociology.* New York: Bedminster Press.

Wenzel, George
1981 "Inuit Health and the Health Care System: Change and the Status Quo." *Etudes/Inuit/Studies* 5(1): 7–15.

Wexler, Lisa
2006 "Inupiat Youth Suicide and Culture Loss: Changing Community Conversations for Prevention." *Social Science and Medicine* 63: 2938–48.

Wexler, Lisa M., and Joseph P. Gone
2012 "Culturally Responsive Suicide Prevention in Indigenous Communities: Unexamined Assumptions and New Possibilities." *American Journal of Public Health* 102(5): 800–

806.
Weyer, Edward Moffat, Jr.
1932 *The Eskimos: Their Environment and Folkways.* New Haven, CT: Yale University Press.
Wherrett, G. J.
1945 "Arctic Survey I. Survey of Health Conditions and Medical Hospital Services in the North West Territories." *Canadian Journal of Economics and Political Science* 11(1): 48–60.
1969 "A Study of Tuberculosis in the Eastern Arctic." *Canadian Journal of Public Health* 60(1): 7–14.
1977 *The Miracle of the Empty Beds: A History of Tuberculosis in Canada.* Toronto: University of Toronto Press.
White, Graham
2009 "Governance in Nunavut: Capacity vs. Culture?" *Journal of Canadian Studies* 43(2): 57–81.
Wilkins, James
1969 "Suicide and Anonymity." *Psychiatry* 32(3): 303–12.
Williams, Raymond
1977 *Marxism and Literature.* Oxford: Oxford University Press.
Williamson, Robert G.
1974 *Eskimo Underground: Social Cultural Change in the Canadian Central Arctic.* Uppsala: University of Uppsala, 1974.
1988 "Some Aspects of the History of the Eskimo Naming System: Name Change and Network Loss." *Folk* 30: 245–64.
Willis, John S.
1955 Preliminary Report of the Medical Party, "C.D. Howe," July 1955. NAC, RG85, vol. 1903, fi le 1009-13(1).
1963 "Disease and Death in Canada's North." *Medical Services Journal* 19 (October): 747–68.
Winnicott, D. W.
1971 *Playing and Reality.* London: Tavistock Publications.
Wolfe, Patrick
2006 "Settler Colonialism and the Elimination of the Native." *Journal of Genocide Research* 8(4): 387–409.
Yatsushiro, Toshio
1962 "The Changing Eskimo: A Study of Wage Employment and Its Consequences among the Eskimos of Frobisher Bay, Baffi n Island." *Beaver* 293: 19–26.

Younger-Lewis, Greg
2005 "Police Explanation Sheds Little Light on Dog Slaughter." *Nunatsiaq News* (Iqaluit), March 11.

Zaslow, Morris
1971 *The Opening of the Canadian North, 1870–1914.* Toronto: McClelland and Stewart.

插圖列表
Illustrations

Introduction. Kavavaow Mannomee, *Untitled (Raven Smoking),* 2007, colored pencil and ink, 20 × 26 inches. Reproduced with the permission of Dorset Fine Arts.

1. Joanasie Aningmiuq, Hamilton Sanatorium, circa 1955. The Archives of Hamilton Health Sciences and the Faculty of Health Sciences, McMaster University.

2. Inuit children reenacting the shooting of the dogs. Right: Iqaluraq Quaraq. Photo by Toshio Yatsushiro, 1959.

3. "R.C.M. Police, The Eskimo's Friend." Reproduced with permission from *The Book of Wisdom for Eskimo,* sketches by Betty Kosior, translated by Samuel G. Ford, issued by the Bureau of Northwest Territories and Yukon Affairs, Land, Parks and Forests Branch, Dept. of Mines and Resources, Canada (1947) and held in the W. D. Jordan Special Collections and Music Library, Queen's University at Kingston, Ontario.

4. Women wearing *amautiit.* Frobisher Bay, 1958. Photo by Toshio Yatsushiro, 1958.

5. Tent scenes in Frobisher Bay, 1958. Left to right: Annie Pudloo, Jamesie Pudloo, Tye Sagiaktuk, Lucy Mingeriak, and Ineak Sakeeta. Photo by Toshio Yatsushiro, 1958.

6. Father and son, Frobisher Bay, 1958. Photo by Toshio Yatsushiro, 1958.

Epilogue. Double exposure with ship, Frobisher Bay, 1958. Photo by Toshio Yatsushiro.

左岸 | 人類學379

生命之側

關於因紐特人，以及一種照護方式的想像

Life Beside Itself: Imagining Care in the Canadian Arctic

作　　者　麗莎・史蒂文森 Lisa Stevenson
譯　　者　謝佩妏

總 編 輯　黃秀如
責任編輯　孫德齡
企畫行銷　蔡竣宇
封面設計　楊啟巽
內文排版　宸遠彩藝

出　　版　左岸文化／遠足文化事業股份有限公司
發　　行　遠足文化事業股份有限公司（讀書共和國出版集團）
　　　　　231新北市新店區民權路108-2號9樓
電　　話　（02）2218-1417
傳　　真　（02）2218-8057
客服專線　0800-221-029
E-Mail　rivegauche2002@gmail.com
左岸臉書　https://www.facebook.com/RiveGauchePublishingHouse/
團購專線　讀書共和國業務部　02-22181417分機1124

法律顧問　華洋法律事務所　蘇文生律師
印　　刷　成陽印刷股份有限公司
初　　版　2024年7月
定　　價　450元

I S B N　978-626-7462-12-6（平裝）
　　　　　978-626-7462-10-2（EPUB）
　　　　　978-626-7462-11-9（PDF）

國家圖書館出版品預行編目資料

生命之側：關於因紐特人，以及一種照護方式的想像
麗莎.史蒂文森(Lisa Stevenson)著；謝佩妏譯.
-- 初版. -- 新北市：左岸文化出版：遠足文化事業有限公司發行, 2024.07
344面 ; 14x21公分.
-- (左岸人類學 ; 379)
譯自 : Life beside itself : imagining care in the Canadian Arctic.
ISBN 978-626-7462-12-6(平裝)

1. 原住民族　2. 民族研究　3. 民族調查　4. 民族史　5. 加拿大

536.53　　113010186